高等职业教育资产评估与管理专业产学研结合系列教材

企业价值评估

QIYE JIAZHI PINGGU

刘淑琴　张明珠　主编

东北财经大学出版社
Dongbei University of Finance & Economics Press
大连

图书在版编目（CIP）数据

企业价值评估 / 刘淑琴，张明珠主编．—大连：东北财经大学出版社，2024.12．—（高等职业教育资产评估与管理专业产学研结合系列教材）．—ISBN 978-7-5654-5425-7

Ⅰ.F270

中国国家版本馆 CIP 数据核字第 2024PN7396 号

东北财经大学出版社出版

（大连市黑石礁尖山街 217 号　邮政编码　116025）

网　　址：http://www.dufep.cn

读者信箱：dufep@dufe.edu.cn

大连天骄彩色印刷有限公司印刷　东北财经大学出版社发行

幅面尺寸：185mm×260mm　字数：361 千字　印张：16

2024 年 12 月第 1 版　2024 年 12 月第 1 次印刷

责任编辑：王天华　周　慧　责任校对：那　欣

封面设计：原　皓　版式设计：原　皓

定价：45.00 元

教学支持　售后服务　联系电话：（0411）84710309

如有印装质量问题，请联系营销部：（0411）84710711

前 言

“企业价值评估”课程是资产评估与管理专业的核心课程。本书在编写过程中，深入贯彻习近平新时代中国特色社会主义思想和党的二十大精神，以及2021年10月中共中央办公厅、国务院办公厅印发的《关于推动现代职业教育高质量发展的意见》和2020年5月教育部印发的《高等学校课程思政建设指导纲要》的文件精神，遵循教材建设规律和职业教育教学规律，满足技术技能人才需求变化，依据职业教育国家教学标准体系，对接职业标准和岗位能力要求，落实立德树人根本任务，培根铸魂、启智增慧，适应新时代精品教材要求。本书在“项目教学、案例教学、工作过程导向教学等教学模式”的基础上，主要突出以下特色：

（1）坚持立德树人，落实课程思政。本书精心提炼思政元素，着重在每个项目开篇设置素养目标，确定本项目学习要点，使学生明确思政元素，实现企业价值评估理论专业知识和思政融通，同时，每个项目设置“育德于技”栏目，将知识技能点与思政教育有机结合，使学习者在学习中自觉接受思政教育，提高职业素养，培育“评估发现价值、诚信铸就行业”的评估精神。

（2）理实结合，注重“课、岗、证、赛、训”融合。本书内容紧紧围绕高职院校资产评估与管理专业的职业能力培养目标，理论阐述以“够用”为原则，突破了以往教材的格式、体例。教材设计以产教融合、校企合作为指引，按照“企业价值评估”课程学习逻辑关系，“项目化”教学以技能知识等内容为主线，与企业价值评估职业岗位密切联系，结合资产评估师考试大纲及全国高职资产评估技能大赛知识与技能范围，设计教材体系、知识点和案例，满足“课、岗、证、赛、训”要求，严谨认真地将企业价值评估最新理论知识、法律法规、前沿动态和案例等引入本书，最大限度地呈现企业价值评估最新视角。

（3）内容适当，彰显高等职业教育育人特色。本书以资产评估与管理专业的就业岗位为逻辑线索确定资产评估工作过程系统化课程体系内容，以《中华人民共和国资产评估法》《资产评估基本准则》《资产评估职业道德准则》《资产评估执业准则——资产评估报告》《资产评估执业准则——资产评估程序》《资产评估执业准则——资产评估档案》《资产评估执业准则——企业价值》等相关法律、法规、准则等为依据，以资产评估理论与方法为基础，系统讲述企业价值评估岗位工作任务所需的相关知识与必要技能，体系完整，通俗易懂，重视案例教学和相关知识拓展，其内容是资产评估师执业考试“资产评估实务二”课程的必考内容。

（4）体例新颖，配有丰富的教学资源。本书紧紧围绕高职高专人才培养目标和教学要求编写，并且充分考虑同资产评估与管理专业其他核心课程的联系。教材共分8个项目，以“项目化、任务式”体例来呈现教材内容。每个项目以知识目标、能力目标、素养目标开篇，每个项目下均设有项目导入、任务描述、相关知识、项目小结、项目综合实训等板块，每个任务中间穿插有“提示”等栏目，整个体系从理论到实际操作，由简到繁，环环紧扣。为方便教学，我们在书中以二维码的形式添加了29个微课和知识拓展等数字化教学资源，用手机扫一扫即可直接观看。同时本书备有电子课件、电子教案、课程标准等配套资源，用书教师可登录东北财经大学出版社网站（http：//www.dufep.cn）免费下载。

本书由山西省财政税务专科学校刘淑琴副教授和张明珠副教授担任主编，负责总纂、策划和设计，宁夏财经职业技术学院沈玉星副教授、云南财经职业学院杨雯婷副教授、山西省财政税务专科学校李艳讲师、山西省财政税务专科学校李越讲师（资产评估师）担任副主编，山西省财政税务专科学校冯婵讲师（资产评估师）、山西国元资产评估有限公司董事长郭颖高级经济师、重庆商务职业学院张攀讲师（资产评估师、土地估价师、房地产估价师、税务师，兼职律师）、山西职业技术学院闫志英副教授参与编写。具体编写分工如下：闫志英编写项目一，李艳编写项目二，张明珠和郭颖编写项目三，张攀编写项目四，冯婵编写项目五，李越编写项目六，沈玉星和杨雯婷编写项目七，刘淑琴编写项目八。

本书在编写过程中，参考了国内外公开发表的有关著作、论文等相关资料，得到相关院校、资产评估协会和资产评估机构的大力支持和帮助，也得到校领导和同仁们的帮助，在此一并感谢。虽然我们在编写及教材特色建设过程中尽了最大努力，但由于经验和水平有限，可能存在一些疏漏之处，恳请读者在使用过程中给予关注并提出宝贵意见，以便我们进一步修订和完善。

编　者

2024年11月

目 录

项目一

企业价值评估概述

【知识目标】

1. 了解企业的概念和组织形式；
2. 掌握企业价值的概念及内涵；
3. 掌握企业价值评估的内涵和特点。

【能力目标】

1. 能正确区别企业的组织形式；
2. 能分清企业价值与业务价值；
3. 掌握企业价值的影响因素；
4. 能正确理解企业价值评估的特点。

【素养目标】

1. 培养认真严谨、求真务实的学习态度；
2. 培养大局意识和与时俱进的精神；
3. 培养用发展的眼光看待问题。

项目导入

企业价值评估的发展历程

企业价值评估是一项综合性的资产评估，是对企业整体经济价值进行判断、估计的过程，主要是服从或服务于企业的产权转让或产权交易。伴随着中国经济体制改革的深入和现代企业制度的推行，企业兼并、收购、股权重组、资产重组、合并、分设、股票发行、联营等经济交易行为的出现和增多，企业价值评估的应用空间得到了极大的拓展，企业价值评估在市场经济中的作用也越来越突出。

企业价值评估作为资产评估的重要分支之一，其发展起步于20世纪80年代末期，由于我国尚处于经济体制的转轨时期，市场经济还不够发达，适合我国国情的评估理论体系尚未形成。2004年12月，中国资产评估协会发布了《企业价值评估指导意见（试行）》，正式将“企业价值”和“企业价值评估”引入我国资产评估行业，这标志着我国资产评估行业与国际价值评估行业全面接轨。2011年12月，为了进一步规范企业价值评估业务行为，维护社会公共利益和资产评估各方当事人的合法权益，结合评估理论和实践发展，中国资产评估协会制定了《资产评估准则——企业价值》。2017年12月，为贯彻落实《中华人民共和国资产评估法》（简称《资产评估法》），规范资产评估执业行为，保证资产评估执业质量，中国资产评估协会根据《资产评估基本准则》，对《资产评估准则——企业价值》进行了修订，制定了《资产评估执业准则——企业价值》。2018年10月，在财政部指导下，中国资产评估协会根据《资产评估基本准则》，对《资产评估执业准则——企业价值》进行修订。

随着市场经济的不断发展，企业价值评估作为资本营运中不可缺少的服务工具，越来越被企业、政府监管部门及社会公众所关注。

请思考：开展企业价值评估的意义是什么？

启示：企业价值评估的发展历程是漫长和曲折的，在理解企业价值相关概念时，应当以发展的眼光看待，与时俱进，不能简单认为企业价值评估就是企业各单项资产评估价值的加总，应当树立全局意识。

任务一　企业的概念及企业组织形式

任务描述

企业是企业价值的载体，要评估企业价值，首先要理解企业的概念和特征，准确识别企业组织形式。通过学习，认识企业并掌握企业的组织形式，对于企业价值评估是十分必要的。

相关知识

一、企业的概念和特点

（一）企业的概念

企业是人类经济活动发展到一定历史阶段、社会生产力发展到一定水平的产物。企业以营利为目的，为满足社会需要，把土地、资本、劳力和管理等生产要素集合起来，依法从事商品生产、流通和服务等经济活动，实行独立核算、自主经营、自负盈亏、自我约束和自我发展。

【提示】现代企业不仅是一个经济组织，它的存在还必须接受一定的法律法规的约束。世界上各个国家均对企业从法律角度进行界定，如我国有关法律对企业的界定，均强调企业是依法成立的社会经济组织，明确了企业的法律属性。

（二）企业的特点

知识拓展

正确理解企业的概念

1. 营利性

企业作为一个经济组织，经营的目的就是营利。为了达到营利的目的，企业需要在既定的生产经营范围内，以其生产能力或服务能力为主线，将若干要素资产有机组合并形成相应的生产经营结构和功能。

2. 持续经营性

企业要获取利润，必须进行经营，而且要在经营过程中努力降低成本和费用，延长企业生命周期。为此，企业要对各种生产经营要素进行有效组合并保持最佳利用状态。影响企业生产经营要素最佳利用状态的因素很多，持续经营是一个重要方面。

3. 整体性

企业的整体性是企业作为一项特殊的资产区别于其他资产的一个重要特征。构成企业的各个要素虽然具有不同性能，但只有在特定系统目标下构成企业整体，各个要素资产功能才可能会产生相互作用。因此，企业的各个要素资产可以被整合为具有良好整体功能的资产综合体。

当然，即使构成企业的各个要素资产的个体功能良好，如果它们不能服务企业的特定目标，它们之间的功能也可能无法发挥最大的作用，甚至相互产生不利影响，由此组合而成的企业整体功能可能降低。

4. 权益可分性

作为生产经营能力载体和获利能力载体的企业具有整体性的特点，而与载体相对应的企业权益却具有可分性的特点。企业整体价值由股东全部权益和付息债务组成，而企业的股东权益又可进一步细分为股东全部权益和股东部分权益。

二、企业组织形式

按照组织形式的不同，企业一般被划分为公司制企业、合伙企业和个人独资企业。

（一）公司制企业

公司是企业的一种重要组织形式。公司是企业法人，有独立的法人财产，享有法人财产权。公司以其全部财产对公司的债务承担责任。

1.公司制企业的特点

公司制企业有别于其他类型的组织形式的最大特点，是公司具有独立法人资格，这一特征具体表现在：第一，公司拥有独立的法人财产，该财产最初由股东出资形成，并在公司存续过程中通过经营或其他途径累积，但它不同于公司股东财产，股东出资后，只享有股权或股份，对公司财产没有直接的支配权，公司对股东出资享有法律上的财产权，且以其全部财产对外承担责任；第二，公司独立承担民事责任，公司的责任与股东的责任相互独立，与管理人员和工作人员的责任相互独立；第三，公司具有独立的组织机构，这些机构包括管理机构，也包括业务机构，它们应当依照法律、公司章程或公司规章制度独立行使职权。公司的独立法人资格和股东的有限责任使得股东可以通过设立公司或者购买公司的股权或者股份，获得公司的收益，同时又可以将投资风险降低到最低限度，即使公司经营亏损或资不抵债，公司的债务也不及于股东的其他财产，这也是公司制优于其他企业组织形式的重要内容。公司股东滥用公司法人独立地位和股东有限责任，逃避债务，严重损害公司债权人利益的，应当对公司债务承担连带责任。

2.公司制企业的具体形式

公司制企业主要有两种具体形式，即有限责任公司和股份有限公司。有限责任公司是指由50个以下股东出资设立，股东以其出资额为限对公司承担责任，公司以其全部财产对公司的债务承担责任的公司。股份有限公司是指其全部资本分成等额股份，股东以其所持股份为限对公司承担责任，公司以其全部财产对公司的债务承担责任的公司。有限责任公司和股份有限公司在设立条件、设立方式、股东人数限制、股权转让限制、注册资本最低限额、组织机构的设置，以及信息披露的义务等方面存在着不同。

【提示】在我国转型期有两种特殊的企业形式：国有企业和股份合作制企业。

（二）合伙企业

合伙企业包括自然人、法人和其他组织依法设立的普通合伙企业和有限合伙企业。普通合伙企业由普通合伙人组成，普通合伙人对合伙企业债务承担无限连带责任。有限合伙企业由普通合伙人和有限合伙人组成，普通合伙人对合伙企业债务承担无限连带责任，有限合伙人以其认缴的出资额为限对合伙企业债务承担责任。国有独资公司、国有企业、上市公司以及公益性的事业单位、社会团体不得成为普通合伙人。

根据《中华人民共和国合伙企业法》，以专业知识和专门技能为客户提供有偿服务的专业服务机构，可以设立为特殊的普通合伙企业。特殊的普通合伙企业中，一个合伙人或者数个合伙人在执业活动中因故意或者重大过失造成合伙企业债务的，应当承担无限责任或者无限连带责任，其他合伙人以其在合伙企业中的财产份额为限承担责任。合伙人在执业活动中非因故意或者重大过失造成的合伙企业债务以及合伙企业的其他债务，由全体合伙人承担无限连带责任。

（三）个人独资企业

个人独资企业由一个自然人依法投资设立。企业财产为投资人个人所有，投资人以其个人财产对企业债务承担无限责任。一般而言，个人独资企业是非法人企业，并不作为企业所得税的纳税主体。其收益应与投资人的其他收益一起计入个人所得税的纳税范畴。个人独资企业一般结构简单、规模较小，经营管理方式灵活，内部机构设置简明。

【提示】个人独资企业与一人有限责任公司不同。一人有限责任公司是只有一个自然人股东或者一个法人股东的有限责任公司。

任务二　企业价值的概念及内涵

任务描述

企业价值即指企业本身的价值，是企业有形资产和无形资产价值的市场评价。企业价值不同于利润，利润是企业全部资产的市场价值中所创造价值中的一部分，企业价值也不能直接等同于企业账面资产的总价值，由于企业商誉的存在，通常企业价值远远超过账面资产的价值。

相关知识

一、企业价值的概念与特点

（一）企业价值的概念

企业价值是企业获利能力的货币化体现。企业价值是企业在遵循价值规律的基础上，通过以价值为核心的管理，使企业利益相关者均能获得满意回报的能力。企业给予其利益相关者回报的能力越高，企业价值就越高，而这个价值是可以通过其经济学定义加以计量的。

（二）企业价值的特点

1.企业价值是一个整体概念

企业价值是一个整体概念，是企业作为一个整体的公平市场价值主要表现在两个方面：第一，企业的价值通常不能通过对企业所拥有的各项资产价值进行简单相加而得到，这是因为企业的各项资产是相互作用、相互补充、相互影响的，这些资产在企业中的价值大小取决于其对企业所产生贡献的多少。企业价值所体现的是将企业的人力、物力、财力等生产经营要素整合在一起的现在和未来的获利能力。第二，按评估对象进行划分，企业价值包括整体企业权益价值、股东全部权益价值和股东部分权益价值。对这些企业价值的评估对象进行评估涉及的评估方法、评估过程、评估结果及其使用方式等，均贯穿和反映了企业价值作为一个整体的特征。例如，同一企业中，拥有控制权和缺乏控制权的股权，其单位价值可能存在差异，即存在着控制权的溢价和缺乏控制权的折价，对这些溢价和折价的估算，并不是通过企业的具体资产价值的差异来反映，而是在将企业作为一个整体的基础上，采用恰当的方法进行测算的。

2.企业价值受企业可存续期限影响

企业的价值是依附于企业这一实体而存在的，企业又是具有生命周期的。在企业生命周期中的初创、成长、成熟、衰退等不同阶段，企业的价值也会有所不同。与其他资产不同，企业未来可存续的期限是不确定的，难以准确预计，这也对企业价值评估产生影响。

3.企业价值的表现形式具有虚拟性

金融制度的变迁导致了企业的实体价值与虚拟价值并存，它们分别依托于实体经济和虚拟经济而存在。实体经济是指在商品市场上进行生产、流通和消费活动以及自给自足等非商品的经济活动。企业的实体价值表现为企业在商品市场上的交易价值或资产价值（包括有形资产价值和无形资产价值）。虚拟经济是指金融市场上金融资产的形成和交易活动。企业的虚拟价值是指在金融市场上（特别是股票市场）形成的企业虚拟资产（股票）的市场价值。在实体价值与虚拟价值并存的情况下，对企业价值的判断和评估应综合考虑企业实体价值和虚拟价值的影响。

二、企业价值与业务价值

（一）业务价值

业务是指企业内部某些生产经营活动或资产的组合，该组合一般具有投入、加工处理过程和产出能力，能够独立计算其成本费用或所产生的收入的部分。例如，企业的分公司、不具有独立法人资格的分部等。其持有的目的主要向投资者提供回报并且能够为企业的生产经营带来其他经济利益。

业务价值是实现对用户有实际价值的业务过程，决定了公司的运行状况和福祉。

（二）企业价值与业务价值的关系

1.两者之间的联系

业务价值与企业价值具有很多相同之处。例如，都是以获利作为出发点和归宿，都要考虑利益相关者的期望并承担社会责任以创造良好的发展环境，也都能够独立计算经营收益。业务价值是企业价值中的一部分，业务价值越好，企业价值就越好，企业价值包含业务价值。

2.两者之间的区别

业务价值与企业价值的差异主要体现在其主体资格方面：

第一，业务存在于企业内部，并非依法设立的实体，而企业是依法设立的实体；

第二，业务不构成独立法人资格，而企业中的公司具有独立法人资格，当然，合伙企业和个人独资企业也与业务一样不具有独立法人资格，从这个角度上看，业务与合伙企业和个人独资企业更具有相似性。

对于存在多种不同业务类型、经营活动涉及多种行业的企业，可以将其分拆成不同的业务（或业务单元），分拆后的各项业务之间在生产、分销和营销等方面再没有相互依赖关系，分拆后的各项业务的价值合计数一般等于分拆前的企业价值。因此，业务价值可理解为企业价值中的一部分，或是企业价值中的一种特殊形式。业务可以模拟分拆出去成为一个独立的企业，或通过契约的方式在市场上进行交易和转让。

【提示】在企业并购实践中，涉及业务并购的案例层出不穷。在会计核算中，涉及业务的合并也是比照企业合并的要求进行相应处理的。因此，业务价值与企业价值的内涵和特征相类似，对业务价值进行评估的方法也与企业价值评估方法类似。

微课

企业价值的影响因素

三、企业价值的影响因素

影响或决定企业价值的因素众多，可以从不同角度识别影响企业价值的因素，且不同的因素之间可能会相互作用，呈现错综复杂的关系。在企业价值评估实务中，通常是将企业置于其发展环境中，依次从宏观环境因素、行业发展状况和企业发展状况三个方面对影响企业价值的因素进行梳理，即分别涉及宏观、中观和微观三个层次。

（一）宏观环境因素

宏观环境因素是指对所有企业的经营管理活动都会产生影响的各种因素。这些外部的、基本不可控的因素会影响到企业的经营活动，由此会对企业的发展产生持久、深远的影响。因此，企业价值评估应当充分考虑宏观环境对被评估企业及其所在行业的影响。宏观环境因素主要包括政治环境、宏观经济、法律法规、财政政策、货币政策、产业政策、技术进步以及社会和文化等因素。

（二）行业发展状况

行业发展状况是影响企业价值的中观因素。行业发展状况是指对行业内的所有企业的经营管理活动都会产生影响的各种因素，这些因素主要有行业政策环境，行业经济特征，行业市场特征，行业竞争情况，行业特有的经营模式，行业的周期性、区域性和季节性特征，企业所在行业与上下游行业之间的关联性，上下游行业发展对本行业发展的有利和不利影响等。这些因素通常对其他行业中企业的价值并不产生显著影响。

（三）企业发展状况

企业发展状况是影响企业价值的微观因素。企业发展状况是指来源于企业内部并对企业价值产生影响的各种因素，分为企业层面的因素和资产层面的因素两大类。对企业价值可能产生影响的企业层面的因素主要有企业发展、业务和经营战略，企业生产经营模式，营利模式，业务或产品的种类及结构，生产能力，行业竞争地位，产业链关系（与供应商和客户的关系），资本结构，会计政策，生产经营管理方式，人力资源，企业管理水平，以及关联交易情况等。资产层面对企业价值可能产生影响的因素，主要与企业拥有的具体资产利用方式、利用程度、利用范围，以及利用效果等情况相关。这些因素通常对其他企业的价值并不产生显著影响。

任务三　企业价值评估的特点及类型

任务描述

企业价值的评估在企业经营决策中极其重要。企业财务管理的目标是企业价值最大化，企业的各项经营决策是否可行，取决于这一决策是否有利于增加企业价值。在现实经济生活中，往往出现把企业作为一个整体进行转让、合并等情况，如企业兼并、购买、出售、重组联营、股份经营、合资合作经营、担保等，都涉及企业整体价值的评估问题。在这种情况下，要对整个企业的价值进行评估，以便确定合资或转卖的价格。

相关知识

一、企业价值评估的概念与特点

（一）企业价值评估的概念

中国资产评估协会为规范企业价值评估行为，保护资产评估当事人合法权益和公共利益，于2018年10月29日对《资产评估执业准则——企业价值》进行了修订，并对企业价值评估进行了明确定义："企业价值评估，是指资产评估机构及其资产评估专业人员遵守法律、行政法规和资产评估准则，根据委托对评估基准日特定目的下的企业整体价值、股东全部权益价值或者股东部分权益价值等进行评定和估算，并出具资产评估报告的专业服务行为。"

该定义明确了两个问题：一是强调企业价值评估是一种专业服务行为，不但要重视评估结论，更要重视获得评估结论的评估过程所提供的信息功能；二是明确企业价值的层次，企业价值评估的结论应分为企业整体价值、股东全部权益价值或者股东部分权益价值三个不同层次。

企业价值评估是现代市场经济的产物，是资本运营中不可缺少的服务工具，越来越被企业、投资者、银行、政府监管部门，以及社会公众所应用和关注。

（二）企业价值评估的特点

1. 评估对象载体是由多个或多种单项资产组成的资产综合体

企业是多种要素资产围绕营利目标，发挥各自特定功能，共同构成一个有机的生产经营能力和获利能力的载体及其相关权益的集合或总称。企业价值评估的范围涵盖了被评估企业所拥有的全部资产，包括流动资产、固定资产、无形资产及其他所拥有的资产，但企业价值的评估对象是这些资产有机结合形成的综合体所反映的企业整体价值或权益价值，而不是各项资产的简单集合。因此，无论是企业整体价值的评估，还是股东全部权益价值或股东部分权益价值的评估，评估对象载体均是由多个或多种单项资产组成的资产综合体。

2.企业价值评估关键是分析判断企业的整体获利能力

影响企业价值高低的因素很多，既包括外在的宏观环境因素和行业发展状况，也包括企业自身经营能力和竞争能力等，但决定企业价值高低的核心因素是企业的整体获利能力。企业价值本质上是以企业未来的收益能力为标准的内在价值。因此，评估专业人员在评估企业价值的过程中要考虑企业未来的整体获利能力。企业的获利能力通常是指企业在一定时期内获取利润或现金流量的能力，是企业生产能力、营销能力、经营能力等各种能力的综合体。

【提示】从企业的角度看，企业从事经营活动，其直接目的是最大限度地获取收益并维持企业持续稳定发展，而企业未来所能获得的收益将直接影响企业的现时价值。

因此，评估专业人员进行企业价值评估时，要在充分分析宏观环境因素、行业发展状况以及企业自身状况的基础上，判断企业的整体获利能力水平，选择合适的评估方法进行评估。

知识拓展

企业在不同获利水平状态下的价值表现形式

3.企业价值评估是一种整体性评估

整体性是企业价值评估与其他资产评估的本质区别。企业价值评估是将企业作为一个经营整体并依据其未来获利能力进行评估。因此，企业价值评估强调的是从整体上计量企业全部资产形成的整体价值，而不是简单估计单项资产的收益或估计单项资产的价值。也就是说，企业价值不是企业各项单项资产的简单相加，企业单项资产的价值之和也并不一定是企业价值。构成企业的各个要素资产虽然具有不同性能，但只有在服从特定系统目标的前提下，以恰当的方式形成有机联系构成企业整体，其要素资产的功能才能充分发挥。企业是整体与部分的统一，部分只有在整体中才能体现出其价值。因此，整体性是企业价值评估区别于其他资产评估的一个重要特征。

微课

企业价值评估的特点

二、企业价值评估的类型

企业价值评估是一个宽泛的概念，按照不同的分类标准，有不同的分类结果。从目前及发展趋势来看，企业价值评估主要有以下类型（见表1-1）：

表1-1　企业价值评估的类型

分类标准	类型
按价值前提划分	持续经营价值评估 破产清算价值评估 新兴市场价值评估 高成长企业价值评估 多业务的价值评估 周期性波动企业价值评估 跨国价值评估

续表

分类标准	类型
按价值类型划分	账面价值 市场价值 公允价值 内在价值 投资价值 清算价值
按评估方法划分	收益法 市场法 成本法 期权估价法

（一）按价值前提划分

企业价值评估不是纯粹的客观过程。例如，评估人员的专业判断会影响价值评估的最终结果。资产评估专业人员在进行评估之前要确定企业价值评估的前提条件，也就是评环境。在整个评估过程所做的每个估价都与本次评估的前提条件保持一致，从而得出相对合理的评估结果。按照评估的价值前提划分，企业价值评估可以划分为以下类型：

（1）持续经营价值评估是在企业持续经营的环境下进行的；

（2）破产清算价值评估是企业破产强制处置企业时的价值；

（3）新兴市场价值评估是在考虑汇率、通货膨胀和利率变动的前提下的价值评估；

（4）高成长企业价值评估是指评估时要考虑该类企业未来现金流的高风险和高不确定性对企业价值的影响；

（5）多业务的价值评估是指对大型的多元化公司或企业集团进行评估时要考虑其内部独立的业务单元和内部环境；

（6）周期性波动企业价值评估是指对有此类特征的公司进行价值评估时要将周期性波动的环境考虑在内；

（7）跨国价值评估是指评估过程中要注意国际差异。

（二）按价值类型划分

按照2018年中国资产评估协会修订的《资产评估执业准则——企业价值》，资产评估专业人员执行企业价值评估业务，应当充分考虑评估目的、市场条件、评估对象自身条件等因素，恰当选择价值类型。价值类型也就是企业价值评估过程中所需要遵循的价值标准。具体而言，按照价值类型划分，企业价值评估可以分为以下类型：

（1）账面价值是企业在一定时点，资产负债表上所显示的资产总额，是包括债权人和所有者在内的企业所有资金提供者对公司资产要求权的价值加总；

（2）市场价值是企业股票的价格与企业债务的市场价值之和，是指被评估企业在评估基准日公开市场上最有可能实现的交易价格的估计值；

（3）公允价值是交易双方在完全了解有关信息的基础上，自愿进行交易的价格；

(4) 内在价值是指企业未来产生的现金流量的折现值，强调的是企业的持续营利能力；

(5) 投资价值是指被评估企业对于具有明确投资目标的特定投资者或某一类投资者所具有的价值，是特定的战略投资者通过收购目标企业取得的协同效应和综合收益，又称为战略价值；

(6) 清算价值是指企业破产被迫清算时的价值，是指企业在非持续经营条件下的各要素资产的变现价值。

因为企业价值评估的价值标准因评估目的的不同而变化，所以我们在评估之前一定要明确本次评估的目的。例如，为了进行投资而进行价值评估，就要考虑以投资价值为本次评估的价值类型。

(三) 按评估方法划分

企业价值评估方法一般可以分为收益法、市场法、成本法和期权估价法四种基本类型。

在价值评估之前资产评估专业人员预先设置好了价值前提和价值标准，然后据此选择评估方法，例如评估企业的账面价值就可以采用成本法即资产基础途径进行评估。

以上分别根据三个标准对企业价值评估进行了分类。这三个标准也是做好价值评估的重要指标。基于一个评估目的，资产评估专业人员要选择适当的方法与设置好的价值前提和价值标准相匹配。它们三者之间的匹配可以说既是一种技术，也是一种艺术。

三、企业价值评估的作用

(一) 企业价值评估是企业价值最大化管理的需要

企业财务管理的目标是企业价值最大化，企业的各项经营决策是否可行，必须看这一决策是否有利于增加企业价值。企业价值评估可以用于投资分析、战略分析和以价值为基础的管理；可以帮助经理人员更好地了解公司的优势和劣势。

(二) 企业价值评估是企业并购的需要

在经济生活中，把企业作为一个整体进行转让、合并是很常见的事，例如联想并购IBM PC、华为并购港湾、阿里巴巴并购雅虎中国等，这一系列的问题，都涉及企业整体价值评估。在企业并购过程中，投资者希望从企业现有经营能力角度或同类市场比较的角度了解目标企业的价值。在这种情况下，要对整个企业的价值进行评估，以便确定合资或转卖的价格。人们买卖企业或兼并的目的是通过经营这个企业来获取收益，决定企业价格大小的因素相当多，其中最基本的是企业利用自有的资产去获取利润能力的大小。所以，投资者需要对企业资产综合体的整体性、动态性价值进行评估，而不仅仅是对企业各项资产的局部和静态进行评估。

(三) 企业价值评估是量化企业价值、实现动态管理的需要

对每一位公司管理者来说，知道自己公司的具体价值，并能清楚计算出价值的来龙去脉至关重要。在计划经济体制下，企业一般关心的是有形资产的管理，对无形资产常忽略不计。在市场经济体制下，无形资产越来越受到重视，尤其是人力资本，越来越被认为是企业最重要的财富。希望清楚了解自己家底以便加强管理的企业家，有必要通过

评估机构对企业价值进行公正的评估。

（四）企业价值评估是董事会、股东会了解企业生产经营活动效果的需要

公司财务管理的目标是使公司价值最大化，公司各项经营决策是否可行，取决于这一决策是否有利于增加公司价值。我国现阶段会计信息不能很好地反映公司的无形资产，因此，会计指标体系不能有效地衡量企业创造价值的能力，以会计指标为基础计算的财务业绩也并不等于公司的实际价值，企业的实际价值往往与企业的账面价值不符。企业的董事会、股东会需要了解企业生产经营活动效果，而仅仅以公司现阶段的财务报表来衡量公司经营成果的做法是片面的，需要进行企业价值评估。

（五）企业价值评估是投资决策的重要前提

企业在市场经济中作为投资主体的地位是明确的，但要保证投资行为的合理性，必须对企业资产的现时价值有一个正确的评估。我国市场经济发展到今天，在企业各种经济活动中以有形资产和专利技术、专有技术、商标权、人力资本等无形资产形成优化的资产组合作价入股已很普遍。例如，风险投资者偏爱以人为本，看重的是企业家及其团队素质。合资、合作者在决策中，必须对这些无形资产进行量化，由评估机构对无形资产进行客观、公正的评估，评估的结果既是投资者与被投资单位投资谈判的重要依据，又是被投资单位确定其无形资产价值的客观标准。

（六）企业价值评估是强化企业形象，展示企业发展实力的手段

企业的形象问题日渐受到企业界的重视，宣传名牌商标，已经成为企业走向国际化的重要途径。企业拥有大量的无形资产，给企业创造了超出一般生产资料、生产条件所能创造的超额利润，但其在账面上是不能够反映这些信息的。所以企业价值评估及宣传是强化企业形象、展示企业发展实力的重要手段。

（七）企业价值评估能够增强企业凝聚力

企业价值不仅要向公司外的人传达企业的营运状态和发展趋势，更重要的是向公司内所有员工传达企业信息，培养员工对本企业的忠诚度，以达到凝聚人心的目的。

【育德于技】提升企业价值，树立正确的企业价值观

菲利浦·塞尔日利克说：“一个组织的建立，是靠决策者对价值观念的执着，也就是决策者在决定企业的性质、特殊目标、经营方式和角色时所做的选择。通常这些价值观并没有形成文字，也可能不是有意形成的。不论如何，组织中的领导者，必须善于推动、保护这些价值，若是只注意守成，那是会失败的。总之，组织的生存，其实就是价值观的维系，以及大家对价值观的认同。”

企业价值观为企业的生存与发展确立了精神支柱。价值观是企业生存、发展的内在动力；价值观是企业行为规范制度的基础。企业价值观，是指企业在追求经营成功过程中所推崇的基本信念和奉行的目标。从哲学上说，价值观是关于对象对主体有用性的一种观念。而企业价值观是企业全体或多数员工一致赞同的关于企业意义的终极判断。

企业价值观决定了企业的基本特性。在不同的社会条件或时期，会存在一种被人们认为是最根本、最重要的价值，并以此作为价值判断的基础，其他价值可以通过一定的标准和方法“折算”成这种价值。这种价值被称为“本位价值”。企业作为独立的经济实体和文化共同体，在其内部必然会形成具有本企业特点的本位价值观。这种本位价值

观决定着企业的个性，规定着企业的发展方向。

资料来源：佚名.企业价值观：企业及其员工的价值取向［EB/OL］.［2024-08-01］. https：//baike.baidu.com/item/企业价值观/3216248.

项目小结

企业是一个经济组织，一个社会组织，依法设立的实体和自主经营的主体。企业具有营利性、持续经营性、整体性和权益可分性的特点。按照组织形式的不同，企业一般被划分为公司制企业、合伙企业和个人独资企业。

企业价值是企业获利能力的货币化体现。企业价值是企业在遵循价值规律的基础上，通过以价值为核心的管理，使企业利益相关者均能获得满意回报的能力。企业价值是一个整体概念，企业价值受企业可存续期限影响，企业价值的表现形式具有虚拟性。企业价值的影响因素涉及宏观、中观和微观三个层次。

企业价值评估是对评估基准日特定目的下的企业价值进行评定、估算，并出具评估报告的专业服务行为。企业价值评估对象载体是由多个或多种单项资产组成的资产综合体，企业价值评估关键是分析判断企业的整体获利能力，企业价值评估是一种整体性评估。

项目综合实训

一、实训目标

在企业价值评估中，影响或决定企业价值的因素众多，在进行企业价值评估前，需要对评估企业进行影响因素分析，即宏观、中观和微观三个层次。通过学生对实训案例资料的搜集与分析，使学生深刻理解企业价值的内涵，以及掌握企业价值影响因素的分析方法，为企业价值评估提供信息资料。

二、实训项目与要求

1. 实训组织

企业价值评估实训以学生为中心，分组训练，集中交流，集体总结。教师主要担任辅导者、具体组织者和观察员，向学生布置任务，进行必要指导；解答有关问题；进行进度控制与质量监督。学生按每组6—8人分成若干小组，每组为一个实训团队开展实际操作训练，每个团队分别确定一位负责人，具体组织和管理实训活动。

2. 实训项目

（1）企业价值影响因素宏观环境分析方法；

（2）企业价值影响因素行业环境分析方法；

（3）企业价值影响因素微观环境分析方法。

3. 实训要求

（1）可以利用管理学相关知识和财务分析方法进行企业价值影响因素分析，并预测企业发展趋势。

（2）秉承严谨认真，诚实守信的职业道德，正确完成各项因素分析，并最终编制调研分析报告。

三、成果与检测

（1）每个团队分别撰写调研分析报告，在班级进行交流。

（2）教师与同学们共同总结实训中存在的问题，明确今后教学过程中应当改进的方面。

（3）由各团队负责人组织小组成员进行评价打分。

（4）教师根据各团队的调研分析报告编写的实训情况及各位同学的表现予以评分。

项目二

企业价值评估基础

【知识目标】

1. 了解企业价值评估要素的概念及内容；
2. 掌握企业价值评估的目的；
3. 掌握企业价值评估对象和范围；
4. 掌握企业价值评估的价值类型；
5. 掌握企业价值评估的基本假设。

【能力目标】

1. 能明确企业价值评估的目的；
2. 能界定企业价值评估对象和范围；
3. 能选择企业价值评估的价值类型；
4. 能科学设定企业价值评估的基本假设。

【素养目标】

1. 树立正确的价值观；
2. 秉承诚实正直，勤勉尽责，恪守独立，客观、公正的职业道德。

项目导入

企业价值评估价值类型选择的重要性

企业价值评估是随着产权市场的兴起而产生的，是资产评估的重要组成部分，在企业价值评估中遵循何种价值标准是企业各相关利益方关注的焦点。

在进行企业价值评估时，有必要明确所要评估的价值的性质，选择正确的价值类型。价值类型的确定指导着评估工作的进行，制约着评估方法的选择，明确了评估结果的适用范围，降低了评估风险。但是，在企业价值评估实务中，不少专业的资产评估人员对价值类型的概念仍然不清晰，不能准确地选择和应用恰当的价值类型，这使其不能准确地把握企业价值，制约着企业价值评估的操作。此外，企业价值评估结果的使用者往往对价值类型的概念、作用都知之甚少，对企业价值评估结果可能会产生不理解或误用的情况。

企业价值评估中存在的种种与价值类型有关的问题，已经严重影响到评估人员对企业价值的合理确定。因此，有必要对企业价值评估中的价值类型进行进一步学习，明确价值类型的适用情况，并最终选择企业价值评估的价值类型。

请思考：企业价值评估基础的具体内容是什么？

启示：通过项目导入情景，使学生明白学习企业价值评估基础要素的重要性，激发学生树立正确的价值观，严谨认真、勤勉尽责，客观、公正地选择企业价值评估要素。

任务一　企业价值评估目的

任务描述

企业价值评估的要素包括评估主体、评估对象和范围、评估目的、评估程序、评估方法、评估基准日、价值类型及评估假设等，其中，在企业价值评估过程中，企业价值评估目的和企业价值评估方法在很大程度上影响评估结果的准确性和可靠性。

相关知识

一、企业价值评估的目的

企业价值评估的目的，决定企业价值评估的经济行为。社会经济的发展对企业价值评估提出越来越广泛的需求，企业价值评估目的也呈现多样化特征。

二、企业价值评估目的分类

（一）企业改制

企业改制是企业体制改革的简称。企业改制涉及的具体形式众多，不仅包括国有企业改制、集体企业改制和其他企业改制，也包括非公司制企业按照《中华人民共和国公司法》要求改建的有限责任公司或股份有限公司、经批准有限责任公司变更为股份有限公司等形式。

企业改制通常围绕着企业的产权进行改革，因而企业改制一般通过重组、联合、兼并、租赁、承包经营、合资、转让产权和股份制、股份合作制等方式来完成。在企业改制过程中，不论是哪种形式的企业改制，也不论具体采用哪种方式来完成企业改制，凡涉及企业产权变动、需要了解股权价值或企业整体价值的，均属于企业价值评估的范畴。

【提示】如果企业改制没有涉及企业产权变动，且其评估对象界定为资产负债表上列示的净资产，则该类企业改制不属于企业价值评估的范畴。

（二）企业并购

企业并购是企业兼并与收购的简称，是企业在平等自愿、等价有偿基础上，以一定的经济方式取得其他企业产权的行为。企业并购通常包括企业合并、股权收购和资产收购等形式。其中，企业合并又可进一步分为吸收合并、新设合并和控股合并三种方式。合并方或购买方通过企业合并取得被合并方或被购买方的全部净资产，合并后注销被合并方或被购买方的法人资格，被合并方或被购买方原持有的资产、负债，在合并后变更为合并方或购买方的资产、负债，为吸收合并。参与合并的各方在合并后法人资格均被注销，重新注册成立一家新的企业，为新设合并。合并方或购买方在企业合并中取得对被合并方或被购买方的控制权，被合并方或被购买方在合并后仍保持其独立的法人资格并继续经营，合并方或购买方应确认企业合并形成的对被合并方或被购买方的投资，为控股合并。

【提示】在企业并购活动中，通常需要进行企业价值评估。当然，也有一些例外。例如，在资产收购行为中，通常只需对被收购的资产进行评估，而不需要对被收购资产对应的企业价值进行评估。

（三）企业清算

企业清算包括以下三种类型：一是依据《中华人民共和国企业破产法》的规定，在企业破产时进行清算；二是依照国家有关规定对改组、合并、撤销法人资格的企业资产进行清算；三是企业按照合同、契约、协议规定终止经营活动的清算。在上述企业清算过程中，通常需要进行企业价值评估。

【提示】为变价出售破产财产提供价值参考而对破产财产中的各单项资产分别进行评估的，并不属于企业价值评估范畴。

（四）财务报告

随着公允价值在会计计量中的运用逐渐增多，以及公允价值计量对专业性和独立性的要求，以财务报告为目的的资产评估也日益增多。在以财务报告为目的的评估中，涉及企业价值评估的情形主要包括：对企业合并过程中产生的商誉进行减值测试，需要对被合并企业的企业价值进行评估；在确定权益工具的公允价值过程中，可能需要对权益工具对应的企业价值进行评估；协助企业确定、判断企业获利能力和未来收益。

（五）法律诉讼

公司股东与股东之间、股东与管理层之间、股东与债权人之间，以及公司的利益相关者之间，常常会发生因公司价值变化而引起的法律诉讼，在这种情况下，企业价值评估结论就成为这些法律案件裁决的重要依据之一。

（六）税收

投资于企业的股权投资作为一项财产，是各种财产税的课税基础。因此，在股权的保有、交易、赠与、继承等环节，股权投资者就需要根据相关税法的确定，针对特定经济行为，缴纳相应的财产税。股权财产税的税基一般是股权的市场价值，如果股权投资对象为上市公司，其市场价值可以根据市场交易价格加以确定；但对于非上市公司的股权，其市场价值通常需要评估专业人员进行评估后确定。因此，在我国推进税制改革的进程中，由资产评估师向税收征管提供价值尺度，已逐渐成为资产评估实践领域的重要方面。

（七）财务管理

企业价值与财务管理密切相关，科学的财务管理将有效提升企业价值。通过科学合理的企业价值评估，管理者可以将企业经营的环境因素与企业价值预期相结合。在企业的财务管理活动中，投资决策、融资决策、经营决策和股利分配政策均是影响企业价值的重要因素，通过对企业价值进行评估，可以对已制定的财务决策进行验证和评价，也能为未来财务决策提供参考。企业价值提高与否是一项财务决策是否制定的决策依据，增加企业价值是制定一项财务决策所追求的目标。因此，企业价值评估在财务管理和财务决策中发挥着越来越重要的作用，在财务管理中开展企业价值评估，有助于企业树立以价值为导向的企业活动观，以价值规律指导财务管理工作。

（八）考核评价

所有权和经营权分离是公司制的一大特征，企业的所有者不再经营企业，企业的经营活动由职业经理人承担，企业所有者和经营者之间便会形成代理问题。企业经营者是否履行职责、是否为企业所有者创造价值，需要通过绩效评价机制来作出判断，传统的以净利润作为评价指标的做法存在诸多弊端。例如，可能会出现损害企业价值的短期行为，或评价指标被人为操纵，失去评价意义。相对于会计利润，企业价值指标几乎不受会计政策的影响，且契合了企业所有者的企业价值最大化目标。因此，通过企业价值评估对经营者的绩效进行考核评价已越来越得到社会的认可。

（九）其他目的

除以上几种常见的经济行为以外，还有许多其他经济行为，如股票公开发行、企业股利政策的制定、企业员工持股计划的制定、企业投资项目决策、企业租赁、股权的质押和担保，以及债务重组等，都可能涉及企业价值评估。

任务二　企业价值评估对象和范围

任务描述

企业价值评估的要素包括评估主体、评估对象和范围、评估目的、评估程序、评估方法、评估基准日、价值类型及评估假设等。其中，《资产评估执业准则——企业价值》要求资产评估机构及其资产评估专业人员应当先明确评估对象和评估范围。

相关知识

一、企业价值评估对象

企业价值评估的对象通常包括整体企业权益、股东全部权益和股东部分权益三种。

（一）整体企业权益

整体企业权益是公司所有出资人（包括股东、债权人）共同拥有的企业运营所产生的价值，即所有资本（付息债务和股东权益）通过运营形成的价值。整体企业权益价值并不必然等于资产负债表中的资产价值的合计数，主要理由有两点：一是企业整体价值的评估范围包括企业表内、表外全部资产、负债，但资产负债表中的资产总计不是构成企业整体价值的全部。二是企业整体价值反映了其作为一个有机整体的整体获利能力，但资产负债表上的各项资产的合计数仅仅是各单项资产价值的简单相加，无法反映企业作为资产综合体的整体获利能力。

在反映了各单项资产对企业整体获利能力影响的前提下，企业表内、表外全部资产价值的合计数称为企业的总资产价值。整体企业权益价值也不等于企业的总资产价值。因为从资本的运用角度看，整体企业权益价值等于企业的总资产价值减去企业负债中的非付息债务价值后的余额；从资本的来源角度看，整体企业权益价值等于股东全部权益价值加上企业的全部付息债务的价值。

【提示】在企业价值评估实务中，评估得出整体企业权益价值通常并非最终要达到的目的，而是为评估股东全部权益价值而采用的中间过程。

（二）股东全部权益

股东权益代表了股东对企业净资产的所有权，反映了股东在企业资产中享有的经济利益。因此，企业股东全部权益价值就是企业的所有者权益或净资产价值。对企业价值进行评估，得出股东全部权益价值的方式有两种：一是直接评估得出股东全部权益价值，如在运用收益法评估企业价值中，通过对股权自由现金流量采用股权资本成本进行折现，求取股东全部权益价值；二是先评估得出整体企业权益价值，再将整体企业权益价值减去全部付息债务价值，得出股东全部权益价值。

整体企业权益价值和股东全部权益价值之间的关系，可以通过表2-1直观体现。

表2-1 简化资产负债表

资产	负债和股东权益
流动资产价值（A）	非付息债务价值（C）
固定资产和无形资产价值（B）	付息债务价值（D）
其他资产价值（F）	股东全部权益价值（E）

表2-1是对某企业的全部资产和负债进行评估后的简化资产负债表，流动资产价值加上固定资产和无形资产价值及其他资产价值构成企业全部资产的价值，即企业总资产的价值=A+B+F。流动负债和长期负债中的非付息债务价值加上付息债务价值和股东全部权益价值构成企业全部负债和股东权益价值，即企业全部负债和股东权益价值=C+D+E。因为企业的总资产价值等于全部负债和股东权益价值的合计数，则有A+B+F=C+D+E。整体企业权益价值等于企业总资产价值减去企业负债中的非付息债务价值后的余额，即整体企业权益价值=（A+B+F）–C；或整体企业权益价值等于股东全部权益价值加上企业付息债务的价值，即整体企业权益价值=D+E。因此，等式（A+B+F）–C=D+E成立。根据该等式，股东全部权益价值E=（A+B+F）–（C+D），即整体企业权益价值与股东全部权益价值是包含与被包含的关系。

（三）股东部分权益

股东部分权益价值就是企业一部分股权的价值，或股东全部权益价值的一部分。股东部分权益价值的评估，通常也有两种途径：一是直接评估得出股东部分权益价值，如采用股利折现模型求取少数股权的价值；二是先评估得出股东全部权益价值，再乘以持股比例或持股数量，并考虑必要的溢价或折价因素后得出股东部分权益价值。股东部分权益价值并不必然等于股东全部权益价值与股权比例的乘积，这是因为在某些情况下，同一企业内不同股东的单位股权价值可能因股东具有控制权或者缺乏控制权，而相应产生溢价或折价，出现同一企业内不同股东单位股权价值不相等的情形。

控制权是指掌握企业经营和决策的权利。具有控制权通常会产生控制权溢价。控制权溢价是指在同一企业用以反映控制权大小的，按照等比例分配的具有控制权的权益价值超过不具有控制权的权益价值的数量或百分比。缺乏控制权通常会产生折价。缺乏控制权的折价是指同一企业内用以反映缺乏部分或全部控制权，在股东全部权益价值按照等比例分配的基础上扣除的数量或百分比。拥有控制权的股东享有一系列少数股东无法享有的权利，如任命或更换企业管理层的权利、达成重大投融资项目的权利、达成重大并购重组的权利等。拥有控制权的股东可以通过实施控制权改变目标企业的经营与政策提升目标企业的价值。因此，控制权一般具有价值。

【提示】控制权或缺乏控制权不是非此即彼的关系，两者之间没有一个明显的界线，也不能仅仅根据持股比例是否大于50%来判断是否具有控制权。例如，在某些情况下，不足50%的投票权也可能获得对企业的有效控制；在某些情况下，即便获得超过50%的投票权，可能受公司章程与协议条款的约束，或受产业管制强度的影响，股东无法享有应有的控制权。同理，并非所有的少数股权都伴随着折价。同样是少数股权，其拥有的权利有时差异也很大。例如，假设少数股权拥有阻止权利，且该少数股权能够和另外的股权联合形成控制权，即成为摇摆投票权，则拥有摇摆投票权的少数股权可能不会产生缺乏控制权的折价，甚至有可能因阻止权利的存在和联合实施而产生溢价。

在企业价值评估实务中，若是在先评估出股东全部权益价值基础上形成股东部分权益价值的，应在适当及切实可行的情况下考虑控制权的影响。

由于企业价值评估的对象是多层次的，评估专业人员在评估企业价值时，应当根据评估目的及委托人的要求等谨慎区分评估的是整体企业权益价值、股东全部权益价值还是股东部分权益价值，并在评估报告中予以明确说明。

二、企业价值评估范围

（一）评估范围的界定

企业价值评估范围是对评估对象价值进行评定估算的工作过程中所涉及的企业资产和负债的范围。企业价值评估范围应当服务评估对象的选择，不论是进行整体企业权益价值评估、股东全部权益价值评估，还是股东部分权益价值评估，一般要求对企业进行整体性评估。其中，整体企业权益价值评估范围包括企业产权涉及的全部资产及非付息负债，股东全部权益和股东部分权益价值评估范围包括企业产权涉及的全部资产及全部负债。

企业产权涉及的资产和负债，按财务报表记录情况可区分为资产负债表表内部分和资产负债表表外部分，按资产配置和使用情况可区分为经营部分和非经营部分，按产权主体自身占用情况可区分为产权主体自身占用及经营部分，以及虽不为企业产权主体自身占有及经营但可以由企业产权主体控制的部分。企业拥有的非法人资格的分公司、办事处、分部及其他派出机构，属于产权主体自身占用及经营部分；企业拥有的全资子公司、控股子公司及非控股公司中的投资，属于虽不为企业产权主体自身占有及经营但可以由企业产权主体控制的部分。

【提示】评估专业人员在具体界定企业价值评估范围时，应根据有关文件资料进行，如企业价值评估申请报告及上级主管部门批复文件所规定的评估范围；企业有关产权转让或产权变动的协议、合同、章程中规定的企业资产变动的范围；企业有关资产产权证明、账簿、投资协议、财务报表及其他相关资料等。企业价值评估范围的界定，应与评估对象的口径相匹配。

（二）企业各项资产、负债的识别

受企业会计准则或会计制度关于资产的定义及资产确认标准的影响和制约，会计列报的资产负债表所反映的资产、负债可能并非企业的全部资产和负债，不符合会计资产定义、不能准确计量的资产均未在资产负债表中反映。对企业各项资产、负债进行识别，不仅包括资产负债表表内资产、负债，还包括资产负债表表外资产、负债。对企业资产负债表表内资产、负债，主要根据企业的账簿、会计报表、审计报告等进行识别和判断。

表外资产通常包括著作权、专利权、专有技术、商标专用权、销售网络、客户关系、特许经营权、合同权益、域名和商誉等账面未记录或未进行资本化处理的资产。表外负债主要包括法律明确规定的未来义务和合同约定的未来义务。

（三）企业资产配置和使用情况的分析

企业价值的形成基于企业整体营利能力，评估专业人员判断估计企业价值，就是要正确分析和判断企业的营利能力。但是，企业是由各类单项资产和单项负债组合而成的综合体，这些单项资产和单项负债对企业营利能力的形成具有不同的作用，对企业价值的形成具有不同的贡献。因此，评估专业人员在界定企业价值的评估范围基础上，需要对企业价值评估范围的资产和负债的配置及使用情况进行必要的分析。

1.根据资产和负债的经营属性进行区分

根据资产的经营属性，可以将企业的资产区分为经营性资产和非经营性资产。经营性资产对企业营利能力的形成过程产生直接或间接贡献。非经营性资产对企业营利能力的形成过程不产生直接或间接贡献。在评估实务中，检验某项资产是否属于非经营性资产，可运用模拟抽离法，即在企业营利能力的形成过程中，将某项资产模拟抽离该企业，分析抽离行为是否会影响企业的营利能力，若抽离该资产对企业营利能力的形成不产生任何影响，则该项资产属于非经营性资产，否则为经营性资产。

根据负债的经营属性，可以将企业的负债区分为经营性负债和非经营性负债。如果在企业营利能力的形成过程中，已考虑了某项负债的偿还义务对企业营利能力的影响，则该项负债为经营性负债，否则为非经营性负债。

同一类资产、负债在不同行业或不同企业中的经营属性可能存在差异。独立于企业的单项资产、负债本身并没有经营性和非经营性的区别，资产、负债的经营性或非经营性的区分，取决于资产、负债在具体企业中的具体配置和利用情况。在不同行业或不同企业中，对资产负债的配置和使用情况往往存在差异，同一类资产在某些行业中可能是经营性资产，而在其他行业中可能是非经营性资产。例如，对于一般的工业企业而言，投资性房地产通常是非经营性资产，但对于以经营管理持有型物业为主营业务的企业来说，投资性房地产是经营性资产。

对资产、负债的经营属性进行区分，不能仅根据资产、负债与主营业务收入、其他业务收入的关系进行判断。按照企业所从事日常活动的重要性，可将收入分为主营业务收入、其他业务收入等，但其他业务收入所形成的资产，或为开展其他业务而准备的资产并非全部为非经营性资产。企业的其他业务收入可进一步区分为经常性收入和偶然性收入，经常性的其他业务收入对应的资产通常可界定为经营性资产，而偶然性的其他业务收入对应的资产一般应界定为非经营性资产。

2.根据资产的配置属性进行区分

根据资产的配置属性，可以将企业的资产区分为必备资产和溢余资产。根据资产规模与企业经营规模的配置关系，可将经营性资产细分为必备的经营性资产和溢余的经营性资产。必备的经营性资产是形成企业营利能力所必需的资产，溢余的经营性资产是超过了企业营利能力形成的必备规模的资产。对于非经营性资产，因其与企业营利能力的形成过程无关，对其按配置属性进行区分并无现实意义。

【提示】将企业的资产、负债根据经营属性和配置属性进行区分，目的在于正确揭示企业价值。企业营利能力是企业必备的经营性资产共同作用的结果，也决定着必备的经营性资产的价值。非经营性资产和溢余的经营性资产虽然也可能有交换价值，但其交换价值与必备的经营性资产的决定因素、形成路径是有差别的。要正确揭示和评估企业价值，评估专业人员就需要将企业价值评估范围内的资产、负债根据经营属性和配置属性进行区分，并选择恰当的评估方法和技术路径分别对必备的经营性资产、溢余的经营性资产、非经营性资产进行评估。必备的经营性资产的评估方法，与溢余的经营性资产、非经营性资产的评估方法可能存在差异。必备的经营性资产和经营性负债的评估价值，与非经营性资产和溢余的经营性资产的评估价值相加，得出企业整体价值。企业资产、负债根据经营属性和配置属性划分得是否合理，将直接影响运用不同评估途径与评估方法评估企业价值的结果合理性与可信度。

任务三　企业价值评估的价值类型

任务描述

企业价值评估的要素包括评估主体、评估对象和范围、评估目的、评估程序、评估方法、评估基准日、价值类型及评估假设等。价值类型的确定有助于明确评估目的、评估条件，制约着评估方法的选择，在进行企业价值评估时，有必要明确评估的价值性质，选择正确的价值类型。

相关知识

一、企业价值评估中的主要价值类型

微课

企业价值评估的价值类型

在企业价值评估中，价值类型是最基本的评估要素之一。评估专业人员在执行企业价值评估业务时，应恰当选择价值类型。在用价值和残余价值是针对单项资产或企业要素资产的价值类型，并不适用于企业。企业价值评估中的主要价值类型分别为市场价值、投资价值和清算价值。

（一）市场价值

市场价值是指自愿买方和自愿卖方在各自理性行事且未受任何强迫的情况下，评估对象在评估基准日进行正常公平交易的价值估计数额。

（二）投资价值

投资价值是指评估对象对于具有明确投资目标的特定投资者或者某一类投资者所具有的价值估计数额，亦称特定投资者价值。

考虑到预期增量收益是投资价值的重要构成部分且预期增量收益存在不同形式等因素，投资价值可理解为某项资产在明确的投资者基于特定目的、充分考虑可能实现的增量收益和投资回报水平的情况下，在评估基准日的价值估计数额。因此，投资价值应具有以下要件：明确的资产、明确的投资者、特定目的、协同效应、投资回报水平、评估基准日、以货币单位表示、价值估计数额。其中，明确的投资者体现了投资价值是特定市场主体对特定资产的把握，投资价值是基于特定市场主体对相关市场的理解（包括市场一般的估值趋势），以及在自身经营条件下（特别是经营战略）进行的判断；特定目的可以理解为特定投资意图，投资价值强调“具有特定的投资目标或动机，多为战略上的考虑，可能付出比市场价格更高的价格”；协同效应具体指买方特定协同效应，并不包括市场参与者协同效应，市场参与者协同效应因广泛适用于一般市场参与者而被包含在市场价值当中；投资回报水平反映了一项投资活动的获利能力，进一步表现为标的资产对于特定投资者和一般参与者而言的未来资金成本和风险可能存在不同。

【提示】根据不同的标准，投资价值可以分为不同的层级。例如，根据投资价值的概念以及对协同效应和投资回报水平的不同考虑方式，可以进一步将投资价值划分为两个不同层级。如果对投资价值概念中的协同效应和投资回报水平的考虑是基于投资者自身禀赋条件的特殊性或其交易目的的特殊性而作出的客观判断，则此时的投资价值称为第一层级的投资价值；如果对投资价值概念中的协同效应和投资回报水平除了上述考虑以外，还考虑了投资者自身的个性化和主观化判断，则此时的投资价值被称为第二层级的投资价值。

（三）清算价值

清算价值是指在评估对象处于被迫出售、快速变现等非正常市场条件下的价值估计数额。清算价值是一种价值类型，与以清算为目的的评估有联系而又不是直接对应关系。以清算为目的的评估在某些情况下确实需要选择清算价值作为价值类型，而在另外一些情况下，也可能选择其他的价值类型。清算价值作为一种价值类型是以评估对象被快速变现或被强制出售为前提条件的，只有评估对象是在快速变现或强制出售的前提条件下进行评估，其评估结论的价值类型才可以选择清算价值的价值类型。

二、企业价值评估中价值类型的选择依据

（一）评估目的

评估目的是决定企业价值类型和企业价值最重要的因素之一。引起企业价值评估的特定经济行为决定评估目的，评估目的对于企业价值评估的价值类型选择具有约束作用。评估目的不但决定着企业价值评估结论的具体用途，而且会直接或间接地在宏观层面上影响企业价值评估的过程及其运作条件，包括对评估对象的利用方式和使用状态的宏观约束，以及对企业价值评估市场条件的宏观限定。

【提示】评估目的不同，价值类型也可能不同。例如，对于一项股权并购评估业

务，如果委托人是出售方，拟以评估价值作为拍卖底价的参考，评估专业人员所执行的资产评估业务对市场条件和评估对象的使用等并无特别限制和要求，则需要的是这项股权的市场价值；如果委托人是收购方，拟了解收购后标的企业能为其创造的价值，并以此作为确定收购价的参考，在这种情况下，评估业务针对的是特定投资者，则委托人需要的是这项股权的投资价值。

（二）市场条件

企业价值评估依据的市场条件也是确定企业价值评估中价值类型的重要因素。在不同的市场条件下或交易环境中，即使是相同的资产也会有不同的评估结论。

企业价值评估依据的市场可能是区域市场、全国性市场或国际市场，也可能是不同级次的市场或特定的市场。不论在什么样的市场中，企业价值评估依据的市场所强调的是市场条件。企业价值评估依据的市场条件分为两大类：公开市场条件和非公开市场条件。

公开市场条件和非公开市场条件的区别主要从以下几个方面划分：一是市场参与者数量，包括自愿的买方和卖方的数量。市场参与者众多是构成公开市场的基本条件；市场参与者极少或买方和卖方的数量极不对称是非公开市场条件的重要特征。二是买卖双方交易的时间。交易时间充裕或者是没有时间限制的交易条件构成了公开市场的基本条件；交易时间紧迫或时间限制明显的交易条件是非公开市场条件的明显特征。三是当事人双方的素质、信息占有情况及处事方式等。当事人双方十分精明、信息对称、理性行事等构成了公开市场的基本条件；当事人双方不能同时满足以上条件的便是非公开市场条件的明显特征。

（三）评估对象自身条件

评估对象的自身条件主要包括企业的营利模式、经营方式、经营业绩及企业资产的使用方式和利用状态等，是影响企业价值的内因。对不同条件的企业进行评估，可能选择不一样的价值类型。例如，对处于持续经营的企业进行评估时，可能选择市场价值或投资价值的价值类型；对经营状况不佳、面临倒闭的企业进行评估时，可能选择清算价值的价值类型。

任务四 企业价值评估的基本假设

任务描述

企业价值评估的要素包括评估主体、评估对象和范围、评估目的、评估程序、评估方法、评估基准日、价值类型及评估假设等。假设是最基础的要素，没有假设，就无法进行后续推理，因此，合理、科学地进行企业价值评估假设具有重要意义。

相关知识

企业价值评估实际上是一种模拟市场判断企业价值的过程。在企业价值评估过程中，由于被评估企业所处外部环境和内部环境是不断变化的，需要根据已经掌握的信息对评估基准日企业价值的某些特征或者全部情况作出合乎逻辑的判断。依据有限事实，通过一系列推理，对于所研究的事物作出合乎逻辑的假定说明就叫假设。因此，企业价值评估也可以理解为是评估专业人员根据实际条件或模拟条件，对企业的价值进行理性分析、论证和比较的过程。

企业价值评估结论应当公允，而所有公允的评估结论都是有条件约束的，企业价值评估假设正是表现企业评估条件约束的重要形式。也就是说，假设前提会直接影响企业价值评估的价值类型，以及评估专业人员将选用何种评估方法进行评估，进而决定最终评估结果和评估结果的适用性。在企业价值评估中要科学合理地设定和使用评估假设，需要与企业价值评估目的及其对市场条件的宏观限定情况、企业目前自身经营状况和产权变动后企业经营状态，以及评估所实现的价值类型和价值目标等相联系和匹配。因此，评估专业人员需要对收集的企业资料进行充分分析和判断，合理设定企业价值评估的假设。企业价值评估的假设可分为基本假设和具体假设。

一、企业价值评估的基本假设

企业价值评估的基本假设主要有交易假设、公开市场假设、持续经营假设和清算假设等，这里重点阐述企业价值评估中的持续经营假设和清算假设。

（一）持续经营假设

持续经营假设是企业价值评估中最常用的假设。该假设假定被评估企业在评估基准日后仍将按照原来的经营目的、经营方式持续经营下去。它意味着企业在出售、兼并、重组、合并以后，其继续使用价值持续发生作用，提供的产品或服务仍能满足市场需求，并产生一定的效益。在进行企业价值评估时，是否选择持续经营假设需要考虑以下三个方面的因素：第一，评估目的，即引起企业价值评估的经济活动是否要求企业持续经营，或评估结果的具体用途是否需要以企业持续经营为前提。第二，企业提供的产品或服务是否能满足市场需求。若企业的产品或服务不能满足市场需求，企业无未来收益，则不适用持续经营假设。第三，企业要素的功能和状态。若企业各个要素资产破损严重、工艺落后或严重比例失调而不能满足企业持续经营的需要，则不能适用持续经营假设。

微课

企业价值评估的基本假设

在一般情况下，企业价值评估中持续经营假设的情况主要包括存量持续经营假设、增量持续经营假设、并购整合持续经营假设三种情况。

1. 存量持续经营假设

存量持续经营是维持企业原有经营规模及产品结构的持续经营假设。这一假设是在宏观环境方面假设国家现行的有关法律、法规及产业政策无重大变化，行业的准入制度、市场分割状况等维持目前格局；在微观环境方面假设被评估企业的资本结构、经营结构和产品结构得以维持现状，企业的会计政策和税收政策的主要方面与评估基准日时没有发生显著变化，企业继续具有独立的生产经营地位，其现有规模的资产可继续使用下去。

【提示】存量持续经营假设一般要求企业符合下列条件：评估目的中的经济行为实现后，企业的控制权不发生变化或虽有控制权的变化但企业的主要经营方向和经营策略不发生重大变化；企业现有的财务政策、定价政策和市场份额不会因为评估目的中所涉经济行为的实现而发生重大变化；评估目的中的经济行为实现后的资本投入主要是为了弥补评估基准日存量资产的消耗，保持评估基准日存量资产的生产能力，而不形成明显的增量资产，也不会出现企业的生产经营能力大幅提高的情形；评估目的中的经济行为实现后企业不会发生转产或经济方向的根本改变。

2. 增量持续经营假设

增量持续经营是企业在其存量资产对应的经营规模基础上通过追加投入以实现扩大再生产，扩大企业经营规模或丰富企业产品结构的持续经营假设。在企业价值评估过程中，对于企业股东拟对收益较好的企业追加投入资本并使其在短期内新增生产经营能力的情况，此时如果继续以企业维持原有生产经营规模为前提进行收益预测，显然与企业未来的真实情况不符，而应当使用增量持续经营假设。

【提示】增量持续经营假设一般要求企业符合下列条件：企业投入资本能够顺利形成新增生产能力，不会受到土地、厂房、设备、人员、管理等诸多因素的制约；企业的新增生产能力能够通过市场的考验，即生产的产品或服务能够被市场所接受；企业投入资本的回报率能够高于企业的债务资本成本，并成为企业新增的获利能力。

3. 并购整合持续经营假设

并购整合持续经营假设是通过企业并购及并购后的重组整合，考虑并购整合过程对标的企业产生的协同效应的持续经营假设。协同效应的获取是企业并购发生的重要原因。如果通过并购各方在并购及并购后整合过程中的协调与合作，使并购标的企业在生产、营销、管理的不同环节、不同阶段、不同方面共同利用同一资源而产生整体效应，或使并购标的企业因并购各方相互协作共享业务行为和特定资源而增强营利能力，则标的企业就实现了协同效应，在对该标的企业进行评估时，若考虑同效应对企业未来收益及企业价值的影响，则应当使用并购整合持续经营假设。

除了上述三种情况外，企业持续经营也可能存在其他一些情况。因各种情况对企业未来经营会产生不同影响，评估专业人员在持续经营假设下选择相应的评估方法时，应当充分考虑并分析被评估企业的经营状况、历史业绩、资本结构、发展前景和被评估企业所处行业的相关经济要素及发展前景，收集与被评估企业未来经营相关的信息资料，充分考虑未来各种可能性事件发生的概率及其影响，合理进行企业价值评估。

知识拓展

清算假设与持续经营假设的区别

（二）清算假设

清算假设是对资产在非公开市场条件下被迫出售或快速变现条件的假定说明。清算假设首先是基于被评估资产面临清算或具有潜在的被清算的事实或可能性，再根据相应数据资料推定被评估资产处于一种被迫出售或快速变现的状态。由于清算假设假定被评估资产处于被迫出售或快速变现条件之下，被评估资产的评估价值通常要低于在公开市场假设下或持续使用假设下同样资产的评估价值。因此，在清算假设下的资产评估结果的适用范围是非常有限的，当然清算假设本身的使用也是较为特殊的。

二、企业价值评估的具体假设

（一）具体假设的主要类别

企业价值评估的具体假设主要包括基于企业外部环境的假设和基于企业内部环境的假设。此外，也包括评估专业人员获取资料和履行评估程序方面的假设。例如，假设委托人和被评估企业提供的资料是真实、合法、完整的，对于受条件限制未履行或无法履行相应的评估程序、采用了未经调查确认或无法调查确认的资料数据所作出的假设等。

1. 基于企业外部环境的假设

基于企业外部环境的假设可分为基于宏观环境的假设和基于中观环境的假设。

基于宏观环境的假设主要包括政治环境假设、宏观经济环境假设、法律法规假设、财政政策假设、货币政策假设和产业政策假设等。

基于中观环境的假设，主要包括行业发展前景假设、行业政策假设、区域经济政策假设，以及对被评估企业进行规范、监管、审批、规划等方面的假设。例如，环保政策假设、土地政策假设、税收政策假设和政府补贴假设。

2. 基于企业内部环境的假设

基于企业内部环境的假设也可理解为基于微观环境的假设。企业内部环境假设主要针对被评估企业可利用的资源、物质条件、综合能力，以及被评估企业具体资产的利用方式作出合乎逻辑的推断。因此，企业内部环境假设可进一步细分为针对被评估企业的假设和针对被评估企业具体资产的假设。

（1）针对被评估企业的假设，主要包括对企业生产经营模式、业务或产品的种类及结构、生产能力、行业竞争地位、产业链关系（与供应商和客户的关系）、资本结构、会计政策、生产经营管理方式、人力资源、企业管理水平，以及关联交易情况等方面作出的假设。

（2）针对被评估企业具体资产的假设，主要是对具体资产利用或使用的方式、程度、范围、效果所做的假设。如对具体资产的物理、法律、经济状况的假设，追加投资假设，产权变动后可利用的资产范围，以及资产的可能用途、利用方式和利用效果的假设，继续使用或者变现假设，原地使用或者移地使用假设，现行用途使用或者改变用途使用假设等。

（二）具体假设的设定依据及应注意的问题

1. 设定依据

企业价值评估假设的设定与使用应建立在科学合理的基础之上。评估专业人员执行企业价值评估业务时，应当依据评估目的、价值类型、市场条件、评估对象自身条件等因素综合分析确定评估假设，不能仅凭主观判断设定不合理的假设。

企业价值评估假设应当与评估目的相匹配。评估目的规定了企业价值评估结果的具体用途，同时也规范了评估对象或被评估企业的作用空间和可利用资源的范畴。企业价值评估特定目的对评估对象或被评估企业的作用空间和可利用资源的范畴的规范，具体是通过企业价值评估假设体现出来的。

企业价值评估假设应当与企业价值类型相协调。评估假设是在价值类型已经确定的基础上对相关评估条件的设定。企业价值评估是评估专业人员根据实际条件约束下的企业或模拟条件约束下的企业的价值进行理性分析、论证和比较的过程。不同的价值类型建立在与之相适应的价值基础之上。价值基础是选择价值类型的约束性条件，而价值基础对选择价值类型的约束性是通过评估假设来实现的。评估假设作为评估条件的浓缩形式，是连接评估目的、价值基础、价值类型和评估结论的纽带。企业价值评估价值类型的选择应当考虑价值类型与评估假设之间的相关性。例如，在投资价值类型的企业价值评估中，可以就特定投资者对被评估企业可能产生或实施的影响作出假设；但在市场价值类型的企业价值评估中，并不能考虑股权交易行为实施后的协同效应，因而不能对被评估企业实现这些协同效应的条件作出假设，更不能假设被评估企业可以实现这些协同效应。

企业价值评估假设应当与市场条件相适应。企业价值评估依据的市场条件是企业价值基础的重要组成部分，是决定企业价值类型和企业价值的重要因素。企业价值评估时所面临的市场条件及交易条件，是企业价值评估的外部环境，是影响企业价值评估结果的外部因素。在不同的市场条件下或交易环境中，即使是相同的评估对象也会有不同的评估结果。

企业价值评估假设应当与评估对象自身条件相契合。评估对象自身的功能、使用方式和利用状态是评估对象自身的条件，也是影响企业价值的内因。不同功能的评估对象会有不同的评估结果，而功能相同的资产在不同的使用方式或利用状态下也会有不同的评估结果。在企业价值评估假设中，与评估对象自身条件有关的具体假设主要包括资产使用范围假设、资产利用方式假设、资产利用程度假设和资产利用效果假设等。

2. 应注意的问题

企业价值评估假设的设定与使用，应特别注意以下问题：

①应当科学合理地设定企业价值评估假设。企业价值评估假设的设定与使用应该建立在科学合理的基础之上，评估假设的设定不是任意的。应充分考虑企业所处政治、经济和法律环境，技术发展，市场前景，资产状况，经营能力，商业化程度等，合理设定与之相适应的假设条件。评估专业人员不得随意设定没有依据、不合情理的企业价值评估假设；不得在已知委托人或其他信息来源方提供的某些信息资料不真实的情况下，用假设形式设定这些资料是真实的，并在此基础上出具评估意见；也不能在没有进行必要的分析和判断、未履行必要的调查分析或核实程序情形下，直接以评估假设替代本应履行的评估程序。评估专业人员应确信相关假设有可靠证据表明其很有可能在未来发生，或者虽然缺乏可靠证据，但没有理由认为这些假设明显不切合实际。

②不能简单地对企业基于相关条件所可能产生的结果进行假设。企业价值评估假设应围绕被评估企业所处外部环境和内部环境进行，将市场条件及影响企业价值的相关不

确定因素暂时“凝固”在某种状态下，以达到对企业价值作出判断的目的，而不是简单地对企业所处外部环境和内部环境可能产生的结果进行假设。例如，在运用收益法评估企业价值的过程中，对委托人和相关当事方提供的盈利预测，应进行必要的分析、判断和调整，不能简单假设盈利预测能够如期实现。

③应谨慎使用非真实性假设。在企业价值评估实务中，评估企业价值所需要的条件与评估基准日时企业的现实情况可能一致，也可能并不完全吻合，甚至是相反的，评估专业人员需要借助于合乎逻辑的评估假设以构建价值基础。如果假设是为了特定的评估项目而作出的与真实情况相反的假设，该假设为非真实性假设。只有在下列情况下，评估专业人员才应使用非真实性假设：该假设是分析并得出可靠的评估结论所必需的；该假设有合理的依据；只有使用该假设才能得以进行可靠的分析；在评估报告中对该假设进行充分披露。

④企业价值的评估过程应当与企业价值评估假设相呼应。从本质上讲，评估假设是对评估条件的某种抽象，而这些评估条件通过具体评估过程最终影响或决定着企业价值的评估结果。因此，企业价值的评估过程应当与企业价值评估假设相呼应，不能使评估假设与评估具体过程相脱节。例如，在运用收益法评估企业价值的过程中，未来收益预测中主营业务收入、毛利率、营运资金、资本性支出等主要参数应与评估假设及各相关参数相匹配。

【育德于技】秉承评估职业道德，进行企业价值评估

2018年，为贯彻落实《资产评估法》，规范资产评估执业行为，保证资产评估执业质量，保护资产评估当事人合法权益和公共利益，在财政部指导下，中国资产评估协会根据《资产评估基本准则》，对《资产评估执业准则——企业价值》进行了修订，其中明确指出，执行企业价值评估业务，应当具备企业价值评估的专业知识和实践经验，能够胜任所执行的企业价值评估业务。执行企业价值评估业务，应当坚持独立、客观、公正的原则，勤勉尽责，保持应有的职业谨慎，独立进行分析和估算并形成专业意见。执行企业价值评估业务，应当根据评估目的，明确评估对象，合理使用评估假设，选择适当的价值类型，恰当运用评估方法，履行必要评估程序，形成评估结论。

资产评估机构受理企业价值评估业务前，应当明确下列基本事项：委托人的基本情况；被评估单位的基本情况；评估目的；评估对象和评估范围；价值类型；评估基准日；资产评估报告使用范围；评估假设和需要明确的其他事项。

资产评估专业人员应当根据委托事项和评估目的，与委托人协商明确评估对象。企业价值评估中的评估对象包括企业整体价值、股东全部权益价值和股东部分权益价值等。执行企业价值评估业务，应当充分考虑评估目的、市场条件、评估对象自身条件等因素，恰当选择价值类型。企业价值评估中常见的价值类型有市场价值和投资价值。

资料来源：中国资产评估协会网站.http：//www.cas.org.cn/pgbz/pgzc.

项目小结

企业价值评估的要素包括评估主体、评估对象和范围、评估目的、评估程序、评估方法、评估基准日、价值类型及评估假设等，企业价值评估的目的，是导致企业价值评估的经济行为。企业价值评估目的主要有企业改制、企业并购、企业清算、财务报告、法律诉讼、税收、财务管理、考核评价和其他目的。

企业价值评估的对象通常包括整体企业权益、股东全部权益和股东部分权益三种。整体企业权益是公司所有出资人（包括股东、债权人）共同拥有的企业运营所产生的价值，即所有资本（付息债务和股东权益）通过运营形成的价值。股东权益代表了股东对企业净资产的所有权，反映了股东在企业资产中享有的经济利益。因此，企业股东全部权益价值就是企业的所有者权益或净资产价值。股东部分权益价值其实就是企业一部分股权的价值，或股东全部权益价值的一部分。企业价值评估范围是对评估对象价值进行评定估算的工作过程中所涉及的企业资产和负债的范围。对企业各项资产、负债进行识别，不仅包括资产负债表表内资产、负债，还包括资产负债表表外资产、负债。评估专业人员在界定企业价值的评估范围基础上，需要对企业价值评估范围的资产和负债的配置及使用情况进行必要的分析。

在企业价值评估中，价值类型是最基本的评估要素之一。评估专业人员在执行企业价值评估业务时，应恰当选择价值类型。在用价值和残余价值是针对单项资产或企业要素资产的价值类型，并不适用于企业。企业价值评估中的主要价值类型分别为市场价值、投资价值和清算价值。企业价值评估中价值类型的选择依据是评估目的、市场条件和评估对象自身条件。

企业价值评估的基本假设主要有交易假设、公开市场假设、持续经营假设和清算假设等，这里重点阐述企业价值评估中的持续经营假设和清算假设。企业价值评估的具体假设主要包括基于企业外部环境的假设和基于企业内部环境的假设。

项目综合实训

一、实训目标

企业价值评估要素是进行企业价值评估的基础。通过对企业价值评估基础的学习，使学生明确企业价值评估的目的，确定企业价值评估对象和范围，区别企业价值评估的价值类型并理解企业价值评估的基本假设。

二、实训项目与要求

1. 实训组织

企业价值评估实训以学生为中心，分组训练，集中交流，集体总结。教师主要担任辅导者、具体组织者和观察员，向学生布置任务，进行必要指导；解答有关问题；进行进度控制与质量监督。学生按每组6—8人分成若干小组，每组为一个实训团队开展实际操作训练，每个团队分别确定一位负责人，具体组织和管理实训活动。

2. 实训项目

（1）明确企业价值评估的目的；

（2）界定企业价值评估对象和范围；

（3）选择企业价值评估的价值类型；

（4）科学设定企业价值评估的基本假设。

3. 实训要求

依照《资产评估执业准则——企业价值》的规定，正确识别企业价值评估的要素，包括评估对象和范围、评估目的、价值类型及评估假设等。

三、成果与检测

（1）每个团队自由选取企业价值评估案例，结合案例说明企业价值评估基本要素，在班级进行交流。

（2）教师与同学们共同总结企业价值评估基本事项实训中存在的问题，明确今后教学过程中应当改进的方面。

（3）由各团队负责人组织小组成员进行评价打分。

（4）教师根据各团队对选取的企业价值评估案例汇报的实训情况及各位同学的表现予以评分。

项目三

企业价值评估程序

【知识目标】

1. 理解企业价值评估的基本程序；
2. 理解现场勘察的作用、范围与技术；
3. 掌握信息资料整理与分析的方法；
4. 掌握企业价值评估结果调整的类型与方式。

【能力目标】

1. 企业价值评估信息获取能力；
2. 企业价值评估现场勘察的能力；
3. 企业价值评估信息分析中常见方法和分析框架的掌握、应用能力。

【素养目标】

1. 勤勉谨慎从事业务，树立“敬业”的社会主义核心价值观；
2. 尊重事实，遵循客观公正的职业道德。

项目导入

企业价值评估程序的履行

L公司是一家高科技公司，主要从事地面数字电视广播系统的建立，完成地面数字电视系统的集成、参与地面数字电视的业务营运、进行数字电视系列产品的研制和生产。目前，公司着力与各地广电部门合资成立移动传媒公司，构建移动传媒网络。目前已经参股成立四家移动传媒公司，并为公司投资的平台及其他平台提供地面数字电视系统的相关软硬件产品共五大类。F上市公司拟收购L公司股权，遂聘请中青资产评估公司对L公司所拥有的整体资产进行评估。评估人员根据L公司的具体经济情况和所处的行业环境，进行现场勘察并收集有用的信息资料。

请思考：假如你是中青资产评估公司的评估人员，你将履行怎样的评估程序对L公司的价值进行评估？

启示：通过项目导入案例，使学生认识到评估程序的重要性，依据评估法律法规和相关评估准则，按照行业标准、市场惯例履行调查职责，勤勉谨慎从事业务，评估程序完备，多维度、多角度论证评估结果的合理性。

任务一　企业价值评估程序概述

任务描述

企业价值评估是一项复杂的系统工程，必须按一定程序规范进行，这样才能确保评估结果的真实性和科学性。通过对企业价值评估程序的学习，要认识到遵循评估程序在企业价值评估中的重要性。

相关知识

一、企业价值评估程序概念及执行企业价值评估程序要求

（一）企业价值评估程序概念

企业价值评估程序，是指执行企业价值评估业务所履行的系统性工作步骤。

（二）执行企业价值评估程序要求

企业价值评估属于整体资产评估，执行企业价值评估业务，应当遵守法律、行政法规和资产评估准则，坚持独立、客观、公正的原则，履行适当的资产评估程序。

资产评估机构及其资产评估专业人员应当根据资产评估业务的具体情况和重要性原则确定所履行各基本程序的繁简程度。

资产评估机构及其资产评估专业人员不得随意减少资产评估基本程序。

二、企业价值评估工作程序

《资产评估法》第四章“评估程序”中，明确了资产评估业务必须履行的程序，包括委托人对评估机构的选聘、委托合同的签订、评估人员的指派、现场调查、资料的核查验证分析、评估方法的选择、报告的签署和出具及档案管理等。

《资产评估执业准则——资产评估程序》明确规定资产评估程序包括：明确资产评估业务基本事项；订立资产评估委托合同；编制资产评估计划；进行评估现场调查；收集整理评估资料；评定估算形成结论；编制和出具评估报告；整理归集评估档案。

根据《资产评估执业准则——资产评估程序》规定的资产评估程序内容及企业价值评估特点，企业价值评估程序归纳为以下几个方面：

（一）明确企业价值评估基本事项

资产评估机构受理资产评估业务前，和委托人进行充分沟通交流，了解委托人评估目的和意愿，明确企业价值评估业务以下基本事项：①委托人、产权持有人和委托人以外的其他资产评估报告使用人；②评估目的；③评估对象和评估范围；④价值类型；⑤评估基准日；⑥资产评估项目所涉及的需要批准的经济行为的审批情况；⑦资产评估报告使用范围；⑧资产评估报告提交期限及方式；⑨评估服务费及支付方式；⑩委托人、其他相关当事人与资产评估机构及其资产评估专业人员工作配合和协助等需要明确的重要事项。

其中，评估的价值类型要与评估目的相匹配；确定评估对象时，要将资产的范围、数量、权益等全部考虑在内；评估基准日一般应考虑选择一个结算期的终止日。

【提示】资产评估机构应当对专业能力、独立性和业务风险进行综合分析和评价。受理企业价值评估业务应当满足专业能力、独立性和业务风险控制要求，否则不得受理。

（二）订立业务委托合同

评估机构在决定承接企业价值评估业务之后，应当与委托人依法订立企业价值评估委托合同，约定资产评估机构和委托人权利、义务、违约责任、争议解决等内容。

签订委托合同，明确评估目的、评估对象、评估基准日、各项评估要求、评估费用及收取方式。

（三）编制企业价值评估计划

资产评估专业人员应当根据企业价值评估业务具体情况编制企业价值评估计划，并合理确定企业价值评估计划的繁简程度。企业价值评估计划包括企业价值评估业务实施的主要过程、时间进度、人员安排等。

企业价值评估涉及面大、内容复杂、工作任务重，根据项目具体情况进行总体策划、有效组织和平衡协调，制订评估工作方案，做好人员和时间进度安排，以便合理安排工作进度，优化配置工作人员，对评估中出现的技术应用问题注重集体讨论分析，确保评估各环节的有效进行。

（四）进行评估现场调查

资产评估机构和评估专业人员对企业价值的评定和估算，应进行评估现场调查，获取企业价值评估需要的资料，了解企业价值评估对象的法律权属和企业的现实状况，指导委托人填报评估申报表等资料、收集评估所需纸质资料。了解管理状况、经营和市场情况。

（五）收集、整理、分析企业价值评估的相关资料，做好评估的基础工作

1. 收集评估资料并确定资料的性质

知识拓展

企业价值评估所需资料清单

执行企业价值评估业务，评估人员应当根据企业价值评估的具体情况，确定所需资料的清单，并向委托人提供清单，收集相关资料，从法律、经济、技术及其获利能力等方面，确定评估对象的定性、定量资料。

2. 分析、归纳和整理评估资料

资产评估专业人员应当根据企业价值评估业务具体情况对收集的评估资料进行分析、归纳和整理，形成评定估算和编制企业价值评估报告的依据。

（六）评定估算，形成结论

1. 选择评估方法

执行企业价值评估业务，应当根据评估目的、评估对象、价值类型、资料收集等情况，分析收益法、市场法和资产基础法三种基本方法的适用性，恰当选择评估方法进行评定估算，得出评估结果。

对于适合采用不同方法进行企业价值评估的，资产评估专业人员应当采用两种以上评估方法进行评估。

2. 形成结论

资产评估专业人员应当根据所采用的评估方法，选取相应的公式和参数进行分析、计算和判断，形成测算结果。

对同一评估对象采用多种评估方法时，应当结合评估目的、不同评估方法使用数据的质量和数量，采用定性或者定量分析方式形成评估结论。

（七）撰写和出具企业价值评估报告

资产评估专业人员要根据《资产评估基本准则》《资产评估执业准则——资产评估报告》《资产评估执业准则——企业价值》《企业国有资产评估报告指南》的要求，撰写评估报告，就评估结论产生的前提、假设及其限定条件、各种参数的选择依据、评估方法适用的理由等，进行描述性、分析性和综合性陈述，提出评估结论。

资产评估专业人员完成评估报告编制后，资产评估机构应当根据相关法律、行政法规、资产评估准则的规定和评估机构内部质量控制制度，对资产评估报告进行必要的内部审核，并与委托人或者委托人许可的相关当事人就评估报告有关内容进行必要沟通后，以资产评估委托合同约定的方式向委托人提交资产评估报告。

（八）整理归集评估档案

资产评估机构在提交评估报告后，应当按照法律、行政法规和资产评估准则的规定

及时对工作底稿进行整理并与其他相关资料形成评估档案。

资产评估专业人员应当整理归集的评估档案包括工作底稿、评估报告和其他相关资料。底稿的整理和评估档案的归集应当符合法律、行政法规和资产评估准则的规定。

三、企业价值评估程序阶段划分

在评估实践中，可以将以上八个程序划分为三个阶段，如图3-1所示。

图3-1　企业价值评估程序阶段划分

（一）前期准备阶段

企业价值评估前期准备阶段的主要任务是根据评估项目的情况，在沟通交流、明确企业价值评估业务的基本事项的基础上签订委托合同，并制订企业价值评估计划。它包括：①沟通交流；②签订委托书；③收取一定比例评估费；④评估机构提出所需数据与资料；⑤评估小组现场考察；⑥填制所需资料。

（二）评价估算阶段

企业价值评估评价估算阶段是评估工作的核心，在对企业价值进行现场勘察的基础上，收集评估对象的资料，对资料进行整理、分析，形成企业价值评估技术经济参数，通过合适的评估方法得到评估结论。它包括：①交流座谈；②收集数据并调查；③核实资产验证资料；④确定评估方法和评估值；⑤编写报告；⑥评估报告审核。

（三）出具报告阶段

企业价值评估出具报告阶段的主要任务是撰写、审核、出具评估报告，收集资料形成档案。它包括：①出具报告草稿；②评估值交换意见；③出具正式报告；④收取剩余评估费；⑤提交报告；⑥资料存档备案。

不同的企业价值评估业务的具体工作步骤有差异，但是评估机构和评估专业人员不得随意删减、更改基本评估程序。在具体的评估业务中，如果由于国家法律法规规定、客观条件限制等原因无法按照基本程序进行评估，则需要采取措施来弥补程序缺失，若无法弥补，则需要考虑终止评估业务。在履行评估基本程序时，评估机构和评估专业人员要进行资料收集，形成工作底稿和档案。

任务二 现场勘察

任务描述

现场勘察对于整个评估过程来说非常有意义，它不仅可以帮助评估人员获得更加可靠的信息，而且还有助于被评估企业的管理者了解评估的预期目标，提高企业价值评估的效率。

相关知识

一、现场勘察在评估过程中的作用

（一）帮助评估人员了解企业历史

现场勘察可以帮助评估人员了解企业的创立与发展。企业的历史应包括企业及其前身是何时成立，在企业发展过程中是否有并购或分立，组织基本形式是否有变化，企业经营方向是否有改变，服务地域是否有变动，当然，也包括企业所有权的主要变化。

一个企业的历史可能比较悠久，但与价值评估分析最相关的部分通常是最近的历史。公司主要事件年表有助于评估人员决定多少年的公司财务数据同目前的评估工作相关，并在分析财务报表的时候辨别企业或具体经营环境的主要变化。

（二）帮助评估人员了解企业现状

评估人员通过访谈提出问题：企业是做什么的？为什么要选择做这个产品或服务？是什么使这个企业有资格做这个产品或服务？企业所从事业务在经济领域的前景如何？企业的优势和劣势有哪些？企业的价值驱动因素是什么？得到解答后，评估人员可以更多地了解企业现状。除了这些问题外，评估人员通过访谈还可以了解被评估企业现有产品的进一步开发、新产品和新市场的开拓情况、资本性支出情况、收购兼并情况、设立分支机构情况、研发项目和研发进展、无形资产情况等。

评估人员对企业无形资产的了解非常重要。企业为什么能够在激烈的竞争中保持相对优势？针对这个问题，评估人员要询问企业的管理层，他们是否能够定量地分析自己企业的品牌、商标、版权和专利对企业获利的贡献，或者企业是否由于所处地理位置优越、优惠的供货合同或很好的客户关系而获得经济利益呢？通过这些询问，评估人员将对企业的无形资产价值有一个深刻的认识。

（三）帮助评估人员了解管理层的收入状况

国内许多企业的高管人员有大量的灰色收入。评估人员只有通过现场访谈才有可能了解这方面的信息。评估人员可以通过询问企业高级管理人员的年龄、健康状况、受教育程度、职业资格证书、工作经验、其他背景，以及到本企业工作的时间，判断核心管理人员的红利和补助是否合理，是否影响企业的正常经营和未来发展。

（四）帮助评估人员了解企业的经营状况

企业的经营状况是否与书面材料一致，评估人员会通过现场勘察鉴定并进一步了解企业是如何经营的，效率如何，结果怎样，企业的前景是会越来越好还是日薄西山。大概要从以下四个方面了解企业经营状况：①企业的原材料与供应商；②企业与雇员或与政府之间的关系；③企业的存货情况；④企业的土地、厂房和设备。

（五）帮助评估人员了解企业的市场及其开拓情况

评估人员需要了解企业的市场及其开拓的有关情况，包括：企业的客户是谁？为什么客户要买这个企业的产品或服务而不买其他同类企业的？企业的目标市场是在继续增长还是在萎缩？哪些力量能决定企业产品或服务的需求以及需求的改变？市场是否有季节性、周期性或长期性特色？是否存在某些技术进步而导致市场份额的变化？若真如此，企业想在竞争中保住原有的市场份额，下一步该怎么办？如何应对？如何有效行动？在一般情况下，企业的市场部经理对自己企业的竞争能力总是说得保守一点，而对定义的市场潜力总是说得夸张一些。评估人员为了解这一方面的情况进行现场访谈时要注意提问技巧，避免有盘问被访者的嫌疑而难以获得对问题答案的深入理解。当然，在市场开拓方面最重要的问题就是，企业是如何参与竞争的？其核心竞争力在哪里？评估人员应该让企业尽量列出其每一项产品或服务在每一个局部的市场上所有竞争对手的名单和市场份额。这样可以粗略估算现有的市场份额和今后的发展趋势。

（六）帮助评估人员鉴定企业的财务状况

评估人员为了鉴定书面资料所反映财务信息的真实性、合理性和合法性，可以同企业的财务负责人、控股股东、企业的外聘会计师和律师进行访谈。访谈的内容包括：流动资产、固定资产、无形资产、流动负债、资本结构、账外的资产与负债、营利能力与利润、企业保险状况和股东分红的情况。通过这样一系列的访谈可以使评估人员更清晰地认识企业会计政策和会计估计运用是否公允，财务报表是否真实地反映企业的财务现状。

二、现场勘察的范围

评估人员现场勘察的范围取决于很多因素，包括评估的目的、企业经营的性质和评估项目的大小及复杂程度、评估人员能否完整收集到前面所述的书面资料，以及阅读和理解它们的程度。

（一）实地访谈对象

评估人员现场访谈和谁见面，取决于从哪些人那里能够获得影响企业价值最重要的信息。在实务中，通常需要访谈的对象包括：

1. 企业法定代表人

评估人员访谈企业法定代表人，可以从总体上了解企业自身的定位、开办经营的初衷、企业未来的使命、企业的战略目标等。这些对企业的价值都具有决定性的作用。

2. 核心管理人员

通过对企业的核心管理人员进行访谈，如生产总监、市场总监和财务总监等，评估人员可以更加深入地了解影响企业价值的信息。例如，对市场总监进行访谈，可以了解其年龄、性格特征、对企业的忠诚度、风险观念、销售经验等因素。了解这些信息对企业未来销售量的预测是非常有用的。

3. 其他关键人员

其他关键人员除了企业法定代表人和核心管理人员以外的对企业价值评估工作有直接关系的企业内部人员。例如，评估人员对企业的存货信息有较大疑问，就可以通过访谈仓库保管人员来了解收货、存货的记录是如何进行的。

4. 企业外部人员

要访谈的企业外部人员虽不是企业本身的雇员，但与企业具有密切的联系。对必要的外部人员进行访谈有时候是非常有助于价值评估工作的。它不仅能够给评估人员提供必要的技术信息，而且可以从他们那里获得一些对企业的独立看法和观点。一般与企业业务有关系的专业人士主要是律师、会计师和银行家，当然最重要的外部人员有企业的供应商和客户。通过对他们进行访谈可以得到更重要的影响企业价值的因素。例如，供应商改变价格政策提高原材料的价格从而增加了企业产品的生产成本，企业主要客户改变发展战略减少对企业产品的需求。这些对于企业价值评估都是至关重要的。

（二）现场勘察范围

现场勘察范围主要是针对被评估企业的资产展开的，一般包括企业的存货、厂房与设备、土地等实物资产。

1. 企业的存货

存货包括原材料、在产品和产成品等。评估人员需要通过企业有关人员的协助了解存货中有多少已经报废，有多少受到损坏，有多少是存放多年或根本不能使用的，有哪些存货已经毫无价值却仍然记在账面上，又有哪些存货有剩余价值却已经冲销，以及存货的周转情况如何。

2. 企业的厂房与设备

企业厂房的规模大小、结构类型等，设备维修状况如何，使用率是否很高，是否还有闲置的厂房和设备以备今后的生产发展等，这些对企业的价值有极大的影响。

3. 企业的土地

在我国，土地所有权归属于国家，企业对土地只拥有使用权，在会计上可以将其单独作为无形资产入账，也可以与地上建筑物一起作为房地产入账。由于土地属于稀缺资源，总体而言具有升值的趋势，而在会计上一般不对土地的价值增加进行调整，就可能造成土地的账实不符。为此，评估人员需要通过现场勘察，掌握企业土地的相关信息，从而对企业土地对企业价值的影响进行初步的判断。

微课

现场勘察的范围

三、现场勘察的技术

评估人员进行现场勘察可采用的技术包括：

（一）现场访谈

评估人员在访谈相关人员之前，依据明确要了解的信息设计适当的问题，在访谈时有技巧地一一提出，尽可能获得准确可靠的信息。需要指出的是，通过对企业相关人员的采访，评估人员还可以了解企业管理者，尤其是企业核心领导人的经营理念与管理哲学。

（二）现场检查

一方面，评估人员可以通过观察固定资产、监盘存货等手段来确定历史财务报表是否真实反映企业的财务状况；另一方面，评估人员可以通过现场检查企业的业务流程，进一步了解企业的经营效率与效果。

（三）借助专家的工作

企业价值评估人员可以借助房地产评估人员、机器设备评估人员和动产评估人员的工作，对企业不动产和动产的价值有一个评估和判断，借助会计师、审计师、银行家、律师等了解企业经营的合理性、合法性和风险的可控性。

【提示】在企业价值评估中，信息资料的收集、分析和处理是一项基础且重要的工作，企业价值评估信息收集和分析，具体见项目四。

任务三　评定估算

任务描述

执行企业价值评估业务，应当根据评估目的、评估对象、价值类型、资料收集等情况，分析收益法、市场法和资产基础法三种基本方法的适用性，选择适当的评估方法。对于适合采用不同评估方法进行企业价值评估的，资产评估专业人员应当采用两种以上评估方法进行评估。

相关知识

一、企业价值评估方法

（一）收益法

企业价值评估中的收益法，是指将预期收益资本化或者折现，确定评估对象价值的评估方法。资产评估专业人员应当结合被评估单位的企业性质、资产规模、历史经营情况、未来收益可预测情况、所获取评估资料的充分性，恰当考虑收益法的适用性。收益法常用的具体方法包括股利折现法和现金流量折现法。

股利折现法是将预期股利进行折现以确定评估对象价值的具体方法，通常适用于缺乏控制权的股东部分权益价值评估。股利折现法的预期股利一般应当体现市场参与者的通常预期，适用的价值类型通常为市场价值。

现金流量折现法通常包括企业自由现金流折现模型和股权自由现金流折现模型。资产评估专业人员应当根据被评估单位所处行业、经营模式、资本结构、发展趋势等，恰当选择现金流折现模型。预测现金流量，既可以从市场参与者角度进行，也可以选择特定投资者的角度。从特定投资者的角度预测现金流量时，适用的价值类型通常为投资价值。

1. 收益预测

资产评估专业人员应当对委托人和其他相关当事人提供的企业未来收益资料进行必要的分析、判断和调整，结合被评估单位的人力资源、技术水平、资本结构、经营状况、历史业绩、发展趋势，考虑宏观经济因素、所在行业现状与发展前景，合理确定评估假设，形成未来收益预测。当委托人和其他相关当事人未提供收益预测，资产评估专业人员应当收集和利用形成未来收益预测的相关资料，并履行核查验证程序，在具备预测条件的情况下编制收益预测表。资产评估专业人员应当关注未来收益预测中经营管理、业务架构、主营业务收入、毛利率、营运资金、资本性支出、资本结构等主要参数与评估假设、价值类型的一致性。当预测趋势与历史业绩和现实经营状况存在重大差异时，资产评估专业人员应当在资产评估报告中予以披露，并对产生差异的原因及其合理性进行说明。

2. 收益期限

资产评估专业人员应当按照法律、行政法规规定，以及被评估单位企业性质、企业类型、所在行业现状与发展前景、协议与章程约定、经营状况、资产特点和资源条件等，恰当确定收益期。企业经营达到相对稳定前的时间区间是确定详细预测期的主要因素。资产评估专业人员应当在对企业产品或者服务的剩余经济寿命以及替代产品或者服务的研发情况、收入结构、成本结构、资本结构、资本性支出、营运资金、投资收益和风险水平等综合分析的基础上，结合宏观政策、行业周期及其他影响企业进入稳定期的因素合理确定详细预测期。

3.折现率

资产评估专业人员确定折现率，应当综合考虑评估基准日的利率水平、市场投资收益率等资本市场相关信息和所在行业、被评估单位的特定风险等相关因素。资产评估专业人员应当根据企业提供产品或者服务的剩余经济寿命期情况、进入稳定期的因素分析详细预测期后的收益趋势、终止经营后的处置方式等，选择恰当的方法估算详细预测期后的价值。执行企业价值评估业务可以根据评估对象特点选择收益法的不同具体方法进行评估。资产评估专业人员应当根据被评估单位的具体情况选择恰当的预期收益口径，并确信折现率与预期收益的口径保持一致。

（二）市场法

企业价值评估中的市场法，是指将评估对象与可比上市公司或者可比交易案例进行比较，确定评估对象价值的评估方法。资产评估专业人员应当根据所获取可比企业经营和财务数据的充分性和可靠性、可收集到的可比企业数量，考虑市场法的适用性。市场法常用的两种具体方法是上市公司比较法和交易案例比较法。

上市公司比较法是指获取并分析可比上市公司的经营和财务数据，计算价值比率，在与被评估单位比较分析的基础上，确定评估对象价值的具体方法。上市公司比较法中的可比企业应当是公开市场上正常交易的上市公司。在切实可行的情况下，评估结论应当考虑控制权和流动性对评估对象价值的影响。

交易案例比较法是指获取并分析可比企业的买卖、收购及合并案例资料，计算价值比率，在与被评估单位比较分析的基础上，确定评估对象价值的具体方法。控制权和交易数量可能影响交易案例比较法中的可比企业交易价格。在切实可行的情况下，应当考虑评估对象与交易案例在控制权和流动性方面的差异及其对评估对象价值的影响。如果因客观条件限制无法考虑控制权和流动性对评估对象价值的影响，则应当在资产评估报告中披露其原因和可能造成的影响。

资产评估专业人员应当关注业务结构、经营模式、企业规模、资产配置和使用情况、企业所处经营阶段、成长性、经营风险、财务风险等因素，恰当选择与被评估单位进行比较分析的可比企业。资产评估专业人员所选择的可比企业与被评估单位应当具有可比性。可比企业应当与被评估单位属于同一行业，或者受相同经济因素的影响。

（三）资产基础法

企业价值评估中的资产基础法，是指以被评估单位评估基准日的资产负债表为基础，合理评估企业表内及可识别的表外各项资产、负债价值，确定评估对象价值的评估方法。

资产评估专业人员应当根据会计政策、企业经营等情况，要求被评估单位对资产负债表表内及表外的各项资产、负债进行识别。资产评估专业人员应当知晓并非每项资产和负债都可以被识别并单独评估。识别出的表外资产与负债应当纳入评估申报文件，并要求委托人或者其指定的相关当事方确认评估范围。当存在对评估对象价值有重大影响且难以识别和评估的资产或者负债时，应当考虑不同评估方法的适用性。

采用资产基础法进行企业价值评估时，各项资产的价值应当根据其具体情况选用适当的评估方法得出，所选评估方法可能有别于其作为单项资产评估对象时的具体评估方法，应当考虑其对企业价值的贡献。资产评估专业人员应当知晓，在对持续经营前提下的企业价值进行评估时，单项资产或者资产组合作为企业资产的组成部分，其价值通常受其对企业贡献程度的影响。

任务四 撰写报告

任务描述

评估报告作为企业价值评估的结果，在出具前需要对报告进行内部审核，在坚持评估原则的前提下与委托人就评估结果进行沟通。评估完成后需要对评估过程形成的资料进行归档并保存。通过对编制和出具评估报告及整理归集评估档案的学习，掌握评估报告出具前的审核内容，了解整理归集档案的重要意义。

相关知识

一、评估报告

资产评估专业人员在履行评估程序后，应当按照相关法律、行政法规和资产评估准则规定，编制评估报告。评估报告的内容包括：标题和文号、目录、声明、摘要、正文、附件。按照约定的时间和方式向委托人提交资产评估报告，是评估机构履行评估委托合同约定的责任要求。

（一）评估报告的内部审核

评估报告编制完成后，在出具之前评估机构应该对评估报告进行内部审核。评估机构对评估报告的审核应注重审核的质量、内容和效果。评估机构对评估报告审核的内容主要包括：

（1）对评估程序履行情况的复核；

（2）对评估资料完整性、客观性、适时性的复核；

（3）对评估方法、评估技术思路合理性的复核；

（4）对评估目的、价值类型、评估假设、评估参数，以及评估结论在性质和逻辑上一致性的复核；

（5）对计算公式及计算过程正确性的复核；

（6）对技术参数选取合理性的复核；

（7）对计算表格之间链接关系正确性的复核；

（8）采用多种方法进行评估时，对各种评估方法所依据的假设、前提、数据、参数可比性的复核，并对不同评估方法结论合理性和差异合理性进行复核；

（9）对最终评估结论合理性的复核；

（10）对评估报告合规性的复核。

（二）评估报告的外部审核

对于涉及国有资产管理部门、金融企业国有资产管理部门和文化企业国有资产管理部门等国有资产评估项目，在评估机构提交评估报告以后，由国有资产管理部门按照国家有关规定组织专家对资产评估报告进行外部审核。

1. 外部审核的内容

（1）资产评估所涉及的经济行为依据是否有理；

（2）评估基准日的选择是否适当，是否符合有关评估准则的规定和要求；

（3）企业价值评估范围与经济行为批准文件确定的设备范围是否一致；

（4）评估方法运用的合理性和评估依据的适当性；

（5）企业是否就所提供的资产权属证明文件、财务会计资料和生产经营管理资料的真实性、合法性和完整性作出承诺；

（6）评估程序是否符合相关评估准则的规定；

（7）评估报告是否符合相关准则的规定和要求。

2. 外部审核意见的处理

（1）应对外部审核意见进行分析，形成意见回复，并根据需要对评估报告的相关内容进行补充或修改。

（2）评估报告如有修改，应按评估机构内部的审核要求履行审核程序，重新出具评估报告，并按规定提交资产评估报告委托人。

二、评估档案

评估档案是指资产评估机构开展资产评估业务形成的，反映资产评估程序实施情况、支持评估结论的工作底稿、资产评估报告及其相关资料。评估档案是评价、考核资产评估专业人员专业胜任能力和工作业绩的依据，是判断评估机构和承办评估业务的资产评估专业人员执业责任、维护评估机构及评估专业人员合法权益的重要证据。整理归集评估档案也是资产评估程序中重要的一部分，对评估工作有着非常重要的意义。

（一）整理归集评估档案的要求

资产评估专业人员通常应当在资产评估报告日后90日内，根据《资产评估法》和《资产评估执业准则——资产评估档案》对项目评估过程中形成资料进行整理归集，并与其他相关资料形成评估档案，交由所在资产评估机构妥善管理。重大或者特殊项目的归档时限不晚于评估结论使用有效期届满后30日。

（二）整理归集评估档案的内容

评估档案内容包括：工作底稿、评估报告及其他相关资料。工作底稿的整理和评估档案的归集应当符合法律、行政法规和资产评估准则的规定。

工作底稿内容包括：资产评估业务基本事项的记录；资产评估委托合同；资产评估计划；资产评估业务执行过程中重大问题处理记录；资产评估报告的审核意见。

操作类底稿内容包括：现场调查记录与相关资料；收集的评估资料；评定估算过程记录。

【提示】不同的评估项目评估方法不同，调查重点不同，底稿不同，评估人员应该根据评估目的和资产状况，合理确定资产的调查量，并编制相应的工作底稿。

【育德于技】资产评估助力司法鉴定

近年来，随着法律制度完善、权利意识增强、经济形势发展等内外部复杂环境因素共同影响，公安机关、检察机关、法院等司法机关对价值评估工作的专业需求不断增加，司法评估已逐渐成为司法环节中一项不可或缺的技术工作。

业内人士表示，司法鉴定评估为司法诉讼服务，其结果是司法立案、审判、执行的重要定量依据。作为专业化中介服务行业，资产评估机构参与司法鉴定业务有利于当事人确定诉讼标的额、缓和双方当事人矛盾，进一步提升司法公正和效率，促进诉讼良性完结。

“区别于其他资产评估，司法鉴定评估具有目的公正性、行为严肃性、过程复杂性、结果公允性等特点。”湖北众联资产评估有限公司首席评估师朱正宏在接受《中国会计报》记者采访时介绍，一方面，司法鉴定评估建立在对估价目的和估价对象充分了解的基础上，需严肃对待各个环节。评估报告需经当事人认可并经人民法院确认，将其作为司法审判和执行的重要法律依据，直接关系双方当事人切身利益，影响的环节链条较长，现场评估和配合庭审时间较长，评估过程较为复杂。另一方面，司法鉴定评估所具有的法律效力使估价结果直接关系双方当事人切身利益。在多数情况下，估价结果需接受当事各方对其公允性的严格审查并提供相关专业解释。

资料来源：吴进.发挥评估专业优势 提升司法公正和效率［EB/OL］.［2024-09-02］. https://www.cas.org.cn/xwbd/zhxx/3e90439247d8499995488bd26fe8b811.htm.

项目小结

企业价值评估程序包括：企业价值评估信息收集、整理与分析，现场勘察，评定估算，撰写报告。在企业价值评估中，信息资料的收集、分析和处理是一项基础而重要的工作。在某种意义上，企业价值评估的过程就是评估人员对与企业价值相关数据资料的收集、整理、归纳和分析的过程。

评估信息分析是从评估专业人员收集到的相关信息中，分析、判断、测算出评估结论的论证过程。其中最重要的是进行行业分析，即对行业经济特性、行业市场结构、行业生命周期和行业景气程度等内容的分析和预测，根据被评估企业的特点，选择一个或几个方面进行分析，以支持评估结论的形成。

项目综合实训

一、实训目标

企业价值评估程序是执行企业价值评估业务所履行的系统性工作步骤，规范资产评估机构及其资产评估专业人员履行资产评估程序行为，是保护资产评估当事人合法权益和公共利益的重要途径。通过对企业价值评估程序的训练，使学生理解现场勘察的作用、范围与技术，掌握信息资料整理与分析的方法。

二、实训项目与要求

1. 实训组织

企业价值评估实训以学生为中心，分组训练，集中交流，集体总结。教师主要担任辅导者、具体组织者和观察员，向学生布置任务，进行必要指导；解答有关问题；进行进度控制与质量监督。学生按每组6—8人分成若干小组，每组为一个实训团队开展实际操作训练，每个团队分别确定一位负责人，具体组织和管理实训活动。

2. 实训项目

（1）进行企业现场勘察并编写勘察记录；

（2）熟知企业价值评估方法，面对不同的企业价值评估情况选用合理的评估方法。

3. 实训要求

（1）依照《资产评估执业准则——企业价值》《资产评估执业准则——资产评估程序》规定，完成企业价值评估程序；

（2）发扬工匠精神，能够规范、正确地完成每类企业价值评估程序。

三、成果与检测

（1）每个团队分别撰写企业价值评估程序，在班级进行交流；

（2）教师与同学们共同总结企业价值评估程序实训中存在的问题，明确今后教学过程中应当改进的方面；

（3）由各团队负责人组织小组成员进行评价打分；

（4）教师根据各团队的企业价值评估程序编写的实训情况及各位同学的表现予以评分。

项目四

企业价值评估信息收集和分析

【知识目标】

1. 掌握企业价值评估信息的种类、来源、收集原则；
2. 掌握企业价值评估中宏观环境分析、行业发展状况分析和企业发展状况分析的具体内容；
3. 了解企业价值评估中宏观环境分析、行业发展状况分析和企业发展状况分析的常见要点。

【能力目标】

1. 掌握企业价值评估信息收集的基本程序；
2. 掌握行业分析中波特五力模型的应用；
3. 掌握企业分析中 SWOT 分析框架、波士顿矩阵分析法的应用。

【素养目标】

1. 树立法律意识，在法律允许范围内行动；
2. 树立科学唯物辩证思维，正确认识事物的联系和发展。

项目导入

国企混改涉及集团公司企业价值评估资料的收集与分析

重庆某国有企业集团拟进行混合所有制改革，需请中青资产评估有限公司对集团公司及13个子公司在2023年12月31日的企业价值进行评估。集团公司及子公司涉及航运、仓储、旅游等多个板块。

请思考：如果你是中青资产评估有限公司项目工作人员，应该如何收集企业价值评估的资料？收集哪些资料？怎样进行资料分析呢？

启示：通过项目导入案例，不仅使学生懂得资产评估的专业知识，还要了解国家战略、国家规划，将个人命运与国家命运紧密结合。

任务一　企业价值评估信息及其收集概述

任务描述

企业价值体现在企业的资产和收益能力，如何判断企业价值，需要根据企业的经营信息来反映，信息的质量直接影响价值评估的准确性。本任务主要介绍企业价值评估信息的种类、企业价值评估信息收集的原则和来源、企业价值评估信息收集的基本程序。通过学习，认识和掌握在企业价值评估中应该收集哪些信息、如何收集信息。

相关知识

一、企业价值评估信息的种类

企业价值评估需要的信息种类多样，以信息来源为标准，可以分为被评估企业内部信息和外部信息两类；以信息涵盖范围为标准，可以分为宏观信息、行业信息和企业经营信息等。本任务以被评估企业内部信息和外部信息来进行分析。

（一）被评估企业内部信息

被评估企业内部信息是指企业内部掌握或在企业经营过程中形成的相关资料。被评估企业内部信息的种类见表4-1。

表4-1 被评估企业内部信息

<table>
<tr><th colspan="2">种类</th><th>名称</th></tr>
<tr><td rowspan="2">评估对象相关权属资料</td><td>相关权益法律文件</td><td>公司投资协议、公司章程、出资证明等</td></tr>
<tr><td>主要权属证明</td><td>房屋所有权证、专利权证书、股权证明</td></tr>
<tr><td rowspan="3">企业经营管理结构和产权架构资料</td><td>设立和权益变更</td><td>企业成立和经营的时间、企业性质、主要产权所有者、业务类型、生产经营地点、股东姓名、持股数量和比例、股东简介、特殊权益约定和股东之间是否存在关联关系等</td></tr>
<tr><td>主要股权投资情况</td><td>被投资企业名称、投资日期、投资比例、是否具有控制权、主要经营业务、经营地点、与被评估企业之间是否存在业务关系等资料</td></tr>
<tr><td>组织架构</td><td>公司概况、企业管理制度、部门设置、职能分工、管理层级、权责关系等企业内部资料，官方网站、年报、招聘信息等公开资料，以及行业报告、新闻报道等第三方资料</td></tr>
<tr><td rowspan="3">企业资产、财务和管理资料</td><td>资产状况</td><td>资产配置、资产规模、资产利用、资产新旧、资产价值等资料</td></tr>
<tr><td>财务状况</td><td>研发、采购、生产、销售、管理、投融资、税务等环节的财务状况资料</td></tr>
<tr><td>管理状况</td><td>研发模式、核心技术人员、采购模式、内控管理、产品市场定位及市场需求等资料</td></tr>
<tr><td colspan="2">企业发展规划和经营计划资料</td><td>企业的发展规划、年度经营计划和未来收益预测资料等</td></tr>
<tr><td colspan="2">以往相关评估及交易资料</td><td>评估对象、被评估企业以往的评估及交易资料</td></tr>
</table>

1. 评估对象相关权属资料

（1）相关权益法律文件。评估对象相关权属资料反映评估对象的权益持有人所享有的权益状况，是确定评估范围的依据，表明评估对象权益的性质、范围和条件等。

（2）主要权属证明。评估对象涉及的主要权属证明资料是被评估企业可以进行正常生产经营活动的法律保证。常见权属证明资料见表4-2。

表4-2 常见权属证明资料

权属资料种类	权属资料名称
不动产相关权属证明	国有土地使用证、房屋所有权证、建筑工程施工许可证
车辆等运输设备权属证明	行驶证
采掘业企业特有的权属证明	采矿许可证、勘查许可证

续表

权属资料种类	权属资料名称
森林资源资产特有的权属证明	林权证
企业知识产权资产特有的权属证明	专利权证书、商标注册证、著作权（版权）相关权属证明
航空运输企业特有的权属证明	船舶所有权登记证书、船舶国籍证书、飞机产权登记证、飞机国籍登记证、飞机电台执照等
权益形成的权属证明	股权出资证明或股份持有证明、债权持有证明、有关产权转让合同

2. 企业经营管理结构和产权架构资料

（1）设立和权益变更。企业设立资料有助于了解企业历史沿革，权益变更资料有助于了解评估对象过往评估或交易的情况，主要用于确定评估结论时的合理性分析。

（2）主要股权投资情况。企业主要的股权投资情况，有助于准确把握评估的空间范围和选择评估技术路径，如是否采用合并报表基础等。对主要产权进行调查，是评估专业人员评估长期股权投资需要履行的程序之一，也是合理安排评估报告体例和明确工作范围与工作量的基础。

（3）组织架构。组织架构等信息有助于了解被评估企业经营管理流程和职能责任，是制订评估计划与专业人员配备的基础，也是安排制订评估计划的依据。

3. 企业资产、财务和管理资料

（1）资产状况。资产是企业经营管理的资源，是企业赖以生存和营利的基础。需要收集重要资产的种类、账面价值和利用状况等。

（2）财务状况。反映企业经营活动的财务报告资料，反映企业采购、生产、销售、管理、投融资、税务等环节的经营状况资料，以及或有事项相关资料等。

（3）管理状况。反映公司组织结构、公司内部控制方面的资料；用于分析企业在经营活动中的竞争优势或劣势。

4. 企业发展规划和经营计划资料

企业发展规划和经营计划资料有助于对企业未来获利能力的价值判断。通过分析和判断企业的资本结构、经营状况、历史业绩、发展前景，并考虑宏观和区域经济因素、所在行业现状与发展前景对企业价值的影响，对企业未来收益预测进行必要的分析、判断和调整，形成价值测算中的未来收益预测。

运用收益法进行评估时，应当收集并分析企业提供的发展规划（战略规划）、经营计划和未来收益预测资料，并关注企业提供的未来收益预测是否和发展规划、经营计划保持一致，企业编制这些规划和计划是否与所处经济环境相吻合，数据资料是否有理有据。

5. 以往相关评估及交易资料

在企业基本经营状况没有发生较大变化的情况下，评估对象或被评估企业以往的评估及交易资料可以作为评估作价的参考依据或可比交易案例。例如，被评估企业近期的股权交易可以考虑作为市场法的可比案例，或作为评估作价的参考依据。被评估企业近期的企业价值评估报告也具有一定的参考价值，帮助评估专业人员发现可能存在的虚假资料，防范执业风险。

（二）被评估企业外部信息

被评估企业外部信息主要包括两个方面：一是影响被评估企业经营环境的外部因素的相关资料，包括宏观经济状况及其未来前景、区域经济发展的状况及其特点、被评估企业所在行业的竞争状况和发展前景；二是评估对象所在市场的类似交易资料，包括证券市场、产权交易市场的总体情况，以及各类市场中可比企业或可比交易案例的资料。被评估企业外部信息的种类见表4-3。

表4-3 被评估企业外部信息

种类	名称
宏观环境因素资料	世界经济发展趋势、经济波动情况、法律法规、财政、金融政策等
区域经济因素资料	人口流动、产业分工、政策推动等因素，出现先导产业、产业集聚、依靠自然资源竞争等现象
所在行业现状与发展因素资料	行业主要政策规定；行业竞争情况；行业发展的有利和不利因素；行业特有的经营模式，行业的周期性、区域性和季节性特征等；企业所在行业与上下游行业之间的关联性，上下游行业发展对本行业发展的有利和不利影响
证券市场资料	证券市场是竞争相对充分、同质化交易最高的交易市场。证券市场资料是企业价值评估，特别是收益法和市场法评估的重要信息来源，如折现率的使用
产权交易市场资料	产权交易市场的有关资料是对证券市场资料的重要补充，能为非证券市场交易、少数股权交易、单项无形资产交易等评估提供必要的信息
可比企业资料	可比企业的财务信息、股票价格或者股权交易价格等资料可以为采用市场法和收益法评估企业价值提供必要的信息，如可比企业贝塔系数

二、企业价值评估信息收集的原则和来源

（一）企业价值评估信息收集的原则

数据资料的质量对于企业价值评估结论的客观性和合理性有重要意义，评估专业人员在进行信息的收集和筛选时，应把握可靠性、相关性、有效性、客观性和经济性五个原则。

1. 可靠性原则

（1）对于外部获取的资料，应当尽可能从具有社会公信力的规范专业机构处获取相关信息资料。

（2）对于被评估企业直接提供的资料，评估专业人员仍需对此进行核查验证。

（3）评估专业人员还应当认识到，上述信息不能构成企业价值评估的唯一来源，可能仍然需要进行其他独立的信息调查，关注引用数据涉及的法律问题，如是否有版权限制（得到许可使用授权）、是否要承担保守相关当事方商业秘密的要求、引用许可使用

的专业机构的信息的责任划分等。

2. 相关性原则

（1）收集的资料与被评估企业所属行业相关。切忌从网络等公开渠道收集行业覆盖过宽的信息。例如，评估某城市污水处理厂股权转让项目，仅收集全国和本地的宏观经济情况，不收集本地污水处理的历史情况、相关规定，信息的相关性就相对较弱。

（2）可比企业的信息资料与被评估企业具有相关性。可比企业应与被评估企业属于同一行业，或者受相同经济因素的影响，经营风险、财务风险等因素与被评估企业有相关性。

3. 有效性原则

（1）保证资料所属期间充分接近评估基准日。同时，评估未来可能影响评估结论的事实和事件信息，应尽可能接近评估报告日，以便报告使用者充分了解环境变化对评估结论的影响。

（2）为保证信息的有效性，对数据来源中的部分资源还必须定期更新，更新的频率也应符合企业价值评估业务的需要。例如，对于可比公司的基本资料，应保证有实时监测和定期的财务报告；各类风险溢价、宏观经济数据、经济政策动向等应至少保证季度或月度的内容有所更新。

4. 客观性原则

高质量的数据资料必须具有客观性，能真实、准确地反映各类市场经济主体的各项活动。例如，对于经济政策的发布应该准确，政策解读应该权威，体现管理部门和特定群体、投资人的利益诉求。公开上市公司和产权交易平台挂牌交易的信息披露资料和市场表现反映资料，应该全面翔实。非公开交易特别是私募股权交易的交易背景与成交情况应为第一手资料。市场交易数据直接来自交易平台，数据使用转换接口方便易用，能够有效避免数据引用过程中产生的差错。

5. 经济性原则

经济性是指获取评估需要的数据资料所花费的代价或费用要尽可能低，并符合成本收益原则。价值评估应在服务收入、服务成本和风险判断之间进行权衡。

（二）企业价值评估信息收集的来源

微课

企业价值评估信息收集的来源

企业价值评估信息收集的来源，可以分为公开信息来源和非公开信息来源。

1. 公开信息来源

公开信息包括政府、数据服务机构、专业研究机构等在网站、刊物、书籍中发布的信息，还包括收费的商业数据服务项目信息。

公开信息资料的收集可以从行业协会网站、商业化行业分析报告、证券公司行业分析报告、单一行业专业网站、行业专业期刊等处获得，也可以选择知名的金融数据服务商、证券交易所、产权交易中心或著名研究学者的个人网站上发布的相关信息。评估专业人员在选择证券市场、产权交易市场等资料时，要考虑市场的成熟度、证券交易的活跃性和数据的可获得性，通常应当选择具有一定规模且交易比较活跃、管理比较规范的资本市场。

2. 非公开信息来源

非公开信息来源主要是企业非公开的财务报告、可行性研究报告、商业计划书、年度计划、战略规划、业务推广计划、工作总结、专项内部研究报告（如市场调研报告、竞争状况分析报告、竞争对手分析报告、媒体及舆情监测报告等）；其他类似评估项目（评估报告、评估说明、工作底稿等）、价值咨询报告；企业提供的第三方专项调查报告（财务尽职调查、法律尽职调查、市场调查报告等）；还有一类重要的非公开信息来源，即评估专业人员针对评估项目所进行的现场访谈、市场调查等。评估专业人员应按照信息筛选原则进行挑选。

三、企业价值评估信息收集的基本程序

企业价值评估信息收集的基本程序包括明确目标需求，制订信息收集计划；实施信息收集计划；补充和追踪信息；信息整理和分类四个阶段。

（一）明确目标需求，制订信息收集计划

对被评估企业的有关信息进行收集是为了满足信息的需求，以达到一定的评估目标。因此，确定信息收集最终达到的目标，就要根据项目资料需求，制订信息收集计划。信息收集计划包括收集信息的内容、选择资料的来源、确定信息的收集方法三个方面。

（二）实施信息收集计划

信息收集计划的实施一般包括以下三个方面的内容：

1. 评估信息申报

根据委托人或资产占有方向评估机构的申报，即评估机构及其资产评估专业人员评估的标的和内容以委托人和资产占有方申报的为准。对于申报的重要评估信息，评估专业人员应当要求委托人和资产占有方盖章确认，或履行必要的送达和接受手续。

2. 现场访谈

现场访谈是评估专业人员针对企业的具体特点和资产状况，为了进一步了解或核实信息，与被评估企业相关人员进行面对面交谈的一种信息收集方式。评估专业人员一般应在进入评估现场前编写访谈提纲，将预期需要了解的事项列入问题清单，以便被评估企业相关人员进行分工准备。

3. 外部调研

根据对评估所需资料的收集情况，评估专业人员可能需要在被评估企业所在城市进行其他的调查。例如，到相关权属管理部门、登记机关等查看企业注册登记的最新资料，核实不动产权属证明及瑕疵事项等；在保守被评估企业有关商业秘密的前提下，走访政府监管部门、行业协会、工业园区管委会、外部专家等，调查当地政府相关政策、行业发展情况、园区规划和管理政策，企业面对的市场、技术状况等；查看类似资产的状况（如可比不动产项目）、类似企业经营情况、被评估企业重要关联方企业情况、重要供货方或销售客户的经营情况等。

（三）补充和追踪信息

在信息收集过程中，往往会出现新问题、新情况。例如，信息收集计划不完全、不准确；在评估项目，特别是大型、复杂项目的执行过程中，由于工作时间较长，被评估企业的有关信息可能发生变化，这要求评估专业人员进行信息的补充收集或追踪收集。

（四）信息整理和分类

对收集的信息进行整理和分类，有利于分析、判断信息收集是否系统、完整，能否满足形成评估结论和工作底稿的需要。例如，访谈资料经过整理，可以作为评估档案予以保存；对于国有资产评估、证券相关业务资产评估，评估专业人员应当按照有关部门的监管要求，组织、编辑、整理访谈资料，作为支持评估结论的工作资料，并便于接受行业协会或监管部门的执业质量检查。

知识拓展

企业价值评估信息收集的意义

任务二 宏观环境信息收集和分析

任务描述

任何企业都在一定的宏观环境中运行，宏观环境分析就是对会影响所有企业的经营管理活动的宏观、区域环境因素进行分析。企业价值的实现过程直接和间接地受到宏观环境的影响。在对企业价值进行评估时，评估专业人员应以宏观环境分析为基础，充分考虑宏观环境对该企业乃至整个行业的影响，识别环境给企业带来的机遇和挑战，进而为被评估企业的前景预测打下基础，这样才能保证评估结论的合理性。通过学习，掌握宏观环境的分析，重点在于对外部环境进行调查、分析，预测其发展趋势，掌握其变化规律。

相关知识

一、政治和法律因素

政治和法律因素包括国家或地区的政治制度、体制、方针政策、法律法规等方面的内容。这些因素对企业产生影响，且具有直接性、难以预测性、不可逆转性的特点，因此对企业经营，特别是长期投资有重要制约作用。

（一）政治体制与稳定性

政治体制主要包括国家政治和行政管理体制等。在实务中，企业价值评估主要分析企业所在国家或地区的制度及制度的可持续性对评估结论的影响。如果在我国大陆地区注册的企业，评估中可以不单独列出此因素。

（二）法律法规

法律法规对企业的影响包括保障和制约两个方面：一是在评估依据中，需要列出企业价值评估相关的法律法规，这些法律法规影响到企业的合法地位、经营权利、正当竞争行为、合法权益等。二是企业价值评估活动本身受到的法律法规约束，如《资产评估法》《企业国有资产监督管理暂行条例》等。

（三）经济管理

政府对经济的管理可以分为宏观和微观两个方面，不管是政府直接管理还是间接管理，都将影响企业的经营活动成果。在企业价值评估中，政府经济管理的分析主要包括以下三个方面：

1. 中长期政府的宏观管理政策

例如，金融危机时期的经济刺激政策、在疫情影响下的经济复苏政策等都会对整个社会的行业、企业产生积极影响。

2. 政府对特定产业行业的组织和调整政策

例如，“碳中和”“碳达峰”背景下的新型能源支持政策，会对新能源行业产生积极影响，反之，对传统能源行业是不利因素。

3. 政府对特定企业的直接干预

主要作用于国有企业和关乎国计民生的大型、特大型企业。例如，2021年为有效化解风险，保护各方利益，维护社会稳定，广东省人民政府向恒大地产集团派出工作组，督促推进企业风险处置工作，督促切实加强内控管理，维护正常经营。在金融机构面临破产的情况下，政府对金融机构的直接干预等。

（四）国际环境

在全球化的背景下，国际法所规定的国际法律环境和目标国的国内法律环境对企业的经营活动产生一定的影响。

1. 国际政治格局和国际关系

国际政治格局和对外经济关系状况影响着一国对外贸易的发展和参与国际竞争的程度，从而影响本国企业的营销战略和跨国经营战略。例如，某企业本打算将产品销往国外市场，如果外国政府与本国政府政治关系紧张而对本国实施经济制裁，禁止本国产品进入该国市场，就会导致该企业的产品无法外销而造成巨大的经济利益损失。

2. 境外法律环境

境外投资、经营主要分析投资目标国的国内法律体系和制度，以及协调国家间政治、经济事务的国际法律体系的影响。

二、宏观与区域经济因素

企业的经济环境包括社会经济结构、经济发展水平、宏观经济政策、经济运行状况等方面。

（一）社会经济结构

社会经济结构主要是指社会中经济生产、产业之间的关系、比例等，包括产业结构、分配结构、交换结构、消费结构和技术结构五个方面，其中最重要的社会经济结构是产业结构。

产业结构是指各产业的构成及各产业之间的联系和比例关系，包括产业结构本身、技术结构、产业布局、产业组织和产业链五个要素。

按社会生产活动历史发展的顺序，将产业结构划分为三大产业；按资源密集程度，将产业结构划分为劳动密集型、资源密集型、技术密集型三类。产业结构分类见表4-4。

表4-4　产业结构分类

分类依据	类别	行业举例
按发展顺序	第一产业	农业、林业
	第二产业	制造业、建筑业
	第三产业	除第一、第二产业以外的其他行业，服务业
按资源密集程度	劳动密集型	服装、玩具
	资源密集型	运输设备、石油化工
	技术密集型	航空、航天

在企业价值评估实务中，需分析企业所处的产业类别、产业特征等，与后面的行业分析相互对应，形成完整的分析体系。

（二）经济发展水平

经济发展水平是指一个国家经济发展的规模、速度和所达到的水平。反映一个国家经济发展水平的常用指标有国内生产总值、国民收入、人均国民收入和经济增长速度。

经济发展水平是衡量经济发展状态、潜力的标志。例如，一般将国内生产总值（GDP）/国民生产总值（GNP）、人均值和变化率作为衡量经济可持续发展的核心指标。

【提示】企业价值评估实务中，需具体介绍评估基准日最近的统计周期内，企业所在国或区域的经济发展状况。

【例4-1】某项目经济运行情况分析：2022年国内生产总值1 210 207亿元，比上年增长3.0%。其中，第一产业增加值88 345亿元，比上年增长4.1%；第二产业增加值483 164亿元，比上年增长3.8%；第三产业增加值638 698亿元，比上年增长2.3%。第一产业、第二产业和第三产业增加值分别占国内生产总值的比重为7.3%、39.9%和52.8%。2022年最终消费支出拉动国内生产总值增长1.0个百分点，资本形成总额拉动国内生产总值增长1.5个百分点，货物和服务净出口拉动国内生产总值增长0.5个百分点（如图4-1和图4-2所示）。

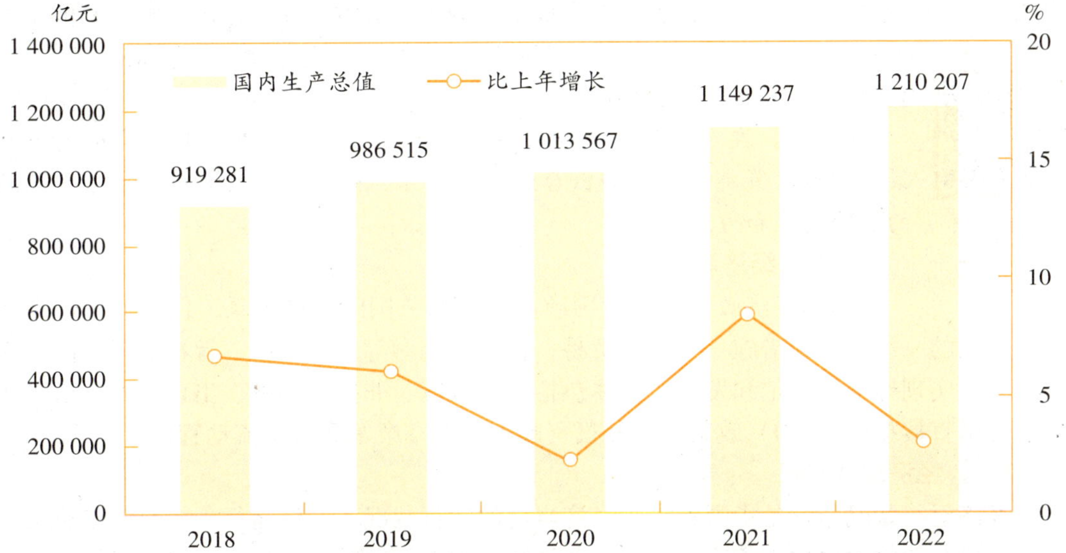

图4-1　2018—2022年国内生产总值及其增长速度

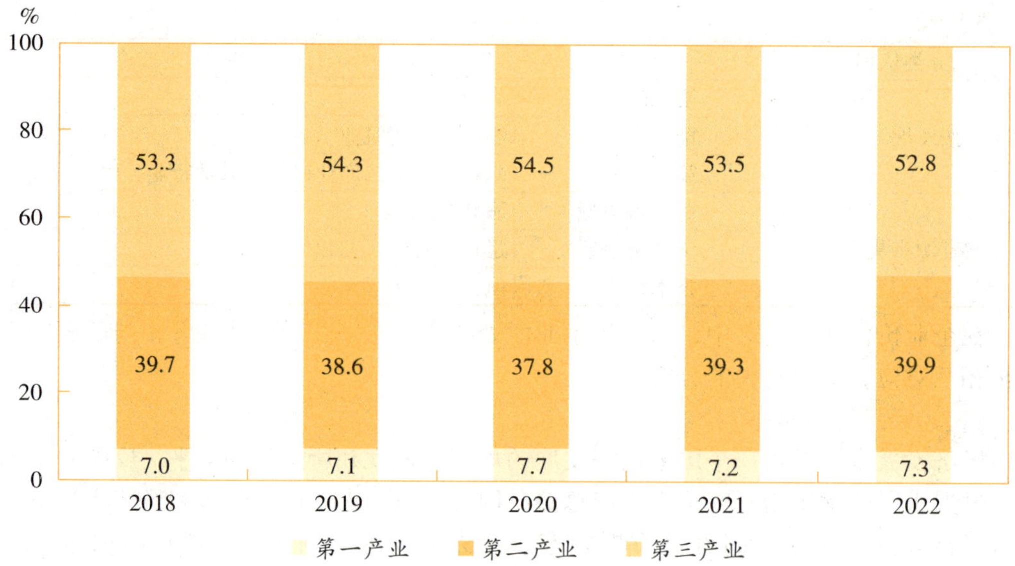

图4-2 2018—2022年三次产业增加值占国内生产总值比重

（三）宏观经济政策

宏观经济政策是指国家为了达到持续均衡的经济增长、充分就业、物价水平稳定、国际收支平衡等宏观经济目标，而实施的需求管理政策、供给管理政策和国际经济政策。

1. 需求管理政策

需求管理政策，是指通过调节总需求来达到一定政策目标的宏观经济政策工具，包括财政政策和货币政策。

2. 供给管理政策

供给管理政策，是指通过对总供给的调节，来达到一定的政策目标。在短期内影响供给的主要因素是生产成本，特别是生产成本中的工资成本。在长期内影响供给的主要因素是生产能力，即经济潜力的增长。供给管理政策具体包括收入政策、就业政策、经济增长政策等。

知识拓展

经济运行评价指标——价格指数

【提示】在企业价值评估实务中，通过罗列评估基准日近期的财政政策和货币政策类型及政府出台的相关文件，分析这些政策对企业未来收益的影响趋势和力度。

3. 国际经济政策

国际经济政策是指各国政府为了调节国际经济关系、促进本国经济利益而采取的一系列政策措施。涵盖了贸易、投资、金融等多个方面，旨在通过国际合作与协调，实现经济的稳定和发展。具体包括关税政策、非关税壁垒、出口补贴、贸易协定、外国直接投资（FDI）政策、对外投资政策、汇率政策和资本流动管理等。

（四）经济运行状况

经济运行状况通常是指国家宏观经济当前的运行状况。经济运行分析是经济决策的核心。在企业价值评估中，应了解、判断经济周期性变动的大趋势，可以从经济景气分析指标中得到信息。

1. 先行指标

先行指标也叫领先指标，主要用于判断短期经济总体的景气状况和转变情况。我国一般采用的先行指标包括轻工业总产值、一次能源生产总量、钢产量、铁矿石产量、10种有色金属产量、国内工业品纯购进、国内钢材库存、国内水泥库存、新开工项目数、基建贷款、海关出口额、出口成交额、狭义货币、工业贷款、工资和对个人其他支出、农产品采购支出、现金支出、商品销售收入等。

2. 主要国际经济先行指标

先行指标有波罗的海干散货综合运费指数（BDI）、采购经理人指数（PMI）、人民币远期无交割汇率（NDF）等。

3. 同步指标

同步指标的变动时间一般与经济情况基本一致，可以显示经济发展的总趋势，并确定或否定先行指标预示的经济发展趋势。这些指标的转折点大致与国民经济周期的转变同时发生，表示国民经济正在发生的情况。

我国常采用如下指标作为同步指标：工业总产值、全民工业总产值、预算内工业企业销售收入、社会商品零售额、国内商品纯购进、国内商品纯销售、海关进口额、广义货币等。

4. 经济景气调查分析指标

景气调查是通过对定性问题出现的频率进行计算分析比较的统计调查，从而达到判断宏观经济景气和企业生产经营景气的目的。

以人民银行为例，目前已建立的景气调查分析制度有5 000户企业问卷调查制度、银行家问卷调查制度、居民储蓄问卷调查制度，以及进出口调查问卷制度。

5. 区域经济运行指标

观察区域经济金融运行走势对了解整体经济运行趋势有很大帮助，有助于对宏观政策进行适当的动态微调。

例如，我国对2008年国际金融危机影响的认识就经历了一个不断提高和深化的过程。在2008年上半年，虽然很多经济体的金融市场综合指数有较大幅度调整，但经济运行常规性指标并没有表现出过度的异常，特别是经济运行的一些先行指标，如BDI、PMI及人民币NDF等一直保持相对平稳状态，只是到了下半年以后才逐渐发生变化。

三、社会和文化因素

社会和文化因素主要包括人口因素、生活方式和消费趋势、文化传统和价值观等方面，这些因素的变化能给市场、产品、服务和消费者带来深刻的影响，所有产业中的企业及非营利性的组织都会受到这些因素的影响。

（一）人口因素

人口因素是指企业所在地居民的人口总数及地理分布、年龄、性别、密度、教育水平等。人口因素对市场的结构、容量及潜力都有重要影响，在进行企业价值评估时需要考虑人口因素对企业产品或服务的影响。

（二）生活方式和消费趋势

生活方式包括人们的衣、食、住、行、劳动工作、休息娱乐、社会交往、待人接物等物质生活和精神生活的价值观、道德观、审美观，以及与这些方式相关的方面。

例如，疫情期间，网购生活方式对传统行业的影响较大。青年群体的观念的变化对网络游戏公司的价值影响等。

（三）文化传统和价值观

消费是人类生存的基本条件，是人类社会经济活动的重要组成部分。消费观的养成受到文化传统和价值观的影响，文化传统和价值观对消费行为产生的影响越来越受到关注。

价值观促使人们在长期的经济、社会活动中形成一种消费方式和习惯，价值观的变化会给企业经营带来机会或威胁。企业价值评估应关注研究目标市场社会行业准则、社会习俗、社会道德观念、价值观等因素的变化对企业的影响，准确预测企业的发展前景和收益。

四、技术因素

技术因素是指企业所处环境中的科技因素及与科技因素有关的各种社会现象的集合，包括科技水平、科技力量、科技政策和科技体制。科学技术直接影响着市场竞争、市场需求和政府政策。

（一）科技水平

社会科技水平是构成科技环境的首要因素，包括科技研究的领域、科技研究成果门类分布及先进程度、科技成果的推广及应用三个方面。

在对企业价值进行评估时，要充分考虑企业所在地区及目标市场的社会科技水平、科研开发投入、技术或产品开发商业化的效率。

（二）科技力量

社会科技力量是指一个国家或地区的科技研究与开发的实力。研究与开发是指为增加知识总量，以及用这些知识去创造新的应用而进行的系统性创造活动，包括基础研究、应用研究和技术开发。

（三）科技政策

科技政策是指国家凭借行政权力与立法权力，对科技事业履行管理、指导职能的途径。政府的直接资助、科技政策实施、政府采购等都会对市场竞争、市场需求和科学技术有着重要的影响。政府政策既会直接作用于企业家精神，也会直接作用于高技术企业的创新资源。政府的政策支持，如资金的直接提供或担保、人才政策的倾向、科技政策的扶持、科技中介服务的提供等都会直接推动科学技术的不断进步，如科技型中小企业技术创新资金项目、创新创业大赛等。

（四）科技体制

国家科技体制是一个国家社会科技系统的结构、运行方式及其与国民经济其他部门的关系状态的总称，主要包括科技事业与科技人员的社会地位、科技机构的设置原则与运行方式、科技管理制度、科技发展战略等。

任务三 行业环境信息收集和分析

任务描述

行业发展状况分析是连接宏观环境分析与企业发展状况分析的桥梁，是中观经济分析的主要内容，是基本分析的重要环节。本任务主要介绍行业经济特性、行业市场结构、行业生命周期、行业发展状况分析方法。通过学习，能够根据企业价值的特点，选择行业本身所处的发展阶段及其在国民经济中的地位、行业发展的各种因素及其对行业的影响力度、预测行业未来发展趋势等一个或几个方面进行分析，判断行业投资价值，为被评估企业价值判断奠定基础。

相关知识

一、行业经济特性

行业经济特性是指行业的主要经济变量。行业主要经济变量及其表现形式见表4–5。

表4–5 行业主要经济变量及其表现形式

主要经济变量	表现形式
市场规模	主要产品的年需求或销售总量的绝对值
市场增长率	市场增长率=（当年市场需求量–上年市场需求量）÷上年市场需求量×100%
生命周期阶段	分为初创、成长、成熟、衰退四个阶段
竞争范围	分为全球性、全国性、地方性三档
竞争状况	竞争规模、竞争力等
消费者状况	消费习惯、消费数量和消费能力

【提示】企业价值评估实务中，需重点分析企业所在的行业及行业的经济特性及企业在行业中的具体表现等。

【例4–2】被评估单位（某药物公司）是一家聚焦于提供原料药、制剂药学工艺开发、注册和产业化服务的高新技术企业。近年来，被评估单位的药学研究、GMP定制化生产业务收入占主营业务收入的比重超过95%。根据证监会《上市公司行业分类指引》（2012年修订），被评估单位所属行业为“M科学研究和技术服务业”下的“M73

研究和试验发展”行业。根据《国民经济行业分类》(GB/T4754-2017)，被评估单位所属行业为“M 科学研究和技术服务业”下的“M73 研究和试验发展”行业下的“M7340 医学研究和试验发展”行业。

随着我国经济的快速增长和人民生活水平的不断提高，居民的健康意识进一步增强，我国医疗卫生市场需求潜力不断增大。我国卫生总费用从 2011 年的 24 346 亿元攀升至 2020 年的 72 306 亿元，年复合增长率为 12.86%，高于我国 GDP 同期增长速度。与此同时，中国卫生总费用占 GDP 比重不断提高，从 2011 年的 4.98% 增长至 2020 年的 7.12%。根据世界银行公布的数据，我国医疗卫生支出总额占 GDP 的比重目前仍远低于美国、法国、日本等发达国家的支出水平，医药市场规模仍有较大的提升空间，未来我国医疗卫生支出在国民经济中的重要性将得到进一步提升。

根据国家食品药品监督管理总局南方医药经济研究所统计数据，2011—2019 年我国药品终端销售市场规模快速增长，由 2011 年的 8 097 亿元增长至 2019 年的 17 955 亿元，年复合增长率达到 10.47%。受到新冠疫情和带量采购等政策的影响，2020 年我国药品终端销售规模为 16 437 亿元，首次出现负增长。从长期来看，我国医药行业发展整体向好，随着医疗改革的深化，“两票制”、“药品零加成”和药品集中采购等政策措施加快推进，我国医药行业将进入整体增速放缓的新常态。

被评估单位拥有多个 GMP 原料药公斤级实验室和 5 个独立的制剂 D 级洁净车间，制剂车间通过了欧盟 QP 质量审计，并顺利接受了国家药监局和江苏省药监局的药品注册和 GMP 二合一动态现场检查。在制剂 CDMO 领域，被评估单位是国内少数具备为创新药客户提供从药学研究至商业化生产的公司之一。被评估单位凭借技术团队在技术水平、服务能力和交付质量等方面的优异表现，在国内外客户中赢得了良好的口碑，成为行业内特色鲜明、成长快速的精品医药研发、生产服务企业。

二、行业市场结构

（一）行业市场结构的概念

市场结构是市场竞争或垄断的程度。行业市场结构是指一个行业内部买方和卖方的数量及其规模分布、产品差别的程度和新企业进入该行业的难易程度的综合状态，即某一市场中各种要素之间的内在联系及其特征，包括市场供给者之间（包括替代品）、需求者之间、供给者和需求者之间，以及市场上现有的供给者、需求者与正在进入该市场的供给者、需求者之间的关系。

微课

市场结构

（二）行业市场结构的类型

根据各行业拥有的企业数量、产品性质、企业控制价格的能力、新企业进入行业的难易程度、是否存在非价格竞争等各种因素，可以对市场结构类型进行划分。常见的划分依据主要有以下三个方面：

（1）本行业内部的生产者数目或企业数目。如果本行业只有一家企业，那就可以划分为完全垄断市场；如果只有少数几家大企业，那就属于寡头垄断市场；如果企业数目很多，则可以划入完全竞争市场或垄断竞争市场。一个行业内企业数目越多，其竞争程度就越激烈；反之，一个行业内企业数目越少，其垄断程度就越高。

（2）本行业内各企业生产的产品差别程度。这是区分垄断竞争市场和完全竞争市场的主要方式。

（3）进入障碍的大小。所谓进入障碍，是指一个新企业要进入某一行业所遇到的阻力，也可以说是资源流动的难易程度。一个行业的进入障碍越小，其竞争程度越高；反之，一个行业的进入障碍越大，其垄断程度就越高。

根据以上三个方面因素的不同特点，可以将市场划分为完全竞争市场、垄断竞争市场、寡头垄断市场和完全垄断市场四种市场类型。四种市场结构中，完全竞争市场的竞争最为充分，完全垄断市场不存在竞争，垄断竞争市场和寡头垄断市场具有竞争但竞争又不充分，这四种市场类型的比较见表4-6。

表4-6　四种市场结构类型特征的比较

项目	完全竞争市场	垄断竞争市场	寡头垄断市场	完全垄断市场
企业数量	众多	较多	少数几家大企业占行业绝大部分市场份额	独家
产品性质	同质、无差别	同种但不同质（产品差异性）	有一定差别或完全无差别	没有或缺少替代品
企业控制价格能力	企业不能够影响产品的价格	一定的控制力	较大程度控制力	垄断价格的制定
进入行业难易程度	自由进入或退出市场	比较容易	一些资本密集型、技术密集型行业都属于此种类型，比较困难	进入困难
常见举例	老王卖豆腐	微软、谷歌、苹果	电信、移动、联通、广电	国家电网、铁路

【例4-3】对我国药物行业市场结构简要分析如下：我国CRO公司（即委托研究机构）众多，经营规模、经营效益呈现“金字塔”状分布，极少量跨国公司和国内综合类CRO公司共同构成金字塔尖，这类公司可为客户提供综合性的整体解决方案。目前药明康德、康龙化成等全面综合性CRO公司占据着国内药物研发服务的主要份额，并能够为制药公司提供综合性药物研发解决方案。我国CRO行业部分公司专注于某阶段的药物研发服务，成为细分专业型CRO公司，其中又有少数公司成为各自细分领域的龙头。例如，泰格医药专注于临床试验环节，并成为该领域的龙头；美迪西专注于临床前研究环节，为行业领先临床前研究CRO公司。除这些龙头公司外，在各细分领域，仍有较多规模较小的CRO公司。除上述公司外，具备“药学研究+临床研究”的综合性CRO公司主要有阳光诺和、百诚医药、博济医药、汉康医药等。该类公司的典型特征为在研发标的方面以仿制药为主，并逐步向创新药方向发展。在仿制药开发、一致性评价方面具有药学研究和临床试验的综合服务能力，能够满足客户多样化的需求，具有

一定的竞争优势。

三、行业生命周期

从广义上理解，生命周期泛指自然界和人类社会各种客观事物的阶段性变化及其规律。行业生命周期理论认为，在通常情况下，每个行业都会经历一个由成长到衰退的发展演变过程，这个过程一般可以分为四个阶段，即初创阶段、成长阶段、成熟阶段和衰退阶段。

（一）初创阶段

初创阶段的行业特点有：一是资本来源有限，投入不足；二是收益较低；三是风险较大。

【提示】初创阶段主要面临三大风险：一是高投入、高成本引起的经营风险；二是需求较低、销售渠道不确定带来的市场风险；三是可能由财务困难引起的破产风险。

（二）成长阶段

成长阶段的行业特点有：一是公司生产成本逐渐降低；二是市场需求不断增加，公司的销售收入和利润率有所增长；三是虽然财务状况有所好转，但是这一阶段的企业需要更多的外部资金用于人力及固定资产投资，迅速扩大生产规模并研究开发新产品。

【提示】成长阶段的行业风险主要表现如下：一是由于消费者对产品的要求不断提高以及进入该行业的公司不断增多，引起行业内竞争日趋激烈；二是公司规模的不断扩大导致对融资方式及渠道的选择带来财务风险；三是经营风险和财务风险引起的公司破产和兼并风险。

（三）成熟阶段

成熟阶段的行业特点有：一是生产技术和工艺逐渐成熟；二是市场需求比较稳定；三是利润较高；四是风险较小；五是行业增长速度放缓。

（四）衰退阶段

衰退阶段的行业特点有：一是新产品和大量替代品的出现；二是原行业的市场需求开始逐渐萎缩，产品的销售量也开始下降；三是行业企业着手退出向其他成长性更强或利润更高的行业转移。

例如，药物行业在周期性方面，公司主要业务收入来源于药学研究、GMP定制生产服务收入，收入主要受下游医药行业的影响，下游行业需求相对稳定，且呈现逐年增长的趋势，被评估单位所处行业周期性特征较弱。

【例4-4】行业生命周期分析如下：

电力需求与宏观经济高度正相关，宏观经济的周期性波动直接影响电力需求，进而造成电力供给的周期性波动。

集中供热系统是城市经济和社会发展的重要基础设施，其发展水平是城市现代化的标志，供热业务带有很强的公共产品属性。虽然下游客户个体易受经济周期影响，但是在总体上随着社会发展，公司供热业务将不断增长。综合来看，供热行业的周期性不明显。虽然传统的燃煤工业锅炉由于热效率低、能耗高、环保治理成本过高等原因，难以得到整治，但是在能源环境、环保压力和政策等因素的推动下，集中供热将是大势所趋，热电联产行业处于发展黄金期。

四、行业发展状况分析方法

美国哈佛商学院教授迈克尔·波特（Michael Porter）提出的五力模型是企业价值评估中广泛采用的行业分析方法。其中，五力分别是指供应商的议价能力、购买者的议价能力、潜在竞争者进入的能力、替代品的竞争能力和行业内竞争者现有竞争能力（如图4-3所示）。波特五力模型反映了一般行业中潜在进入者、上游供应商、下游购买者、替代品和现有同行业竞争对手形成的市场结构、影响市场竞争格局的主要力量及其作用原理。

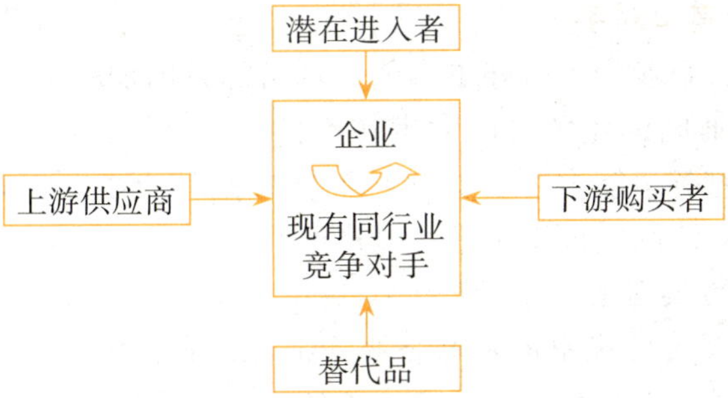

图4-3　波特五力模型

从静态角度看，这五种基本竞争力量的状况及其综合强度决定着行业内的竞争激烈程度，决定着行业内的企业可能获得利润的最终潜力。从动态角度看，这五种竞争力量抗衡的结果共同决定着行业的发展方向，共同决定行业竞争的强度和获利能力。但是，各种力量的作用是不同的，常常是最强的某个力量或某几个力量处于支配地位，起着决定性作用。

（一）上游供应商

上游供应商是指被评估企业上游产品的提供者。供应商主要通过提高上游产品价格对被评估企业及其所在行业的营利能力与产品竞争力施加影响。供应商的这一意图能否达成主要取决于以下几个因素：①上游产品市场中供应商的集中程度；②被评估企业上游产品是否存在替代品；③供应商对被评估企业的依赖性；④被评估企业对供应商的依赖性；⑤被评估企业转嫁成本的能力；⑥供应商纵向并购的威胁。

（二）下游购买者

购买者主要通过压低被评估企业及其所在行业的产品价格，从而对被评估企业及其所在行业的营利能力与产品竞争力施加影响。购买者的这一意图能否达成主要取决于以下几个因素：①下游产品市场中购买者的集中程度；②被评估企业产品是否存在替代品；③被评估企业对购买者的依赖性；④购买者对被评估企业的依赖性；⑤购买者转嫁成本的能力；⑥购买者纵向并购的威胁。

（三）潜在进入者

潜在进入者给被评估企业所在行业带来新的资源和产能，但与此同时，也希望其产品能够在现有市场占有一定的比例，这就有可能会与被评估企业在原材料和产品销售方面展开竞争，最终导致被评估企业盈利水平降低，甚至面临破产风险。潜在进入者威胁大小主要受以下几个因素的影响：①规模经济效应；②产品差异程度；③进入资本门槛；④原材料来源及产品销售渠道；⑤政策限制因素。

（四）替代品

所谓替代品是指具有相同或相似功能的产品，其中一种产品价格的上升会引起另一种产品需求的增加。企业之间，尤其是处于同一行业的企业之间，可能会由于所生产的产品互为替代品而产生竞争行为。替代品及替代品生产企业给被评估企业带来的威胁主要取决于以下几个因素：①替代品的可替代程度；②替代品的价格；③替代品对于其生产企业的重要性。

（五）现有同行业竞争对手

在大部分行业中，企业为了争夺更多的市场份额并增加利润，往往会与同行业的其他企业展开竞争，企业间的竞争可以发生在价格、产品质量、售后服务、广告等多方面。行业内竞争者现有竞争能力主要受以下几个因素的制约：①行业内现有竞争者的规模；②行业成长速度；③固定成本水平；④产能释放状况；⑤退出障碍。

【例4-5】波特五力模型案例分析如下：

2016年美的集团作为首家中国家电企业登上了世界500强的舞台。在短短4年时间内，更是在榜单上跃进了169名。这份成绩不仅仅靠的是良好的品牌质量，更是依靠美的集团保持不断的竞争优势，不断进行市场细分、开拓市场领域和扩大市场份额。

美的集团主营产品包括空调、洗衣机和各类小家电，一直以来都是白色家电中的龙头企业。虽然美的集团的主营产品种类丰富，但其产品种类拓展基本都不是靠自身研发生产，而是通过收购实现。

在美的集团进入洗衣机市场前，占据洗衣机市场的国内三家本土企业分别为海尔、小天鹅和荣事达。美的集团在2004年收购荣事达和华凌之后，开始了洗衣机业务和冰箱业务。而美的集团收购小天鹅则是为了提高自身在洗衣机行业的竞争实力。

在收购小天鹅之前，美的集团利用五力模型对整个洗衣机行业的基本竞争态势进行了详细的分析。

1.同行业竞争者的能力

洗衣机行业受促销政策推动，现如今整个市场趋于饱和。随着人们生活水平的提高，智能洗衣机的出现带来了新的市场空间。在这种情况下，科技创新显得尤为重要。

企业通过大量的科研创新投入，研发新产品，以提高自身的竞争力。在洗衣机行业中，海尔、小天鹅等占据市场较高份额的企业发展状况都比较稳定，且存在技术创新、资金雄厚等优势。

同时，白色家电行业的价格战一直存在，在利润率低的现状下，通过压价促进销量增长。

2.新进入者的威胁

洗衣机行业是一个高资本投入的行业。由于投入高，白色家电行业的新进入者较少。该行业对于进入者来说，有以下几个进入壁垒：

(1) 关键资源的控制。洗衣机行业的关键资源是专利和生产技术。随着时代的发展，人们的需求越来越精细化。洗衣机原本只需要达到清洗衣物的效果，但随着人们生活水平的提高，免清洗等要求被提出。满足人们需求的、功能更先进的洗衣机受到消费者的追捧，因而有关洗衣机的科技创新成为企业宝贵的无形资产。

(2) 规模经济。由于洗衣机行业的销售利润率较低，厂商一般追求规模经济，努力通过扩大规模降低成本。对于进入者来说，将会是一个难题。该行业当前已呈现竞争激烈、利润率低的现状。在市场逐渐饱和的情况下，新企业逐渐增加自身市场份额势必会引起其他企业的激烈反应。

(3) 在位者的优势。在位者具有其品牌优势。消费者在购买家电时都比较谨慎，在新产品和品牌产品之间，人们更趋向于购买品牌产品。品牌产品评价信息更多，消费者对其更了解。品牌产品通常能够提供更好的售后服务，产品质量更有保障。在洗衣机行业，占据市场份额较高的企业都是发展较久的知名品牌，新企业在这方面不具有优势。

3.代替品的威胁

随着智能产品的不断成熟，智能家居很可能替代传统家居成为家电未来的主力军。在洗衣机行业，暂时无替代品，产品本身更新越来越智能化。同时，洗衣机并不存在互补品。对消费者来说，洗衣机与洗衣液为互补品，但其实两者的联系并不紧密。消费者倾向于将两者的购买独立决策，对于洗衣机与洗衣液都有自己独立的品牌偏好。因此美的判断洗衣机并不存在互补品。

4.供应商的议价能力

在洗衣机生产商与供应商两者的关系中，供应商的议价能力整体是比较好的。大中型企业可以进一步增强议价能力，从而有效控制产品成本。这也在一定程度上说明，洗衣机行业的议价能力更强。同时，由于近年来白色家电的几个主要生产材料的成本逐渐下降，进一步增强了企业在采购方面的议价能力。

5.购买者的议价能力

随着洗衣机市场的逐渐饱和，供过于求的趋势越来越明显。同时，由于时代的快速发展，信息传递越来越广、越来越快，且消费者通过互联网就可以快速获得其他消费者对同类产品的评价，消费者对产品的种类、功能、价格都能够充分掌握。这加大了买方讨价还价的筹码，购买者将处于更有利的位置。

在对洗衣机行业进行波特五力竞争模型分析时，美的集团发现：洗衣机行业的进入壁垒较高。想要扩展自身的洗衣机业务，只依靠自身研发还是比较困难的，而收购洗衣机业务是一个比较好的选择。美的集团收购小天鹅后，2018年上半年实现营业收入120.57亿元，同比增长14.09%。

美的洗衣机也将进一步与竞争对手——格力拉开差距。现如今，小天鹅在洗衣机行业所占的市场份额仅次于青岛海尔，经营能力、成长能力都表现较为突出。

通过对整个洗衣机行业综合影响产业吸引力，以及综合影响现有企业制定竞争战略决策的五种力量分析，美的集团有效地了解到洗衣机客户的竞争环境及洗衣机产业的平均盈利空间。

因此，在对竞争战略进行分析后，美的集团决定在洗衣机行业领域中进一步占领市场份额，收购小天鹅以提高企业在洗衣机行业中的综合竞争力与市场竞争优势。

任务四 企业经营信息收集和分析

任务描述

在宏观环境分析和行业发展状况分析的基础上，企业价值评估的信息分析最终要落脚在被评估企业的发展状况分析上，这直接影响企业价值评估结论的形成，对企业价值评估整个过程而言意义重大。

本任务主要介绍评估专业人员在进行企业价值评估时，应了解和掌握企业现状和历史状况、企业过去的价值评估资料和过去交易的信息，在市场调查中了解和掌握现时或近期的类似企业产权交易的市场价格、交易条件等有关信息。通过学习，掌握在企业价值评估中如何全面正确进行企业经营信息收集和分析。

相关知识

一、企业发展状况分析的具体内容

企业发展状况分析可以概括为业务分析、战略分析和财务分析，是企业价值评估中微观层面的基本分析。

（一）企业业务分析

企业业务分析是在了解整个行业发展现状及发展趋势的基础上，研究企业现有业务在所处行业中的竞争地位，以便对企业的成长、经营业绩、资本需求作出合理的预测。企业价值评估中主要从以下几个方面进行分析：

1. 营利模式分析

营利模式是指企业在市场竞争中逐步形成的赖以实现盈利的特有商务结构及其对应的业务结构。企业的商务结构主要是指企业外部选择的交易对象、交易内容、交易规模、交易方式、交易渠道、交易环境、交易对手等商务内容及其时空结构；企业的业务结构主要是指企业内部满足商务结构需要而从事的包括科研、采购、生产、储运、营销等在内的业务内容及其时空结构。

（1）营利模式分析的要素

企业营利模式分析一般包含五个价值驱动要素，即利润来源、利润产品、利润活动、利润屏障和利润前瞻，几乎所有企业的营利模式都是以其中一个或多个要素为核心的各种要素的有机组合。

① 利润来源是指企业提供的商品或服务的购买者和使用者群体，他们是企业利润的源泉。利润来源又分为主要利润源、辅助利润源和潜在利润源。良好的企业利润来源一般需要满足以下三个条件：一是要有足够的规模；二是企业对利润源的需求和偏好有比较深的认识和了解；三是企业在挖掘利润源时与竞争对手比较有一定的竞争优势。

② 利润产品是指企业可以获取利润的产品或服务，反映的是企业的产出。良好的利润产品一般需要满足三个条件：一是能够清晰地满足客户的需求偏好；二是能够为构成利润源的客户创造价值；三是能够为企业创造价值。

③ 利润活动是指企业通过生产产品或提供服务，吸引客户购买和使用企业产品或服务所开展的一系列业务活动，反映的是企业为增加盈利进行的各项投入。

④ 利润屏障是指企业为防止竞争对手掠夺本企业的利润而采取的防范措施，它与利润杠杆同样表现为企业的投入。形象地说，利润杠杆是撬动“奶酪”为我所有，而利润屏障是保护“奶酪”不为他人所动。

⑤ 利润前瞻是企业内部有人对企业如何营利具有极强的敏感性和预见性，这些人通常是企业家本人，但也可能是企业家的盟友或者是职业经理人。

（2）营利模式的特征

由于企业面临的宏观经济环境和微观经济环境处于动态变化的过程，因此，没有一个固定的营利模式能够保证企业在各种条件下都取得良好的经营业绩。美国埃森哲咨询公司通过对70家企业的营利模式进行研究，发现成功的营利模式至少具有以下三个共同的特征：

① 独特的价值。独特的价值可以是新的思想，但更多时候是产品和服务的独特组合。这种组合或者可以向客户提供额外的价值，或者使客户能用更低的价格获得同样的利益，或是用同样的价格获得更高的利益。

② 难以模仿。企业能够通过自己的创新管理建立利润屏障，提高行业的进入门槛，从而保证利润来源不受侵犯。

③ 脚踏实地。把营利模式建立在对客户行为的准确理解和假定之上。如果企业对自己的利润来源、利润点等要素缺乏清晰的认识，对企业利润从何而来、顾客为什么乐于接受或不接受企业的产品或服务等关键问题都不甚了解，则明显不具备成功的营利模式。

2. 市场需求分析

市场需求是指在特定的地理区域、特定的时间范围、特定的市场营销环境和市场营销方案下，特定消费者群体对某种商品或服务愿意而且能够购买的数量。

（1）市场需求分析内容

结合企业自身的产品或服务进行市场需求分析，主要包括两部分内容：一是明确市场需求的主要影响因素；二是把握市场需求分析的基本步骤。

（2）市场需求构成要素

市场需求构成要素有两个：一是消费者的购买意愿；二是消费者的支付能力。

（3）影响市场需求的因素

影响市场需求的因素具体体现在消费者偏好、消费者收入、产品价格、消费者预期等方面。

① 消费者偏好。消费者偏好是指由于性格和爱好不同而造成的对商品与服务的需求倾向。消费者的偏好支配着其在使用价值相同或相近的商品之间的消费选择。人们的消费偏好在一系列因素的作用下会慢慢变化，如收入、年龄的变化等会直接影响消费者的购买偏好。

② 消费者收入。消费者收入是指社会的人均收入。收入的增减是影响需求的重要因素。一般来说，消费者收入增加，将引起需求增加，反之亦然。随着经济的迅速增长，消费者的收入水平将不断提高。

③ 产品价格。产品价格包括企业自身产品的价格、替代品及互补品的价格。一般来说，企业自身产品价格和市场需求的变动呈反方向变化。替代品价格降低，将使替代品的需求增加，被替代品的需求减少；一种互补商品价格上升，另一种商品的需求会随之降低。

④ 消费者预期。消费者预期是消费者对某一经济活动未来的预测和判断。如果消费者预期价格要上涨，就会提前购买；如果预期价格将下跌，就会推迟购买。

消费者偏好、消费者收入、产品价格及消费者预期会直接影响顾客对企业产品或服务的需求量。

3. 竞争能力分析

企业的市场竞争力对其价值会产生直接影响，因此，竞争能力分析是企业价值评估的一个重要环节。竞争能力分析主要包括成本优势、技术优势和质量优势的分析与研究。

（1）成本优势

成本优势是指企业的产品依靠低成本获得高于同行业其他企业的竞争力。在很多行业中，成本优势是决定竞争优势的关键因素。企业一般通过规模经济、专有技术、优惠的原材料和低成本的劳动力取得成本优势，从而在激烈的竞争中处于优势地位，即使竞争对手亏损，企业仍有利可图，经营风险相对较小。同时，低成本的优势也使其他想利用价格竞争的企业有所顾忌，成为价格竞争的抑制力。

（2）技术优势

技术优势是指企业拥有比同行业其他竞争对手更强的技术实力及研发新产品的能力。这种优势主要体现在企业生产的技术水平和产品的技术含量上。在知识经济时代，企业新产品的研究与开发能力是决定企业竞争成败的关键因素之一。技术优势一般体现在以下几个方面：研制出新的核心技术，开发出新一代产品；研究出新的工艺，降低现有的生产成本；根据细分市场开发出更深层次的细分产品等。

（3）质量优势

质量优势是指企业的产品以高于其他企业同类产品的质量赢得市场，从而取得竞争优势。受企业技术能力及管理水平等诸多因素的影响，不同企业生产的相同产品会存在质量差别。严格管理并不断提高企业的产品质量，是提升企业竞争力的行之有效的方法，具有产品质量优势的企业往往能在行业中占据领先地位，从而具有更高的企业价值。

（二）企业战略分析

企业战略分析需要充分把握企业各层级所采取的战略，明确企业未来的经营方向与经营效果，为企业价值评估需要的收益与风险预测进一步提供信息。

1. 公司层战略分析

公司层战略也称总体战略，是指一家企业从事多种业务或在多个产品市场上，为了获得竞争优势而对业务或产品组合进行选择及管理的行为。它所要解决的主要问题是整个企业的经营范围和企业资源在不同经营单位间的分配。公司层战略决定了企业未来的发展方向，直接影响着业务层战略和职能层战略的选择。

根据战略的进攻性可以将公司层战略分为稳定型战略、发展型战略、紧缩型战略。

（1）稳定型战略

稳定型战略也可以称为防御型或维持型战略，是指企业受外部环境和内部条件的约束，在战略计划期内使资源配置和经营状况基本保持在目前状态水平上的战略。稳定型战略的风险相对较小，一般适用于以下情况：宏观经济总体上保持总量不变或总量低速增长；企业所在行业产业技术相对成熟，技术更新速度较慢；消费者的需求偏好变动较为稳定；企业处于成熟期，产品需求、市场规模趋于稳定；竞争格局也相对稳定。

（2）发展型战略

发展型战略也称增长型战略、进攻型战略或者扩张型战略，是一种快速增长的战略。从企业发展的角度来看，任何成功的企业都应当经历长短不一的发展型战略实施期，因为从本质上说，只有发展型战略才能不断扩大企业规模，使企业从竞争力弱小的小企业发展成为实力雄厚的大企业。实施发展型战略，需要战略规划期内宏观经济景气度、产业经济状况，以及企业自身的资源获取能力提供相应的支持。

（3）紧缩型战略

紧缩型战略是指企业收缩现有的战略经营领域和基础水平，或放弃部分或全部业务。与稳定型战略和发展型战略相比，紧缩型战略是一种消极的发展战略。一般来说，企业实施紧缩型战略只是短期措施，其根本目的是使企业度过危机后转向其他战略选择。在某些情况下，企业只有采取收缩和撤退的战略，才能抵御竞争对手的进攻，避开环境的威胁，迅速实现自身资源的最优配置。只有当企业竞争地位虚弱、经营状况恶化，或未来存在回报更高的资源配置机会时，企业才可能会暂时实行紧缩型战略。

2. 业务层战略分析

业务层战略也称竞争战略，是指在公司层战略的制约下，指导和管理具体战略经营单位的计划和行动。业务层战略对于企业价值评估有着重要意义，因为它能够直接影响企业未来的收入和成本的预测。根据获取竞争优势的途径，业务层战略可以分为成本领先战略、差异化战略和集中战略。

（1）成本领先战略

成本领先战略亦称低成本战略，其核心是在追求规模经济的基础上，加强内部成本控制，在研发、生产、销售、服务和广告等环节把成本降到最低，成为行业中的成本领先者，并获得高于行业平均水平的利润。

进行企业价值评估时，分析企业成本领先战略是否成功，关键在于确定企业是否在满足顾客认为最重要的产品特征与服务的前提下，实现了相对于竞争对手的可持续性成本优势，换言之，实施低成本战略的企业只有找到成本优势的持续性来源，并能够形成防止竞争对手模仿的障碍，才称得上成功地实施了成本领先战略。

（2）差异化战略

差异化战略又称差别化战略，是指企业向市场提供全行业范围内与众不同的产品和服务，用以满足顾客的特殊需求，从而形成独有的竞争优势。

进行企业价值评估时，分析企业差异化战略的实施效果，可以借助以下三个原则：①效益原则。企业实施差异化战略带来的利润应大于形成差异化效果所需要的成本。②适当原则。企业差异化形成的产品溢价应适当。③有效原则。差异化的重点应放在顾客特别关注或关心的性能、功能等方面，并使之显著改善和提高。

（3）集中战略

集中战略又叫目标聚焦战略，是指把经营战略的重点放在某个特定的目标市场上，集中使用资源，为特定的地区或客户群提供特殊的产品或服务，以较高的增长速度来提高某种产品的销售额和市场占有率。

企业可以在目标市场上通过产品差别化或成本领先的方法实施集中战略。若选择成本领先，则可以在专用产品或复杂产品上建立自己的成本优势；若选择产品差别化，则可以运用所有差别化的方法去达到预期目的，其与差别化战略的不同之处在于只限于特定的目标市场。

进行企业价值评估时，应当全面分析企业当前战略在实施过程中对企业收益及风险的影响，进而判断该战略对企业未来现金流的影响。

3.职能层战略分析

职能层战略又称职能支持战略，是按照企业总体战略或业务战略对企业内部各项职能活动进行的谋划。与企业价值评估密切相关的职能层战略主要有生产战略、研发战略、营销战略、人力资源战略、财务战略等，这些战略的具体实施，对企业未来成本和收益预测有重要影响。

（1）生产战略

生产战略是企业在生产成本、质量流程等方面建立和发展相对竞争优势的基本途径，它规定了企业生产制造和采购部门的工作方向，为实现企业总体战略服务。对此，进行企业价值评估时要考虑企业是否有一套有效的生产流程，机器设备是否现代化、生产是否有效率，生产成本是否控制在一个较低的水平，对机器设备未来资本性支出的投入是否充足等方面的问题，所有这些问题都会影响对企业未来收益或现金流的预测。

（2）研发战略

研发战略主要涉及技术、产品和生产方面的研究与开发。研发战略的选择常常受企业总体战略和经营战略的影响，根据环境条件不同，企业采取的研发战略通常有以下三种：①保持企业正常经营的基本型研发战略；②以新技术作为进入新市场主要手段的渗透型研发战略；③竞争对手产生技术威胁时的反应型研发战略。研发战略会直接影响企业的研发费用支出，进而影响对企业现金流的预测。

（3）营销战略

营销战略涉及市场营销活动过程整体，包括调研、预测、分析市场需求，确定目标市场，制定营销战略，实施和控制具体营销战略等活动的方案或谋划，它决定着市场营销的主要活动和主要方向。了解企业的营销战略，才能合理预计产品分销环节所发生的各种成本费用。

（4）人力资源战略

人力资源战略主要集中在人才战略。人才战略是指根据企业总体战略的要求，为适应企业生存和发展的需要，对企业人力资源进行开发，提高职工队伍的整体素质，从中发现和培养优秀人才所进行的长远规划和谋略。企业生存和发展的基础是人力资源，能够持续吸引具有合适技能和经验的员工至关重要。因此，进行企业价值评估时需要从人力资源的角度分析企业的优势和劣势。

（5）财务战略

财务战略是根据公司战略、竞争战略和其他职能战略的要求，对企业资金进行筹集和运用，以取得最大经济效益的方略。资金筹集会直接影响企业资本结构，资金运用则直接影响收益或现金流，两者均是企业价值评估中需要预测的重要内容。

（三）企业财务分析

历史财务数据是评估师进行评估的重要基础数据，对被评估企业历史财务报表中的相关事项进行必要的分析能够判断企业经营状况，为未来收益预测提供基础。常见分析方法是对财务指标进行分析。

具体包括比较分析资产评估基准日的企业重要财务指标，计算偿债能力指标、运营能力指标、营利能力指标和发展能力指标等财务指标。常见财务指标见表4-7。

表4-7　常见财务指标

指标类型	名称	公式
偿债能力指标	流动比率	流动资产÷流动负债
	速动比率	速动资产÷流动负债
	现金比率	现金及等价物÷流动负债
	总资产负债率	总负债÷总资产
	利息保障倍数	息税前利润÷利息
	产权比率	负债总额÷所有者权益
	权益乘数	资产总额÷所有者权益

续表

指标类型	名称	公式
运营能力指标	应收账款周转率	主营业务收入÷应收账款平均余额
	存货周转率	营业成本÷存货平均余额
	流动资产周转率	主营业务收入÷流动资产平均余额
	总资产周转率	主营业务收入÷平均资产总额
	投资指标回报率	息税前利润÷（股东权益+有息负债）
营利能力指标	销售毛利率	销售毛利÷销售收入
	销售净利率	净利润÷销售收入
	总资产净利率	净利润÷平均资产总额
	净资产收益率	净利润÷平均股东权益
	股利保障倍数	可分配给股东的利润÷已经或已决定分配给股东股利
	获利率	每股股利÷每股市价
	市盈率	每股市价÷每股收益
	市销率	公司总市值÷销售收入
	本利比	每股市价÷每股股利
发展能力指标	销售收入增长率	本期营业收入增长额÷基期营业收入
	净利润增长率	本期净利润增加值÷基期净利润
	总资产增长率	本期资产增长额÷基期资产总额
	资本积累率	年末所有者权益÷年初所有者权益
	PEG（市盈率相对盈利增长比率）	市盈率÷盈利增长速度
	现金流量折现值	自由现金流量折现，选择5年或10年期国债

微课

盈利指标分析

企业价值收益法评估中，一般通过汇总近3年企业的财务报表重要数据，比较分析近3年的财务状况指标，分析企业财务状况。

【提示】业务分析、战略分析与财务分析密不可分。在业务分析与战略分析中获得的信息能够回答财务分析中发现的问题；财务分析中获得的数据也为进一步进行业务分析、战略分析提供了方向。财务分析的目的不是简单地了解企业的历史情况，而是通过分析历史业绩对未来作出预测，全面掌握相关信息进行企业价值评估。

二、企业发展状况分析的具体方法

企业价值评估中常用的企业发展状况分析方法包括SWOT分析法和波士顿矩阵分析法等。

（一）SWOT分析法

SWOT分析法是企业分析中常用的一种战略分析方法，经常应用于国内外评估报告中。SWOT分析法是指通过对被评估企业的优势（strengths）、劣势（weakness）、机会（opportunities）和威胁（threats）进行综合评估，清晰地确定被评估企业的资源优势和劣势，以及所面临的机会和挑战，从而对企业未来增长情况作出合理预测的一种方法。

1.优势

优势（S）是指一个企业超越其竞争对手的能力，或者指企业特有的能提高市场竞争力的资源条件。企业价值评估过程中对目标企业的竞争优势进行分析，可以从以下几个方面入手，并据此分析各种优势对目标企业未来收益的影响。

（1）技术技能优势，包括独特的生产技术、低成本的生产方法、领先的革新能力、雄厚的技术实力、完善的质量控制体系、丰富的营销经验、上乘的客户服务、卓越的大规模采购技能等。

（2）有形资产优势，包括先进的生产流水线、现代化的车间和设备、丰富的自然资源储存、有吸引力的办公地点、充足的资金等。

（3）无形资产优势，包括优秀的品牌形象、良好的商业信用、积极进取的公司文化。

（4）人力资源优势，包括经验丰富的高层管理者、强大的研发团队、在关键领域具有专长的员工队伍等。

（5）组织体系优势，包括高效的内部控制体系、完善的信息管理系统、强大的融资能力。

（6）竞争能力优势，包括产品开发周期短、强大的经销商网络、与供应商良好的伙伴关系、忠诚的客户群、对市场环境变化的灵敏反应、市场份额的领导地位。

2.劣势

竞争劣势（W）是指企业缺乏或难以获得的资源或能力，或是会使企业处于劣势的各种因素与条件。竞争劣势除了对企业收益或现金流造成不利影响，还会加大企业的经营风险。在进行企业价值评估时应当充分认识目标企业的竞争劣势，并分析这些竞争劣势对企业价值的影响。可能导致企业竞争劣势的因素有以下几种：缺乏具有竞争力的技能或技术；缺乏有竞争力的有形资产、无形资产、人力资源、组织资产等；关键领域里的竞争能力正在丧失。

3.机会

企业面临的潜在机会（O）是影响公司战略的重大因素，进行企业价值评估时应当确认目标企业目前存在的发展机会，并评价每一个发展机会的成长和利润前景。这些潜在的发展机会包括：①客户群的扩大趋势或产品细分市场；②技能、技术向新产品新业务转移，为更大客户群服务；③前向或后向整合；④新市场进入壁垒降低；⑤获得并购竞争对手的能力；⑥市场需求增长强劲，可快速扩张；⑦出现向其他地理区域扩张、扩大市场份额的机会等。

4. 威胁

危及公司的外部威胁（T）是指企业的外部环境中存在的某些对企业营利能力和市场地位构成威胁的因素，进行企业价值评估时应当及时确认影响目标企业未来收益和风险的不利因素。这些外部威胁包括：①出现将进入市场的强大的新竞争对手；②替代品抢占企业销售额；③主要产品市场增长率下降；④汇率和外贸政策的不利变动；⑤人口特征、社会消费方式的不利变动；⑥客户或供应商的谈判能力提高；⑦市场需求减少；⑧可能受到经济萧条和业务周期的冲击等。

5. 企业未来战略定位

在SWOT分析的基础上可以形成公司特定战略。利用SWOT分析矩阵可以形成SO战略、WO战略、ST战略和WT战略四种类型的战略。利用SWOT矩阵表（见表4-8）形成战略的过程包括以下步骤：①列出企业的关键内部优势和关键内部基点；②列出企业的重大外部机会和重大外部威胁；③将内部优势和外部机会相匹配，形成SO战略；④将内部弱点和外部机会相匹配，形成WO战略；⑤将内部优势和外部威胁相匹配，形成ST战略；⑥将内部弱点与外部威胁相匹配，形成WT战略。

表4-8 SWOT矩阵表

优势S 弱点W 机会O 威胁T	优势S 列出优势	弱点W 列出弱点
机会O 列出机会	SO战略 发挥优势，利用机会	WO战略 利用机会，克服弱点
威胁T 列出威胁	ST战略 利用优势，回避威胁	WT战略 克服弱点，回避威胁

评估专业人员在进行企业价值评估时，由于企业的整体性和竞争优势来源的广泛性，一方面应在整个价值链的每个环节上对企业与竞争对手的优势和劣势进行详细的对比，如产品是否新颖、制造工艺是否复杂、销售渠道是否畅通、价格是否具有竞争力等，另一方面有必要同企业管理层明确其未来战略定位，并据此对企业风险及收益预测等作出合理判断。

（二）波士顿矩阵分析法

1. 波士顿矩阵分析法的含义

波士顿矩阵分析法是美国波士顿咨询集团（BCG）提出的一种产品结构分析方法，也是一种用于评估公司投资组合的有效模式。这种方法把企业生产经营的全部产品或业务组合作为一个整体进行分析，常用来分析企业相关经营业务之间现金流量的平衡问题。在企业价值评估中，评估专业人员可以采用波士顿矩阵分析法对被评估企业的业务进行分析，从而了解和认识企业在行业中的地位、业务组合状况及发展前景，从而预测其未来的收益情况。

波士顿矩阵图如图4–4所示。矩阵横轴表示企业在行业中的相对市场份额（与最大竞争对手比较），用数字0.1到1.0表示，并以相对市场份额1.0为分界线。纵轴表示销售增长率，是指企业所在行业某项业务最近两年的销售增长情况，通常用8%的增长率作为增长高低的界限。

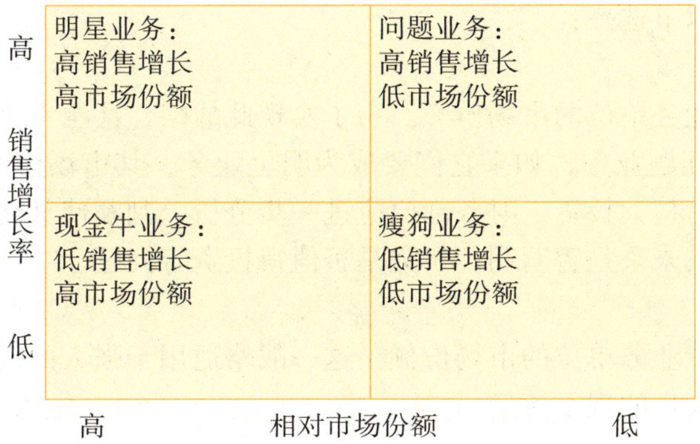

图4–4　波士顿矩阵图

2. 公司业务类型

从图4–4中可以看出，矩阵分为四个方格，每个方格代表不同类型的业务，也就是说通过波士顿矩阵分析法可将一个公司的业务分成以下四种类型：

（1）问题业务

问题业务是指高增长、低市场份额的公司业务。大多数业务都是从问题业务开始，即公司力图进入一个已有市场领先者占据的高速增长的市场。这类业务通常处于最差的现金流状态。一方面由于公司必须增加工厂、设备和人员，以跟上迅速发展的市场，因此需要大量的投资支持其生产经营活动；另一方面该业务市场份额较低，能够产生的现金较少。

（2）明星业务

如果问题业务成功了，它就变成了一项明星业务。明星业务是高速增长市场中的市场领导者。这并不意味着明星业务一定会给公司带来滚滚财源。为了保护或拓展明星业务在增长的市场中占主导地位，公司必须花费大量资金以跟上高速增长的市场，并击退竞争者。明星业务常常是有利可图的，并且是公司未来的现金牛业务。

（3）现金牛业务

如果市场的年增长率下降到一定比率，且继续保持较大的市场份额，那么明星业务就变成了现金牛业务。现金牛业务会为企业带来大量财源。由于销售增长率下降，公司不必大量投资扩展市场规模，同时也因为该业务是市场领导者，它还享有规模经济和高边际利润的优势。公司用现金牛业务支付所需要的资金支出并支持明星业务、问题业务和瘦狗业务，因此这些业务常常需要大量的资金支持。

（4）瘦狗业务

瘦狗业务是指销售增长率低、市场份额也低的公司业务。一般来说，这类业务处于饱和的市场当中，竞争激烈，可获得利润极小，不能成为公司主要资金来源。如果这类业务还能自我维持，则应缩小经营范围，加强内部管理；如果这类业务已彻底失败，则应当及时采取措施，清理业务或退出经营领域。

3. 公司财务战略选择

利用波士顿矩阵分析法，公司可以进行财务战略的选择。面对矩阵中不同类型的业务单位，公司可有以下选择：

（1）发展战略

此战略是扩大业务单位的市场份额。为了实现此战略，甚至不惜放弃近期收入。这一战略特别适用于问题业务，如果它们要成为明星业务，其市场份额必须有较大增长。为此，公司应尽财力扩大投资。财务部门应进一步分析，判断使其转移到明星业务所需要的资金量，分析其未来是否营利，研究是否值得投资等问题。

（2）维持战略

此战略是要保持业务单位的市场份额。这一战略适用于强大的现金牛业务，由此可以继续为公司产生大量的现金流量。

（3）收获战略

此战略在于增加业务单位的短期现金收入，而不考虑长期影响。这一战略适用于处境不佳的现金牛业务，这种业务前景黯淡而又需要从它身上获得大量现金收入。收获战略也适用于问题业务和瘦狗业务。

（4）放弃战略

此战略在于出售或清理业务，以便把资源转移到更有利的领域。它适用于瘦狗业务和问题业务，这类业务经常拖公司营利的后腿。对处于“明星”位置的，应珍惜机会，加强力量；对处于“瘦狗”位置的，假如没有非常站得住脚的理由来维持，就必须果断放弃。

综上所述，评估专业人员通过波士顿矩阵分析法对被评估企业进行分析，不仅可以了解其竞争对手的未来发展方向，而且有助于预测其自身未来发展趋势。根据被评估企业的业务单位在波士顿矩阵图中的分布情况，对照其发展战略规划，可判断其未来的发展前景。

【例 4-6】波士顿矩阵案例分析如下：

WV 公司是国内最大的豆奶生产企业。自 2002 年以来，WV 公司凭借其在豆奶业的优势地位，积累了大量资金，急需寻找新的投资领域。

WV 公司在豆奶行业的成功经营使其在食品行业具备了品牌、渠道、研发资源等多方面的竞争优势，公司运用这些优势顺利地将核心主业豆奶粉延伸至大食品概念的其他业务。

（1）乳制品业。国内乳制品业市场在过去的十年中每年以两位数的增长速度迅猛发展。自 2012 年开始，WV 公司在短时间内收购了遍布全国各地的 40 家乳制品生产企业，实现了公司乳制品业在全国范围内快速布局，占据了行业的优势地位。

（2）白酒业。国内名优白酒生产企业销售收入和利润增长稳健。2016 年 WV 公司采用控股两家酒业公司的方式进入白酒业，公司酒业得以快速增长，白酒业市场占有率不断提升。

（3）粮油业。2018年开始，WV公司将豆奶粉业务延伸至其他的粮油产品。WV公司在成熟的粮油行业的成功经营，以高市场占有率为其进一步战略扩张提供了大量的现金流。

WV公司以大食品概念为圆心经营的乳制品业、白酒业、粮油业充分发挥各业务之间的协同效应，取得了良好业绩。

因国内豆奶业的发展速度开始减缓，公司领导层认为豆奶行业的发展已经进入瓶颈期，公司需要涉足一些高利行业，期望能够为其未来发展创造新的利润增长点。基于国内的房地产热，2007—2015年WV公司以新建方式投资房地产业。最终由于经验不足以及之后的几年国内对房地产行业进行宏观调控，房地产业已进入了一个“寒冬期”，公司房地产业务最终对外出售。

运用波士顿矩阵分析法，对WV公司所投资的乳制品业、白酒业、粮油业、房地产业分类及其发展方向作如下分析：

WV公司的乳制品业和白酒业在波士顿矩阵中属于高增长、强竞争地位的“明星”业务，为了维护“明星”业务在增长的市场上的主导地位，企业应在短期内优先供给其所需的资源，支持其继续发展。

WV公司粮油业在波士顿矩阵中属于低增长、强竞争地位的“现金牛”业务，这类业务处于成熟的低速增长的市场中，市场地位有利，盈利率高，本身不需要投资，反而能为企业提供大量资金，用以支持其他业务的发展。

WV公司房地产业在波士顿矩阵中属于低增长、弱竞争地位的“瘦狗”业务，对这类产品应采用撤退战略（WV公司已经采用）。

【育德于技】坚守底线，客观评估，是资产评估师的首要原则

2014年，山东滨海投资管理有限公司、山东润沃投资管理有限公司因改制需进行审计、评估。为达到低价转卖股份的目的，时任滨州市财政局副局长的景某向山东润沃投资管理有限公司负责人刘某指示：“资产评估报告不要评高了，在国有投资原值的基础上略高就行。”之后，景某联系了山东东慧会计师事务所的张景秋办理审计和评估事宜，并要求评估“在国有投资原值的基础上略高就行”。张景秋按照景某、刘某等人的要求，采取“调整科目、虚列开支”的方式出具评估报告，致使山东润沃投资管理有限公司隐匿资产1 079 333.33元，国有资产损失431 733.332元，山东滨海投资管理有限公司隐匿资产2 180 163.13元，国有资产损失872 065.252元。在评估过程中，合计隐匿资产3 259 496.46元，国有资产共计损失1 303 798.584元。

山东滨海投资管理有限公司和山东润沃投资管理有限公司的审计、评估工作由张景秋一人负责，评估费用分别为5 000元、6 000元。张景秋作为承担资产评估、审计等职责的中介组织的人员故意提供虚假证明文件，给国家造成直接经济损失1 303 798.584元，情节严重，其行为已构成提供虚假证明文件罪，依法应处5年以下有期徒刑或者拘役，并处罚金。

《资产评估法》规定，“评估专业人员应当根据评估业务具体情况，对评估对象进行现场调查，收集权属证明、财务会计信息和其他资料并进行核查验证、分析整理，作为

评估的依据”，加强现场勘察工作的培训和指导，完善现场工作执业程序，建立健全评估业务质量控制制度，落实质量控制责任。执业人员应诚实守信、勤勉尽责，坚持客观、公正的原则，与委托人及相关当事方的沟通过程应合理、合法，避免被误导和操纵。

资料来源：投行财事.因造假导致国有资产损失130万元，会计师、评估师被严惩判刑！［EB/OL］.［2024-09-01］. https：//baijiahao.baidu.com/s？id=1636601686017357118.作者有改动.

项目小结

企业价值评估信息收集包括从企业内部和外部搜集影响企业价值的因素。内部信息包括评估对象相关权属资料，企业经营管理结构和产权架构资料，企业资产、财务和管理资料，企业发展规划和经营计划资料，以及评估对象或被评估企业以往的相关评估及交易资料等。影响企业经营的外部因素主要涉及宏观经济状况及其未来前景、区域经济发展的状况及其特点、被评估企业所在行业的竞争状况和发展前景。市场交易资料包括证券市场、产权交易市场的总体情况，以及各类市场中可比企业或可比交易案例的资料。

宏观环境分析是对会影响所有企业的经营管理活动的宏观、区域环境因素进行分析。宏观环境分析包括政治和法律因素、宏观区域经济因素、社会文化因素、技术因素等。

行业发展状况分析是解释行业本身所处的发展阶段及其在国民经济中的地位，分析影响行业发展的各种因素及其对行业的影响力度、预测行业发展趋势等。行业发展状况主要包括行业主要政策规定、行业竞争情况、行业发展的有利和不利因素、行业特有的经营模式和特征、企业所在行业与上下游行业之间的关联性。

企业发展状况分析主要包括企业主要产品或服务的用途、经营模式与经营管理状况、企业在行业中的地位、竞争优势及劣势、企业发展战略及经营策略、企业的资产和财务状况等内容。

项目综合实训

一、实训目标

企业价值评估信息收集与分析是企业价值评估的基础工作，能为企业价值评估提供信息支撑。通过对企业价值评估相关信息的收集与分析训练，使学生掌握企业价值评估信息的种类、来源、收集原则。掌握企业价值评估中宏观环境分析、行业发展状况分析、企业发展状况分析的具体内容。

二、实训项目与要求

1. 实训组织

企业价值评估信息收集与分析实训以学生为中心，分组训练，集中交流，集体总结。教师主要担任辅导者、具体组织者和观察员，向学生布置任务，进行必要指导；解答有关问题；进行进度控制与质量监督。学生按每组6～8人分成若干小组，每组为一个实训团队开展实际操作训练，每个团队分别确定一位负责人，具体组织和管理实训活动。

2. 实训项目

重庆某国有企业集团拟进行混合所有制改革，需对集团公司及13个子公司进行企业价值资产评估。集团公司及子公司涉及航运、仓储、旅游等多个板块。以此为例，对该项目需收集哪些评估资料及其对评估的作用，详细列出并分析合理性。

3. 实训要求

（1）掌握企业价值评估信息的种类、来源、收集原则。

（2）掌握企业价值评估中宏观环境分析的具体内容。

（3）掌握企业价值评估中行业发展状况分析的具体内容。

（4）掌握企业价值评估中企业发展状况分析的具体内容。

（5）熟悉企业价值评估信息收集的基本程序。

（6）对评估事项进行SWOT分析框架、波士顿矩阵分析法应用。

三、成果与检测

（1）每个团队结合案例，自由收集资料及撰写分析报告，在班级进行交流。

（2）教师与同学们共同总结企业价值评估信息收集与分析实训中存在的问题，明确今后教学过程中应当改进的方面。

（3）由各团队负责人组织小组成员进行评价打分。

（4）教师根据各团队汇报的实训情况及各位同学的表现予以评分。

项目五
收益法在企业价值评估中的应用

【知识目标】

1. 股利折现模型、自由现金流量折现模型的具体形式、应用条件；
2. 企业收益的界定、收益期的确定与划分、收益预测分析的主要内容；
3. 资本资产定价模型的运用；
4. 债务资本成本、优先股资本成本和加权平均资本成本的测算方法。

【能力目标】

1. 掌握收益法评估企业价值的基本理论和方法；
2. 提高采用收益法分析和解决企业价值评估实际问题的能力。

【素养目标】

1. 激发爱国热情，增强民族自豪感，树立为中华民族的伟大复兴而奋斗的信念；
2. 树立善于钻研、不畏困难的工匠精神和精益求精的科学探索精神。

项目导入

如何确定公司价值

万科企业股份有限公司（简称万科）于1984年在深圳经济特区成立，1991年发行的A股在深交所上市，1993年发行的B股在深交所上市。万科经过几十余年的发展，已成为国内领先的城乡建设与生活服务商，业务聚焦全国经济最具活力的三大经济圈及中西部重点城市。2021年，万科继续荣登《财富》“世界500强”，位列榜单第160位，实现营业收入4 528.0亿元，同比增长8.0%。报告期内，万科财务和资金状况保持稳健，2021年一季度万科回归“绿档”；期末货币资金1 493.5亿元，对于短期债务的覆盖倍数为2.5倍，净负债率29.7%；有息负债2 659.6亿元，规模稳定，债务结构优化；万科连续13年保持经营性现金流净额为正，同时信用评级保持行业领先。年末存量融资的综合融资成本4.11%。

万科为了分析和衡量其公开市场价值，为投资者提供参考，为管理当局改善经营决策提供依据，决定对公司企业价值进行评估，以分析公司的增值潜力，发现公司的真实价值。

请思考：你认为应采用什么方法评估万科的企业价值？应当怎样操作？

启示：通过项目导入案例使学生理解资产评估在完善市场经济体制、引导资源合理配置、优化公司治理结构、规范市场经济秩序、提高上市公司质量、防范重大金融风险、保障社会公共利益和维护国家经济安全等方面均发挥着重要作用，激发学生不畏困难、追求卓越的工匠精神。

任务一　收益法概述

任务描述

针对企业价值评估对象和收益的特点，在评估实践中，收益法又有股利折现模型、股权自由现金流量折现模型、企业自由现金流量折现模型等多种常用的评估模型。通过学习，掌握收益法的思路、基本公式、使用前提、应用模型，能够根据被评估企业成立时间的长短、历史经营情况，尤其是经营和收益的稳定状况及未来收益的可预测性，恰当考虑收益法的适用性。

相关知识

一、收益法的思路和基本公式

（一）收益法的概念和思路

1. 收益法的概念

企业价值评估中的收益法，是指通过将被评估企业预期收益资本化或折现，以确定评估对象价值的评估方法。

2. 收益法的思路

收益法的思路是对被评估资产预期收益进行折现，其基础是对被评估资产未来获利能力的判断和把握。一项资产的价值是利用它所能获取的未来经济收益流的现值总和，其折现率反映的是投资该项资产并获得预期经济收益的风险回报率。收益法就是通过预测目标企业未来所能产生的经济收益流，并根据获取这些经济收益所面临的风险所要求的回报率作为折现率进行折现，得到目标企业的当前价值，因此，运用收益法评估企业价值的基本原理是现值原理。

（二）收益法的基本公式

依据收益法的思路，收益法的基本公式为：

$$企业价值 = \sum_{t=1}^{n} \frac{经济的收益流_t}{(1 + 折现率)^t}$$

二、收益法的适用性和局限性

（一）适用性

收益法是从资产的获利能力角度来确定资产的价值，适用于那些形成资产的成本费用与其获利能力不对称，以及成本费用难以准确计算的资产（如企业整体资产、无形资产、资源性资产的价值评估）。通常被认为比成本法和市场法更适用于企业价值评估，特别是在涉及为企业并购服务时，收购者投资目标企业预期能获取未来收益，但是这种预期的未来收益因具有不确定性而蕴含着风险。收益法为量化影响企业价值的这些关键变量提供了路径。

并非所有的企业价值评估均适用收益法。在运用收益法对企业价值进行评估时，一个必要的前提是判断企业是否具有持续的营利能力。只有当企业具有持续的营利能力时，运用收益法对企业进行价值评估才具有意义。

（二）局限性

1. 主观性强

收益法的运用需要具备一定的前提条件，没有收益或收益无法用货币计量及风险报酬无法计算的资产，难以适用该方法。尤其是使用现金流折现法时，对现金流和折现率的确定都存在主观判断，现金流预测和折现率选择的误差会直接影响到最后的评估结果。对一些连年亏损、预计未来一段时间可能清算破产的公司，预计现金流量会非常困难。对那些现金流存在周期性波动的公司，要准确预测行业衰退和复苏的时点，更是困难。由于不同评估者的判断不同，评估结果可能存在巨大差异。

2. 受市场条件约束

收益法的运用需要具备一定的市场条件。例如，在折现率的选择中，如果用资本资产定价模型，则要求证券市场的发展比较完善，这样β系数的准确性才会高；如果市场机制不健全，则确定的折现率的准确性会大打折扣。

（三）运用收益法评估企业价值，关键要解决的四个问题

从收益法的思路和公式可以看出，企业价值评估收益法的最主要的参数有三个，即企业的经济收益、取得经济收益的持续年限和预期经济收益流风险的折现率。

运用收益法评估企业价值，关键要解决以下四个问题：

1. 要对企业的经济收益予以界定

企业的经济收益是指企业法人单位或具有营利能力的经济实体，在未来正常的生产经营条件下，所获得能以货币计量的净收入。企业经济收益的概念可以有多种定义和形式，包括净利润、现金红利、经营现金流量、净现金流量、股权现金流量、投资资本现金流量等，选择以何种形式的经济收益作为收益法中的企业收益，直接影响对企业价值的最终判断。由于采用现金流量对企业价值进行评估更加客观和准确，实证研究还表明企业价值与现金流量的变化更为一致，所以我们主要针对收益法中的现金流量法进行学习。

2. 要对企业的经济收益进行合理的预测

由于不确定性的客观存在，要求评估人员对企业的未来经济收益做到完全精确的预测是不可能的。但是，由于企业经济收益的预测直接影响对企业营利能力的判断，是决定企业价值最终评估的关键因素，所以在评估实践中应全面考虑影响企业营利能力的因素，客观、公正地对企业的经济收益作出合理的预测。

3. 要选择合理的折现率

合理的折现率的选择直接关系到对企业未来经济收益风险的判断。由于不确定性的客观存在，对企业未来经济收益的风险进行判断至关重要。能否对企业未来经济收益的风险作出恰当的判断，从而选择合适的折现率，对企业的最终评估值具有重大影响。

4. 要选择合理的经济收益年限

从理论上讲，经济收益的持续年份数应当等于该项资产的寿命。资产的寿命可由评估人员根据资源的经济寿命、技术寿命或损耗情况综合确定，也可以根据有关法律、契约、合同和章程规定来确定。但企业的寿命是不确定的，通常采用持续经营的假设，假设企业可以无限期地持续下去。

三、收益法的基本模型

收益法基本原理是现值原理，即任何企业（资产）的价值等于其预期未来全部经济收益流量的现值总和。由于各种不同经济收益的定义或折现率与资本化率的区别，使之在计算方法上产生了许多不同的评估模型。这些计算模型基本上可以分为两类：一类是

根据分子中不同的经济收益所确定的不同模型，另一类是根据分母是折现率还是资本化率而确定企业价值评估的不同模型。用收益法评估企业价值时，常用的模型主要有股利折现模型、股权自由现金流量折现模型（*FCFE*）和企业自由现金流量折现模型（*FCFF*）三类。

（一）股利折现模型

在对股权资本进行评估时，把股利作为股权资本唯一现金流量的模型就是股利折现模型。该模型是一个用于计算每股内在价值的模型，它假设未来股利增长模式是可预测的，并事先确定了折现率。

股票价值是由股票未来的现金流量决定的，包括预期每期支付的股利和持有期期末支付的价格，其计算公式为：

$$V=\sum_{t=1}^{\infty}\frac{DPS_t}{(1+R_e)^t}$$

式中：V——股票价值；DPS_t——第 t 年每股预期股利；R_e——股权资本成本。

（具体参见任务三）

（二）股权自由现金流量折现模型（FCFE）

用 *FCFE* 模型进行评估的思路实际上与股利折现模型一致，在计算中用股权自由现金流量替代股利现金流量即可。股权自由现金流量是一定期间企业可以提供给股权投资人的现金流量，它等于企业实体现金流量扣除对债权人支付后剩余部分。有多少股权自由现金流量会作为股利分配给股东，完全取决于企业的筹资情况和股利分配政策。如果把股权自由现金流量全部作为股利分配，则股利折现模型和股权现金流量模型相同。

$$EV=\sum_{t=1}^{n}\frac{FCFE_t}{(1+R_e)^t}$$

式中：EV——股权全部权益价值；R_e——权益回报率；$FCFE_t$——第 t 年的股权自由现金流量。（具体参见任务四）

（三）企业自由现金流量折现模型（FCFF）

企业自由现金流量折现模型可以理解为全部资本投资者共同支配的现金流量。全部资本投资者包括普通股股东、优先股股东和付息债务的债权人。

以企业自由现金流量为收益口径进行折现，求得企业整体价值，或在此基础上减去付息债务的价值，得到股东全部权益价值模型，即为企业自由现金流量折现模型。企业自由现金流量折现模型的基本公式如下：

$$OV=\sum_{t=1}^{n}\frac{FCFF_t}{(1+WACC)^t}$$

$$EV=OV-D=\sum_{t=1}^{n}\frac{FCFF_t}{(1+WACC)^t}-D$$

式中：OV——企业整体价值；EV——股东全部权益价值；D——付息债务；$FCFF_t$——第 t 年的企业自由现金流量；$WACC$——加权平均资本成本。（具体参见任务五）

四、收益法评估程序

（一）确定评估思路和模型

运用收益法对企业价值进行评估，首先需要区分评估对象是缺乏控制权的股权，还是具有控制权的股权，判断是直接评估股权价值，还是先评估企业整体价值，然后再减去付息债务来间接求得股权价值，结合收益法评估模型的应用条件选择相应的模型。

（二）分析和调整历史财务报表

为了对未来收益进行合理预测，需要对企业历史财务报表进行分析，了解企业各项收入、费用、资产、负债等会计要素的构成状况以及各项指标随时间变化的规律及发展趋势，进而推断出影响企业历史收益的各类因素及其影响方式和影响程度等。同时，为了使企业未来收益预测与企业历史收益具有相同的比较基础，提高收益预测的可靠性，还需要对企业历史财务报表进行必要的调整。

（三）确定和划分收益期

通过考虑国家有关法律法规、被评估企业所在行业现状与发展前景、协议与章程约定、经营状况、资产特点和资源条件等的影响，合理确定收益期，并在对企业收入成本结构、资本结构、资本性支出、投资收益和风险水平等进行综合分析的基础上，结合宏观政策、行业周期及其他影响企业进入稳定期的因素合理确定预测期。

（四）预测未来收益

根据所选择的评估模型，对被评估企业的未来收益进行预测。尽管委托人和相关当事人依法对相关资料的真实性、合法性、完整性负责，评估专业人员仍需要与委托人和相关当事人讨论未来各种可能性，结合被评估单位的人力资源、技术水平、资本结构、经营状况、历史业绩、发展趋势，考虑宏观经济因素、所在行业现状与发展前景，分析未来收益预测资料与评估目的及评估假设的适用性。当出现差异时，评估专业人员应当与企业进行充分的沟通，并进行必要的调整。当委托人和其他相关当事人未提供收益预测，评估专业人员应当收集和利用形成未来收益预测的相关资料，并履行核查验证程序，在具备预测条件的情况下编制收益预测表。

（五）确定折现率

通过综合考虑评估基准日的利率水平、市场投资收益率等资本市场相关信息和所在行业、被评估企业的特定风险等相关因素，对折现率进行测算。

（六）测算经营性资产及负债价值

根据未来收益预测结果和折现率测算结果，计算得到被评估企业的经营性资产及负债价值。计算公式如下：

$$\text{经营性资产及负债价值} = \text{预测期收益现值} + \text{永续期收益现值}$$

（七）识别和评估溢余资产、非经营性资产及负债

如果被评估企业在评估基准日拥有非经营性资产、非经营性负债和溢余资产，评估专业人员应恰当考虑这些项目的影响，并采用合适的方法单独予以评估。

（八）得出评估结果

在运用选择的评估模型测算出被评估企业的经营性资产及负债价值后，还应加上非

经营性资产、非经营性负债和溢余资产的价值，才能得出股东全部权益价值或企业整体价值。

如果运用企业自由现金流量折现模型对股东全部权益价值进行评估，还需将企业自由现金流量得到的企业整体价值减去企业的付息债务价值，才能得到股东全部权益价值。

任务二 收益法主要参数的预测

任务描述

企业价值评估收益法的最主要的参数有三个，即企业的经济收益、取得经济收益的持续年限和能够预期经济收益流风险的折现率。本任务主要介绍收益的界定、收益的预测和收益期限及折现率的确定。企业的收益额是运用收益法对企业价值进行评估的关键参数，作为企业获利能力标志的企业收益额，是评估专业人员衡量企业价值的根本依据，折现率是一种期望投资报酬率，是投资者在投资风险一定的情况下对投资所期望的回报率。通过学习合理界定收益、预测收益和确定收益期限，掌握股权资本成本、加权平均资本成本的公式及测算方法，准确计算折现率，为客观、科学地评估企业价值打基础。

相关知识

一、未来收益的预测

（一）收益的界定

在企业价值评估中，企业的收益额需要从两个方面来认识和把握：①当将企业收益额作为企业获利能力的标志来认识和把握的时候，企业的收益额是指企业在合法的前提下，所获得的归属于企业的所得额；②当将企业收益额作为运用收益法评估企业价值的一种媒介的时候，企业的收益额有多种表现形式，如净利润、自由现金流量、经济利润等。

1.收益的形式

（1）收益的主要形式

评估专业人员在对企业的收益进行具体界定时，除了需要对企业创造和获取的收入是否归企业所有进行确认之外，还要对企业的收益形式进行明确的界定。企业收益有多种形式，如股利、净利润、息前税后利润、企业自由现金流、股权自由现金流、经济利润等。这些形式的收益可以按不同的分类标准分为不同的类别。收益的不同分类标准见表5-1。

表5-1　收益的不同分类标准

划分标准	类别	
企业收益属性	净利润	
	自由现金流量	
	经济利润	
企业收益的直接享有主体	全投资资本收益指标	息前税后利润、企业自由现金流量、经济利润
	权益资本收益指标	股利、净利润、股权自由现金流量

【提示】经济利润的计算考虑了当期投入资本增加或减少带来的影响，反映了当期资本性支出和营运资金增加额的变化对资本成本的影响，且经济利润折现模型与企业自由现金流量折现模型可相互转换并得出相同的评估结果。因此，经济利润也可视为是一种扩展后的现金流量指标。全投资资本收益减去债务资本（付息债务）的利息后即可得出权益资本收益。

（2）收益形式的选择

选择什么口径的企业收益是收益法评估企业价值的基础，首先应对比各类收益指标本身的可靠性及相关性，然后分析采用各类收益指标的有效性，最后分析对比各类收益指标对企业价值进行衡量的适用性。

①对比收益指标本身所具有的特征。不同的收益指标，其本身的可靠性及其与企业价值的相关性方面往往存在差异。例如，自由现金流量比净利润具有更高的可靠性，新旧方法的选择影响着净利润，但对自由现金流量并不产生影响，企业的自由现金流量是企业实际收支的结果，不容易被更改，而企业的净利润则要通过一系列复杂的会计程序进行确定，而且可能由于企业管理当局的利益而被更改；自由现金流量比净利润具有更高的相关性。有实证研究表明，企业价值最终由其现金流量决定而非其利润决定；对于投资者来说，企业经营的最终目的是形成更多的现金流量，而不是获得更多的会计收益。

②对比收益折现过程的效率和效果。对收益指标进行比较，还应将收益指标置于具体的评估折现模型当中进行分析。在对不同的收益指标进行折现求得企业价值的过程中，计算步骤可能存在差异，所需要计算的参数及其计算难度也可能存在差异，进而影响评估的效率和效果。不同口径的收益额折现值的价值内涵见表5-2。

表5-2　不同口径的收益额折现值的价值内涵

收益额	折现后的价值内涵
净利润或股权自由现金流量	企业股东全部权益价值（所有者权益价值）
净利润或股权自由现金流量加上扣税后的长期负债利息	企业投资资本价值（所有者权益和长期负债之和）
净利润或股权自由现金流量加上扣税后的全部利息（企业自由现金流量）	企业整体价值（所有者权益价值和付息债务之和）

③对比收益指标与企业的适用性。虽然不同的收益指标其本身的可靠性存在差异，但并不能因此而摒弃那些可靠性较低的收益指标，还需要将收益指标与企业的实际情况相结合作出判断。企业所在行业的特点或企业所处的发展阶段，可能制约或限制某项收益指标的运用。例如，在银行、保险公司、证券公司的控股性产权变动业务中，通常选择股权自由现金流量，一般不宜选择企业自由现金流量作为其收益指标。

2.收益的范围与调整

（1）收益的范围

在对企业收益的范围进行具体界定时，应注意以下两个方面：①从企业价值决定因素的角度上讲，虽由企业创造和收取但并非由企业权益主体所拥有的收入，并不能作为企业价值评估中的企业收益。例如：税收，不论是流转税还是所得税都不能视为企业收益。②凡是企业权益主体所拥有的企业收支净额，都可视为企业的收益。无论是营业收支、资产收支，还是投资收支，只要形成净现金流入量，就应纳入企业收益范围。

（2）收益的调整

运用收益法对企业价值进行评估，在基于企业历史财务报表进行财务分析和收益预测时，如果企业财务报表编制基础和报表口径不具有连续性和可比性，有可能会影响收益预测的合理性，进而对评估结果产生影响。因此，在对企业收益进行预测前，需要对企业历史财务报表进行必要调整，使企业未来收益预测与企业历史收益具有相同的比较基础，以提高对企业未来收益进行预测的可靠性。具体调整事项如下：

① 财务报表编制基础。需要对同一企业不同历史年度之间的财务报表编制基础进行调查了解，如果财务报表编制基础存在差异，则需要根据同一编制基础调整财务报表。要求不同历史年度之间企业财务报表编制基础相同，主要是为了使不同时期的财务报表具有可比性。如果不同年度之间企业财务报表编制基础存在差异，则这些差异可能会影响当期损益并相应地反映到企业收益中，使得不同年度之间财务报表所体现的企业收益的变化情况并不完全反映企业实际经营状况的发展走势。

② 非经常性收入和支出。非经常性收入和支出的发生具有偶然性，一般不具有持续性且无法预测，并不能代表企业正常的营利能力，因此对企业历史财务状况进行分析比较时，需要将非经常性收入和支出从利润表中调整出去。需要注意的是，其他业务收入和支出并不一定是非经常性收入和支出。按照企业所从事日常活动的重要性，可将收入分为主营业务收入、其他业务收入等，企业的其他业务收入可进一步区分为经常性收入和偶然性收入，只有偶然性的其他业务收入才属于非经常性收入。

③ 非经营性资产、非经营性负债和溢余资产及其相关的收入和支出。根据资产负债经营属性的不同，可以将资产区分为经营性资产、非经营性资产和溢余资产；将负债区分为经营性负债和非经营性负债。非经营性资产、非经营性负债和溢余资产与企业日常经营活动没有必然联系。因此，为准确测算企业经营性资产、经营性负债所产生的收益情况，需要将非经营性资产、非经营性负债和溢余资产从资产负债表中调出，同时需将与非经营性资产、非经营性负债和溢余资产相关的收入和支出从利润表中调出。

（二）收益预测

对企业未来的收益进行预测是运用收益法评估企业价值的基础，资产评估专业人员应当对委托人和其他相关当事人提供的企业未来收益资料进行必要的分析、判断和调整，结合被评估单位的人力资源、技术水平、资本结构、经营状况、历史业绩、发展趋势，考虑宏观经济因素、所在行业现状与发展前景，合理确定评估假设，形成未来收益预测。当委托人和其他相关当事人未提供收益预测时，评估专业人员应当收集和利用形成未来收益预测的相关资料，并履行核查验证程序，在具备预测条件的情况下编制收益预测表。

1.收益预测的基本步骤

企业收益预测的基本步骤如下：

（1）对影响企业收益的因素进行分析

企业的发展离不开企业所处的环境，也与企业自身状况密切相关，企业收益是多种内外部因素共同作用和影响的结果。因此，在对企业收益进行预测时，首先应对影响企业收益的主要因素进行分析，判断这些因素对企业收益是产生积极影响还是不利影响。然后根据影响因素与企业关系的不同，将企业收益产生影响的因素分为企业外部因素和企业内部因素。企业外部因素又可分为宏观因素和行业因素。宏观因素主要包括政治和法律因素、经济因素、社会和文化因素、技术因素等；行业因素主要包括行业经济特性、行业市场结构、行业生命周期、行业景气情况等因素。企业内部因素反映了企业所拥有的客观物质条件、内部资源和企业投资者拥有的综合能力，主要包括企业历史业绩情况、企业现有业务在所处行业中的竞争地位，以及企业未来的经营方向与经营效果等因素。

（2）对企业历史收益进行分析和调整

在持续经营过程中，企业在任一时点或任一周期的经营业绩都不是孤立的，都与其历史业绩和未来收益相联系。对企业历史收益进行分析和调整，目的在于了解企业历史业绩的走势，认识企业所处发展周期，反映企业历史业绩与其影响因素的关系，为企业未来收益预测提供参考依据。对企业历史收益进行分析和调整后的数据，不能用于其他目的。对企业历史收益进行分析和调整，主要包括以下内容：①对财务报表编制基础进行分析和调整，使历史各年度的业绩具有相同的编制基础；②对非经常性收入和支出进行分析和调整，使历史各年度的业绩均反映经常性的收入和支出；③对非经营性资产、非经营性负债和溢余资产及其相关的收入和支出进行分析和调整，使历史各年度的业绩均反映经营性资产和经营性负债的贡献。

（3）对企业未来收益趋势进行总体分析和判断

影响企业发展的因素往往是不断变化的，企业历史业绩走势对企业未来收益趋势产生一定的影响，但并不能仅仅根据企业历史业绩走势对企业未来收益趋势作出推算。首先，评估专业人员应在分析企业历史业绩走势的基础上，深入企业进行现场实地考察和调研，与企业管理层进行交流和访谈，了解企业的生产能力、经营状况、企业管理水平；然后，对影响企业未来发展的各种内外部因素进行分析和判断；最后，对企业未来收益趋势进行总体分析和判断。对企业未来收益趋势进行总体分析和判断，其主要内容包括企业当前所处发展周期及未来的走势、企业未来收益进入稳定状态所需的时间，以及进入稳定状态后的趋势等。

2. 企业未来收益的具体预测

（1）收益预测基础

①历年及当期收益对未来收益的影响

企业在历年及当期的实际收益是企业内部与外部各种因素共同作用的结果，在这些因素中，有些因素可能是一次性的或偶然性的，过去或现在发生并不意味着未来仍会发生。以企业历史或当期的实际收益作为预测企业未来收益的基础但不加以调整的做法是错误的，因为这种做法将企业在未来经营中不复存在的因素仍然作为影响企业未来收益的因素。因此，对企业历年及当期收益应进行分析，并对非经常性收入和支出，以及非经营性资产、非经营性负债和溢余资产及其相关的收入和支出进行必要的调整。企业未来收益的预测，应以经调整后的企业历年及当期收益作为出发点。

对企业历年及当期收益进行分析的目的，是掌握和了解企业正常的营利能力及其历史发展轨迹，为企业收益的预测建立比较基础。企业历史经营期的长短及其所在行业的特征不同，对企业历年及当期收益进行分析的重点也不同。对已有较长经营历史且收益稳定的企业，应在着重分析其历史收益的发展趋势的基础上判断企业的营利能力；对发展历史不长的企业，要着重对其现状进行分析并主要在分析该企业未来发展机会的基础上判断企业的营利能力。为较为客观地判断企业的正常营利能力，还必须结合影响企业营利能力的内部及外部因素进行分析。首先，要对影响企业营利能力的内部因素进行分析和判断，对企业的核心竞争力有一个较为清晰的认识。其次，要对企业所处的产业及市场地位有一个客观认识，了解企业所处产业的发展前景，企业在该产业及市场中的地位、企业主要竞争对手的情况等。最后，对影响企业发展的可以预见的宏观因素进行分析和考虑。

②新产权主体对未来收益的影响

企业未来收益额应与评估结果的价值类型相匹配和协调。企业的未来收益预测值能否考虑新产权主体的贡献或影响，取决于企业价值评估所确定的价值类型是市场价值还是投资价值。若企业价值类型为市场价值，只能基于企业现有产权主体的经营管理方式和能力，以企业存量资产为出发点，可以考虑对存量资产的合理改进、升级换代乃至合理重组，但必须反映在企业本身具有的、企业外部环境允许的条件下企业按正常合理的经营方式、经营水平和管理水平下所能实现的收益，而不能将新产权主体对企业可能产生的贡献考虑在内。若企业价值类型为投资价值，则不仅要考虑企业现有产权主体的行为及存量资产的运作因素，而且还要考虑新产权主体这一特定投资者对企业可能实施的影响而给企业带来的协同效应。

（2）收益预测的假设条件

收益法的核心问题是对未来变量的概率估计，有的变量是无法确定概率的，这就产生了假设；有的变量是可以确定其发生概率的，这就产生了预测。假设和预测都是对未来变量的处理。假设还有一个功能是支持预测和预测结果，不同的假设有不同的预测结果。换言之，任何一项预测都是建立在一定的预测假设或预测基准之上的，假设在很大程度上决定了预测和结果，因此，从这个意义上讲，所谓的预测是根据对被评估企业未来可能发生事项或所采取行动的假设编制的财务信息。要确信企业预测结论是否合理，必然首先要分析预测假设是否合理。评估专业人员对评估结果的合理性承担责任，客观上也应保证假设的合理性。

企业未来收益预测的假设条件主要包括以下几种：①国家的政治、经济等政策变化对企业未来收益的影响，除已经出台未实施的以外，通常假定其将不会对企业未来收益构成重大影响；②不可抗拒的自然灾害或其他无法预期的突发事件，不作为企业收益的相关因素考虑；③企业经营管理者的个人行为也不在预测企业收益时考虑。评估专业人员对企业未来收益预测的假设条件设定必须符合法律法规的规定并具有合理性，否则这些假设条件不能构成合理预测企业未来收益的前提和基础。

（3）收益预测的表现形式

企业未来收益预测的结果通常以利润表或现金流量表的形式进行表现，这样的表现形式不仅通俗易懂，也便于理解和掌握。需要说明的是，用企业利润表或现金流量表来表现企业未来收益的结果，并不等于说企业未来收益预测就相当于企业利润表或现金流量表的编制。企业收益预测的过程是一个具体的、需要占有大量数据并运用科学方法的分析运作过程，不仅需要测算和分析利润表、现金流量表中相关栏目或项目的数据，而且也可能需要测算和分析资产负债表、所有者权益变动表中相关栏目或项目的数据，用利润表或现金流量表表现的仅仅是该过程的结果。所以，企业的收益预测不能简单地等同于企业利润表或现金流量表的编制，而是利用利润表或现金流量表的已有栏目或项目，通过对影响企业收益的各种因素变动情况的分析，在评估基准日企业收益水平的基础上，对利润表或现金流量表表内各栏目或项目进行合理测算、汇总分析得到所预测年份的各年企业收益。

（4）企业收益构成项目的预测

企业未来收益的预测，应在企业历年及当期的调整后收益水平及发展趋势的基础上，结合企业的人力资源、技术水平、资本结构、经营状况、历史业绩、发展趋势，考虑宏观经济因素、所在行业现状与发展前景，合理确定评估假设，形成企业未来收益预测。

对详细预测期的企业收益预测，应选择适当的定性预测方法或定量预测方法，分别对企业的营业收入、成本费用、营运资金、资本性支出、资本结构等参数进行预测。对稳定期企业收益的预测，可在企业详细预测期收益预测的基础上，找出企业收益变化的发展趋势，并借助某些手段，分析和判断企业收益在稳定期的长期变化区间和趋势。比较常用的是采用保持假设的方式，假定企业在稳定期的收益水平维持相对稳定的水平，也可假定企业在稳定期的收益水平保持一个递增比率。但是，任何假设都必须建立在合乎逻辑、符合企业客观情况的基础上，以保证企业未来收益预测值是相对合理和准确的。

在对一般的工业企业的未来收益进行预测的过程中，预测企业收益，通常先根据企业的资产结构、资产规模及其配置情况测算其生产能力，再预测企业的销售数量和销售单价，得出营业收入的预测值。在此基础上，从成本费用与营业收入的关系着手，逐项测算企业的各项成本费用，进而完成企业收益预测。但在对某些企业进行收益预测时，对企业未来收入和收益的预测并非始于对企业资产规模及其配置情况的分析，而是始于企业债务结构、债务规模的分析和预测。例如，对银行业金融企业进行收益预测，通常首先预测企业资产负债表，根据负债情况（资金来源）安排资金使用，然后再根据资产配置情况预测收益、成本和费用，以及所有者权益变动情况，得出收益预测结果。

①营业收入的预测方法及注意事项

不论是始于资金来源还是始于资金运用的预测，企业未来收益预测的关键目标均是合理预测出企业的营业收入。通常是在预测出企业营业收入的基础上，开展各项成本费用的预测，因此，营业收入的预测十分重要，营业收入预测的误差会对收益预测结果造成影响。

营业收入预测，主要包括对被评估企业未来的产品或服务的类别和结构、销售方式、销售数量、销售单价等参数作出估计。在营业收入预测中，一般有以下两种不同的预测顺序：一是自上而下法，就是通过预测市场总量的大小，确定企业能够占有的市场份额，然后再预测销售单价，得出营业收入预测值，该方法是从市场总量入手预测市场渗透率、价格变化和市场份额；二是自下而上法，以企业现有客户的需求、客户流失率和潜在新客户的发展情况进行预测，该方法是将企业新增客户与现有客户结合起来进行预测的方法。不论采用哪一种预测顺序，对营业收入预测所涉及的各项参数的估计和预测，均可分别选择定性预测方法或定量预测方法。

对企业产品或服务的销售数量的预测需结合企业自身的成长阶段和所处行业的性质。例如，对于处在成熟行业的稳定阶段的企业，其市场份额的增长潜力较为有限，其产品或服务的销售数量可能在预测期内保持相对稳定或与消费者数量大体一致的增长率；对于处在高预期增长行业的成长阶段的企业，其产品或服务销售数量可结合行业增长率、预计销售数量增长时的企业产能潜在增长率等因素进行预测。在预测销售单价时，需要考虑宏观经济因素和行业发展状况等因素，这些因素可能影响企业产品或服务的需求和价格弹性（如原材料过剩、短期产能过剩或不足、产品或服务功能的替代、生产技术的升级换代）。如果一家企业所处行业未来几年产能不足且该行业具有一定的进入壁垒，则企业产品或服务未来销售单价上升的可能性将会增加；相反，如果企业处于产能过剩或新产能将很快投产的行业中开展经营活动，其产品或服务未来销售单价上升的可能性就很小，甚至可能出现下降。此外，企业在生命周期中由成长阶段转向成熟阶段的过程中，或在企业产品或服务的提供过程中有显著技术改进，可能的情况是其产品或服务的销售数量上升，但销售单价下降。当然，如果企业已经在市场中奠定了自己的核心竞争力，该企业就可能更具提价或避免价格下滑的潜力。

【提示】对营业收入预测应重点关注企业产品或服务的销售数量、销售单价及未来走势情况。具体注意事项列举如下：企业产品或服务的市场需求情况及未来变化趋势情况；消费群体的构成及未来变化情况；影响消费者消费的主要因素；企业产品或服务的生产要素情况（包括劳动力、资金、技术、生产或服务设施、原材料、能源供应情况等）及其与未来销售量变化的匹配关系；企业的产品开发和营销策略；企业产品或服务的定价方式；供需关系及未来变化趋势；价格需求弹性对企业营业收入的影响情况；企业未来销售价格的预测依据及同类企业竞争情况；企业营业收入预测值及增长率与企业未来经营状况趋势的对比情况；企业未来引入新产品或采取新的策略或淘汰老产品情况；企业预期的营业收入增长与行业增长率的对比情况；企业目前的市场份额及预测的变化趋势情况等。

②成本费用的预测方法及注意事项

成本费用预测，主要是指对营业成本、税金及附加、销售费用、管理费用、研发费用、财务费用、所得税费用等内容作出估计。对成本费用预测所涉及的各项参数的估计和预测，均可分别选择定性预测方法或定量预测方法。预测企业成本费用的具体方法很大程度上取决于各类成本费用项目中包含固定或变动成分的程度。如果某项成本费用随产量、销量、营业收入或其他相关参数的变化而变动，且两者之间的关系是相对稳定的，则该项成本费用属于可变成本费用。对可变成本费用的预测，通常基于企业历年及当期该成本费用项目与产量、销量、营业收入或其他相关参数之间的比例，选择恰当的定量预测方法进行预测。如果某项成本费用在一定时期和一定范围内，不受产量、销量、营业收入或其他相关参数的增减变动影响，则该项成本费用属于固定成本费用。对固定成本费用的预测，通常以该固定成本费用在评估基准日的水平为基础，并经必要的调整（如非经营性资产对应的支出）。值得注意的是，固定成本费用只是在一定时期和一定范围内保持不变，超过一定时期或范围，固定成本费用将会发生变化。

【提示】当企业实际产量发生变化但未超过企业现有产能时，企业生产厂房的折旧费用保持不变；但当企业实际产量增长且超过了企业现有产能时，企业需要追加投资（如构建新的厂房等）以扩大产能，企业的生产厂房折旧费也随之改变。

通常不宜基于企业总成本费用与企业营业收入之间的比例关系笼统地对企业成本费用进行预测。企业成本费用与企业收入之间的比例可能随着时间的改变而发生变化。第一，成本费用发生了变化，而企业收入保持不变。例如，当企业收入保持不变时，企业通过提高生产效率来降低成本费用。第二，成本费用没有发生变化，而企业收入发生了变化。例如，企业保持成本费用的相对稳定，面对市场竞争被迫降低产品的销售价格，使得企业收入下降。第三，两者同时发生同向变化，但两者变化幅度有明显差异。例如，在规模效应和充分利用现有产能等因素的影响下，企业营业收入和总成本费用虽然同时上涨，但总成本费用的涨幅可能小于营业收入的涨幅。第四，两者同时发生反向变化。例如，销售增加而成本费用减少（这可能会出现在一家从初创期向成长期过渡的企业），或者销售减少而成本费用增加（这可能会出现在一家处于经营困境的企业）。

【提示】对成本费用预测应重点关注企业成本费用变化的规律及其与营业收入的关系。具体注意事项列举如下：预测产品或服务的成本费用结构（人工成本、材料成本、制造费用、变动成本、固定成本）与历史数据的对比情况；预测的毛利率与历史毛利率的对比情况；预测的毛利率与行业中其他企业的毛利率水平的对比情况；企业未来产品结构的变化情况及其对成本结构的影响；企业历史及未来各项变动成本费用占收入的比例的对比情况；企业未来收益与企业未来实行的会计政策和税收政策保持一致的情况等。

知识拓展

定性预测方法

③资本性支出的预测方法及注意事项

资本性支出的目的，是为了形成、保持或扩大企业的生产或服务能力，相应地，资本性支出包括两类：一是为了弥补企业现有生产能力对应资产的损耗而作出的维修或以旧换新等投资，称作存量资本性支出或更新资本性支出；二是为了扩大企业生产能力而新增的投资，称作增量资本性支出或新增资本性支出。对这两类资本性支出，一般是以资本性支出的时点为界限进行划分的。例如，详细预测期第一年为扩大生产能力而追加了一笔投资，相对于评估基准日而言，该笔追加投资属于增量资本性支出，但该笔追加投资完成后，企业为保持其产能（即该笔追加投资后的企业总产能）而作出的维修或以旧换新的投资，属于存量资本性支出。

资本性支出的预测，主要包括对固定资产、无形资产和非流动资产等投资项目的购建项目及其数量、购建价格等参数作出估计。购建项目及其数量的预测，应基于生产能力对应的资产规模、资产结构和资产配置，并考虑企业设计能力和生产管理水平等因素的影响。购建价格的预测，可通过可行性研究投资估算、初步设计概算或施工图预算等资料进行测算；也可通过市场途径，即在参照项目实际购建成本的基础上，根据资产规模、资产结构等差异以及价格指数变化等情况进行必要修正后得出。

对资本性支出预测应重点关注企业未来的资本性支出与企业生产能力、企业预计产量之间的匹配关系。在详细预测期，若企业预计产量高于评估基准日的企业生产能力，则资本性支出不仅包括存量资本性支出，也包括增量资本性支出；若企业预计产量低于评估基准日企业生产能力，则资本性支出仅包括存量资本性支出，不包括增量资本性支出。在稳定期，若企业的收益预计按一定金额或一定比例持续增长且该增长有赖于企业生产能力的不断扩大，则资本性支出不仅包括存量资本性支出，也包括增量资本性支出；若企业的生产能力和收益均预计保持平稳，则资本性支出仅包括存量资本性支出。若企业收益期为无限年期，该企业稳定期的资本性支出，不宜简单采用详细预测期最后一年的预测值，一般可通过年金化法进行测算。

【提示】对资本性支出的预测，还需注意以下事项：预测的资本性支出的具体构成情况（用于扩大再生产的资本性支出、用于更新现有固定资产的资本性支出）；预测的资本性支出的预测依据和测算过程（总投资额、投资明细、分年度投资额、投产时间和投产后的收益等的预测依据和审核批准情况）；预测用于更新现有固定资产的资本性支出所采用的经济寿命年限与行业惯例的对比情况；企业为满足资本性支出所需要准备的资金情况等。

④营运资金的预测方法及注意事项

在企业价值评估领域，营运资金其实是经营营运资金的简称，经营营运资金是指经营性流动资产与经营性流动负债的差额。对营运资金的预测，通常有两种途径，即综合分析途径和分项预测途径。在运用这两种途径对营运资金进行预测过程中，对涉及的相关参数，可分别选择定性或定量预测方法进行预测。

综合分析途径，是指基于营运资金与营业收入之间的比例关系来预测营运资金的途径，一般是通过建立以营业收入为自变量、以营运资金为因变量的回归方程，通过营业收入的变化来推测营运资金的变化情况，这种方法的前提是营运资金与营业收入高度相关。

分项预测途径，是指分别对经营性流动资产和经营性流动负债的各组成项目进行预测，进而测算营运资金的途径。运用分项预测途径，主要是对应收票据及应收账款、存货、应付票据及应付账款、最佳现金持有量和其他相关参数作出估计。对这些参数进行预测，可采用周转模式。例如，以营业收入预测值除以应收账款周转率预测值得出应收账款预测值，以营业成本预测值除以存货周转率预测值得出存货预测值，以营业成本预测值除以应付账数周转率预测值得出应付账款预测值，以付现成本预测值除以现金周转率预测值得出最佳现金持有量预测值。各类周转率预测值，可在企业历年及当期周转率水平基础上，采用定性或定量预测方法作出估计。

【提示】对营运资金预测应重点关注营运资金与企业生产和销售规模的关系。具体注意事项列举如下：预测营运资金水平与企业经营预测情况（业务经营模式、结算方式、信用账期）的匹配关系；企业营运资金涉及项目（存货、应收账款、应付账款）的周转天数计算方法；最佳现金持有量的计算方法；详细预测期营运资金水平与预测的企业增长情况的关系；企业为满足营运资金增加额所需要准备的资金情况等。

⑤收益期是有限期时现金流量预测的注意事项

当企业收益期为有限期时，不仅要对详细预测期内每年持续经营所产生的现金流量进行逐年预测，还需预测企业经营到期时残余资产的价值，作为收益结束当年可回收的现金流量。详细预测期现金流量现值和到期时可回收现金流量现值之和即为被评估企业经营性资产和负债的价值。

（5）收益预测合理性的分析

考虑到对企业未来收益进行预测是一项非常复杂的工作，需要考虑企业内外部影响因素，又容易受到评估专业人员能力和主观判断的影响，而收益预测结果又直接影响或决定着企业价值的评估结果，因此，评估专业人员在对企业未来收益作出初步预测后，应该对该初步预测结果进行检验和分析，以判断所作预测的合理性。对企业未来收益的初步预测结果进行检验和分析，通常可以从以下几个方面进行：

① 将详细预测期企业收益的发展方向和变化趋势与企业历史收益进行对比。如预测的结果与企业历史收益的平均趋势明显不符，或出现较大变化又无充分理由加以支持，则该预测的合理性值得怀疑。

② 对影响企业价值的敏感性因素进行严格检验。敏感性因素通常具有两个方面的特征：一是该类因素未来存在多种变化；二是该类因素的小幅变化就会对企业价值产生明显影响。

③ 对所预测的企业收入与成本费用变化的一致性进行检验。成本费用中的可变成本与收入之间往往呈现较强的相关性，成本费用中的固定成本虽与收入之间并无明显的相关性，但并非一成不变，也会受企业规模的影响。若企业未来的收入发生变化而成本费用并无变化，则该预测值不合理。

④ 将收益法评估结果与其他方法的评估结果进行比较，进而对收益预测值的合理性作出检验。

【提示】在预测企业预期收益时，还应考虑以下几个基本问题：一是一定的收益水平是一定资产运作的结果。预测企业的未来收益，应明确企业预期收益与其资产及其营利能力之间的对应关系；二是价格需求弹性制约着企业的销售收入（营业收入）与其产品销售量（服务量）及销售价格之间的关系，预测收益时不能不考虑价格需求弹性而想当然地认为价量并长；三是企业销售收入或服务收入的增长与其成本费用的变化存在内在的一致性，评估人员要根据企业的具体情况，科学合理地预测企业的销售收入及各项成本费用的变化；四是企业的预期收益与企业所采用的会计政策、税收政策关系极为密切，评估人员不可以违背会计政策和税收政策，以不合理的假设作为预测的基础，企业收益的预测应与企业未来实行的会计政策和税收政策保持一致。

二、企业收益期的确定与划分

（一）收益期的确定

收益期是指资产具有获利能力的期间。在企业价值评估中，企业的收益期是指企业未来获得收益的年限，即从评估基准日到企业收益结束日的时间长度。企业的收益期包括有限年期和永续年期两种情况。大多数正常经营的企业，在没有信息证明其企业经营有年限的限制时，均适用于永续经营假设，收益期限为无限期；生产经营受到一些因素的制约、无法维持永续经营的企业，其收益期限为有限期。在企业价值评估实务中，对企业收益期的确定，通常应考虑法律法规的规定、协议或章程的约定、企业主要资产的使用期限和企业所处生命周期及其经营状况等因素的影响，具体分析如下：

1. 法律法规对企业收益期的影响

对企业收益期的确定，应首先考虑国家有关法律法规、产业政策、行业准入政策、企业所在行业现状与发展前景等因素。在通常情况下，对于国家鼓励的产业，可以理解为企业的收益期不会因为行业产业政策而受到影响；对于国家限制的产业，应慎重考虑企业的收益期限制；对于国家禁止的行业，企业的收益期会受到限制或影响。企业开展多种经营活动且某项经营活动受法律法规或产业政策的影响而被限制发展或禁止发展的，应将企业各种经营活动对应的收益进行区分，分别确定各类经营活动对应的收益期。若企业整体受到限制或禁止，则企业的收益期限应不长于相关法律法规规定的可经营期限。

【提示】目前，在供给侧结构性改革的要求下，国家限制或禁止的产业主要集中在高能耗、高污染，产能过剩的行业。例如，国务院于2015年4月2日颁布的《水污染防治行动计划》规定："2016年底前，按照水污染防治法律法规要求，全部取缔不符合国家产业政策的小型造纸、制革、印染、染料、炼焦、炼硫、炼砷、炼油、电镀、农药等严重污染水环境的生产项目。"若评估专业人员对不符合国家产业政策的上述"十小"企业进行评估，则应根据上述文件规定确定企业收益期。

2. 公司协议或章程对企业收益期的影响

企业投资者在协议或章程中对企业收益期作出具体约定的，通常不能仅根据这些协议或章程中的约定作出企业收益期为有限期的认定，还应考虑协议或章程中约定的期限届满后是否可以延长经营期限，以及企业投资者的经营规划等因素，合理确定企业收益期。

【提示】某中外合作企业的公司章程中有如下条款："公司合作期限为自合作公司获市场监督管理部门签发营业执照之日起25年。经合作双方同意并经合作公司董事会通过，合作公司可在合营期满6个月前向原审批机关申请延长。"通过分析企业经营状况及与投资者进行沟通，若企业投资者并无延长合作期的意愿和打算，则应以公司章程中规定的年限作为企业收益期；若企业投资者计划延长合作期，企业目前正常经营且预计其未来能够保持正常运营，则企业的收益期可视为无限期。

3.企业主要资产的使用期限对企业收益期的影响

企业收益来源于企业的生产经营活动，而企业的生产经营活动需依赖或使用企业的资产。当企业主要资产的可使用或利用期限为有限期，且无法通过更新换代使这些资产持续为企业所使用或利用时，企业收益期将受这些资产使用期限的影响或制约。企业主要资产的使用期限对企业收益期产生影响或制约的情形主要有以下三种：

（1）企业能否持续取得生产经营所必需的主要生产资料具有不确定性的，该类企业的收益期通常为评估基准日企业已取得生产资料的可使用或可供利用期。此类企业中最有代表性的是房地产开发企业，受开发土地供给方式的影响，房地产开发企业持续获得开发用地具有较大的不确定性，因此，对房地产开发企业收益期的确定，通常结合评估假设确定为有限期，其收益期至评估基准日所拥有的全部土地资源开发完毕为止。对于兼营房地产开发和销售、房地产自营业务的房地产企业，由于租赁等房地产自营业务可视为永续经营，该企业收益期可视为无限期，但其中的房地产销售业务应在评估基准日所拥有的全部土地资源开发完毕时截止。

（2）企业经营依赖于耗竭性的、不可再生的自然资源的，应根据其所依赖的自然资源的可利用期限确定企业的收益期。依赖于耗竭性资源进行生产经营的企业主要包括矿产资源采选企业和以耗竭性资源为主要原料的生产企业。矿产资源采选企业（采掘企业、采选联合企业）的功能是开发矿产资源，矿山企业的收益源于对矿产资源的开发利用。如果矿产资源开采完毕，矿山闭坑，基于开发利用矿产资源的企业收益途径就会丧失。因此，采掘企业或采选联合企业的收益期，直接取决于资源储量的大小。资源储量越大，矿山服务年限就越长，企业收益期也越长。以耗竭性资源为主要原料的生产企业（如金属冶炼企业、石化企业等），其收益期应在考虑原料采购途径、资源的可回收性，以及资源储量是否丰富等因素后进行合理确定。对于以耗竭性资源为主要原料的生产企业的生产消耗数量来说，该耗竭性资源的储量丰富，生产企业受资源的制约较小，其未来经营期相对较长，可近似认为该生产企业永续经营。

（3）企业主要资产的可经营期受法律法规或合同规范或制约的，企业的收益期取决于该主要资产的可经营期。在某些领域，因法律法规的规定或协议的约定，企业主要资产的可经营期为有限期，资产可经营期届满后，需要将这些资产移交给另一方，企业的收益期应根据主要资产的可经营期进行确定。这类企业的典型代表是政府与社会资本合作（PPP）、特许经营的项目公司，这些项目公司往往是基于政府与社会资本合作协议或特许经营协议而设立，协议通常会对项目的可经营期限及经营期届满后项目设施的移交方式作出明确约定，这些项目公司的收益期与项目设施的可使用年限并无必然联系（协议往往会约定项目经营期限届满并移交时项目设施要达到的可使用状态，此时的项目设施仍是可使用的），而是取决于相关法律法规的规定和协议的约定。

【提示】自2024年5月1日起施行的《基础设施和公用事业特许经营管理办法》规定：“基础设施和公用事业特许经营期限应当根据行业特点、所提供公共产品或服务需求、项目生命周期、项目建设投资和运营成本、投资回收期等综合因素确定，充分保障特许经营者合法权益。特许经营期限原则上不超过40年，投资规模大、回报周期长的特许经营项目可以根据实际情况适当延长……”因此，对于基础设施和公用事业特许经营企业，其收益期应根据签署的特许经营协议确定且不超过40年。

4.企业所处生命周期及其经营状况对企业收益期的影响

采用收益法对企业价值进行评估隐含着一项基本假设，即企业能够持续经营，但企业持续经营并不意味着企业永续经营，任何企业都有其生命周期，应在分析企业生命周期的基础上，结合企业经营状况，合理确定企业收益期。一个企业的生命周期通常包括初创、成长、成熟和衰退这几个阶段，而不同企业的生命周期长短可能差异巨大，有些企业成为“百年老店”，而有些企业在初创期便因经营不善而倒闭。若企业已进入衰退期，或企业的经营状况每况愈下、经营业绩逐年恶化，则企业收益可能不可持续，其收益期一般为有限期。

（二）收益期的划分

考虑到企业在收益期的不同阶段其经营状况和收益水平会不断变化并呈现不同的阶段性特点，不论企业的收益期是有限期还是无限期，通常需要将企业收益期划分为详细预测期和稳定期。

知识拓展

竞争均衡理论

详细预测期也称为明确的预测期，是指从评估基准日到企业达到稳定状态的收益期限。在详细预测期，企业的投资回报率、财务杠杆水平及企业面临的风险大小与行业或市场平均水平存在差异，企业各项财务指标尚不稳定，有必要对企业收益逐年进行预测。稳定期是指从企业达到稳定状态开始直至企业收益结束日的期间。

在评估实务中，评估人员应当在对企业产品或者服务的剩余经济寿命及替代产品或者服务的研发情况、收入结构、成本结构、资本结构、资本性支出、营运资金、投资收益和风险水平等综合分析的基础上，结合宏观政策、行业周期及其他影响企业进入稳定期的因素合理确定详细预测期。详细预测期应该足够长，以消化企业经营发展的不确定或非典型因素。企业收益的不稳定时期有多长，详细预测期就应当有多长。在评估实务中，较多地采用5年的详细预测期，但这一做法并非一个固定的模式，有些企业的详细预测期可能更长，甚至超过10年，而有些企业的详细预测期可能短于5年。对处于周期性行业的企业来说，详细预测期通常与净现金流量达到整个业务周期的期望平均净现金流量时所需要的年度数量或者期间数量一致。若企业已进入平稳期，则详细预测期可能会受周期性的影响，但对尚处于波动期的企业，通常需要适当延长详细预测期，使详细预测期结束时企业的经营状况能达到稳定状态。此外，应注意的是，企业从详细预测期过渡至稳定期通常是一个平滑或重复的过程，若详细预测期最后一年的收入或收益增长率还很高，稳定期的收入或收益却按零增长考虑，且无足够的理由（如产能受到限制、企业规模扩大存在瓶颈等）支持这样的判断，则详细预测期与稳定期的划分存在不合理之处。

【提示】企业达到稳定状态，通常应同时具备以下五项特征：一是企业收入成本的结构较为稳定且基本接近行业平均水平；二是企业的资本结构逐渐接近行业平均水平或企业目标资本结构水平；三是企业除为维持现有生产能力而进行更新改造的资本性支出以外，不再有新增投资活动；四是企业的投资收益水平逐渐接近行业平均水平或市场平均水平；五是企业的风险水平逐渐接近行业平均水平或市场平均水平。

尽管详细预测期时间长度的选择非常重要，但从本质上看，详细预测期时间长度的选择并不影响企业的价值，只影响企业价值在详细预测期和稳定期的分布。

三、折现率的确定

（一）折现率的概述

折现率是指将未来各期收益折算成现值的比率。投资者未来获得一定数量的收益所带来的效用不等于当前获得相同数量的收益所带来的效用，这是由于时间偏好因素和投资风险因素的作用，需要通过折现率将未来的收益还原或转换为当前的收益。因此，从这个意义上讲，折现率由无风险报酬率和风险报酬率组成。无风险报酬率是指没有投资限制和障碍，任何投资者都能投资并能够获得的投资报酬率，是对资金时间价值的转换和反映。风险报酬率是对投资风险的一种补偿，由于不确定性的存在和人们风险回避的态度，需要对投资风险给予一定的补偿。从数量上看，风险报酬率是超过无风险报酬率的那部分投资报酬率。

如果一项投资的收益恒定不变且永续存在，则该项投资的现值等于年度收益除以折现率，此时的折现率即为资本化率。因此，资本化率是一种特殊的折现率，资本化率与投资收益、投资现值的关系如下：

$$产生收益的投资的现值 = 年投资收益 \div 资本化率$$

$$资本化率 = 年投资收益 \div 产生收益的投资的现值$$

从上述资本化率与投资收益、投资现值的关系可以看出，年投资收益可以有税前收益或税后收益口径，也可以有权益收益或全投资收益口径。对同一项投资来说，不论年投资收益选择哪一种投资收益口径，产生收益的投资的现值都是不变的，这也就要求资本化率的口径应当与年投资收益的口径保持一致。资本化率与收益口径应当保持一致的规律和要求，同样适用于一般的折现率。折现率与收益口径的匹配关系见表5-3。

表5-3 折现率与收益口径的匹配关系

收益口径	匹配的折现率	对收益折现得出的价值内涵
权益投资形成的税后收益，如净利润、股权自由现金流量	税后的权益回报率	股东全部权益价值
全投资形成的税后收益，如息前税后利润、企业自由现金流量	根据税后权益回报率和税后债务回报率计算的加权平均资本成本	企业整体价值
权益投资形成的税前收益，如利润总额	税前的权益回报率	股东全部权益价值
全投资形成的税前收益，如息税前利润	根据税前的权益回报率和税前的债务回报率计算的加权平均资本成本	企业整体价值

回报率是资金所有者由于放弃当前收益、承担未来收益风险而获得的一种补偿；资

本成本是资金使用者由于使用他人资金而付出的代价。因此，回报率和资本成本是同一事项的两面，资金使用者付出的资金成本也就是资金提供者获得的回报，通常可以用资本成本来衡量回报率。因此，表5-3中的权益回报率也可以表述为股权资本成本，债务回报率可表述为债务资本成本。

微课

折现率与收益口径的匹配关系

（二）股权资本成本

测算股权资本成本的常用方法有资本资产定价模型、套利定价模型、三因素模型和风险累加法。

1. 资本资产定价模型

资本资产定价模型（Capital Asset Pricing Model，CAPM）是美国学者夏普、林特尔、莫森等在现代投资组合理论的基础上发展起来的，它是现代金融市场价格理论的支柱，广泛应用于投资决策和资产评估领域。

（1）资本资产定价模型的计算公式

资本资产定价模型将风险溢价和风险通过数学模型有机地联系起来，具体是以β值表示市场整体的波动给单个资产带来的系统性风险，将资产的期望收益率表示为无风险报酬率和β值的函数，计算公式如下：

$$R_e = R_f + \beta \times (R_m - R_f) + R_s$$

式中：R_e——股权资本成本；R_f——无风险报酬率；β——企业风险系数，是指相对于市场收益率的敏感度；$(R_m - R_f)$——市场风险溢价；R_s——企业特有风险调整系数。

①无风险报酬率。无风险报酬率是投资无风险资产所获得的投资回报率，表示即使在风险为零时，投资者仍期望就资本的时间价值获得的补偿。无风险（或风险为零）必须具备两个条件：一是没有违约风险或违约风险可以忽略，投资者可以毫无损失地获得投资本金和投资收益；二是没有投资和再投资风险，能够在特定时间内按预期完成投资或再投资。因此，所谓的无风险（或风险为零）投资是指既没有违约风险也没有投资和再投资风险的投资。

在评估实务中，国际上通行的做法是参考不存在违约风险的政府债券利率来确定无风险报酬率。但政府债券有很多种期限，它们的利率也不同，究竟应该选择何种期限的政府债券利率作为无风险报酬率呢？理想的做法是对应每一个现金流量使用一个到期日与之相同的政府债券利率，但在评估实践中这个理想状况较难实现，通常选用中长期政府债券利率代替。在国际上，企业价值评估中最常选用的是10年期政府债券利率。更长期的债券，因为缺乏流动性，所以其价格和回报溢价具有一定的滞后性。由于企业未来收益由未来多期现金流量甚至无限期现金流量组成，以短期政府债券利率来衡量无风险报酬率与收益期限不匹配，因此，进行企业价值评估时，通常不宜选择短期债券利率作为无风险报酬率。

债券利率有票面利率和到期收益率，那么应选择哪种利率作为无风险报酬率呢？不同时间发行的长期政府债券，其票面利率不同，有时相差很大。长期政府债券的付息期不同，有半年期或一年期等，还有到期才还本付息的。因此，不适宜选用票面利率。应当选择上市交易的政府长期债券的到期收益率作为无风险报酬率。不同年份发行的、票面利率和计息期不等的上市债券，根据当前市价和未来现金流量计算的到期收益率只有很小的差别。各种长期政府债券的到期收益率与票面利率会有很大差别。

【提示】目前，在我国企业价值的评估实务中，无风险报酬率通常选取与企业收益期相匹配的中长期国债的市场到期收益率，通常收益期在10年以上的企业选用距评估基准日10年的长期国债到期收益率，收益期在10年以下的企业选用距评估基准日对应年限的长期国债到期收益率。

②β系数。β系数是衡量一种证券或一个投资组合相对于总体市场的波动性的一种风险评价工具。风险是实现未来收益的不确定性，资本市场理论把风险分为系统风险和非系统风险。系统风险由综合因素导致，个别企业或投资者无法通过多样化投资予以分散。非系统风险是由单个特殊因素引起的，这些特殊因素的发生是随机的，因此可以通过多样化投资来分散。若投资者采用了足够数量的、分散性极好的组合投资并消除了非系统风险，则这样的投资组合只需承担系统风险，资本市场整体便具备了这样的特征。β系数是衡量系统风险的指标，可以将资本市场整体的β系数定义为1。投资一家公司的股票，如果该股票的β系数为1.2，则说明其波动率是股市平均波动率的2倍，也就是该股票风险比整个股市平均风险（即系统风险）高20%；相反，如果该股票的β系数为0.8，则说明其波动率是股市平均波动率的0.8倍，也就是该股票风险比整个股市平均风险（即系统风险）低20%。一般来说，一个公司β系数的大小取决于该公司的业务类型、经营杠杆和财务杠杆等因素。通常，在其他因素相同的情况下，周期性公司的β系数高于非周期性公司，经营杠杆较高的公司的β系数高于经营杠杆较低的公司，财务杠杆较高的公司的β系数也高于财务杠杆较低的公司。

对于公开交易股票（即上市公司股票），可以采用回归方法计算β系数，即用历史上一定时期个别股票的收益率相对于市场收益率进行回归分析，回归曲线的斜率就是个别股票的β系数，表示个别股票的风险。股票i的β系数计算公式如下：

$$\beta_i = \frac{Cov(R_i,\ R_m)}{\sigma_m^2}$$

式中：$Cov(R_i,\ R_m)$——一定时期内股票的收益率和市场收益率的协方差；σ_m^2——一定时期内市场收益率的方差。

③市场风险溢价。市场风险溢价也称为股权超额风险回报率（Equity Risk Premium，*ERP*），是对于一个充分风险分散的市场投资组合，投资者所要求的高于无风险报酬率的回报率。股票交易市场通常被认为是充分风险分散的市场，因此，市场风险溢价也可理解为股票市场所期望的超过无风险报酬率的部分。

知识拓展

影响β系数的因素

作为资本资产定价模型中的一个重要参数，市场风险溢价也是前瞻性的概念，无法事先观测到。目前，国际上对于市场风险溢价的估算方法主要包括三类：一是面向未来的方法。面向未来的方法主要有贴现现金流量法，包括单阶段法和多阶段法，实质上是根据已知估值结果反向推算市场风险溢价的方法，但不同的预测方法往往会产生很大的差异。二是基于当前的测算方法。基于当前的测算方法通常是把当前的市场变量（如股息额—股价比）彼此联系起来进行回归分析，以预测市场风险溢价。三是基于历史的方法。基于历史的方法主要是收益变现法，是运用历史收益来估计未来收益，运用投资者在一些持有期已经实现的平均收益溢价来计算。

在评估实务中，上述计算市场风险溢价的三类方法中，基于历史的收益变现法运用较为普遍，该方法的理论假设为：过去的市场行为提供了未来行为的基础，投资者的预期受市场历史表现的影响。如果周期性收益（如年度性收益）是相互独立的（不相关），并且在一定时期呈稳定状态，则历史收益的平均值提供了未来期望收益。历史证券价格反映了可观测到的证券的收益，通过分析历史上的市场风险溢价，可以合理地估计同样价格水平上的风险溢价。

④企业特定风险调整系数。企业特定风险调整系数是衡量被评估企业与可比上市公司风险差异的一个指标。在计算被评估企业的β系数时，要基于可比上市公司调整后无杠杆β系数和被评估企业的资本结构，计算得出被评估企业的有财务杠杆β系数，这个计算过程量化了被评估企业和可比上市公司在财务杠杆方面的差异对风险所产生的影响。但不同企业之间β系数的差异，不仅受财务杠杆差异的影响，而且也会受到不同企业在业务类型、企业发展阶段、行业竞争地位、经营杠杆等其他因素方面存在差异的影响。

如果市场上存在足够多的可比上市公司，并且这些可比上市公司与被评估企业有类似的风险特性，可比上市公司的股票交易价格中已反映了这些风险特性，则通过可比上市公司股票交易价格计算的β系数已反映了被评估企业的风险特性，无须再对被评估企业进行特定风险调整。然而，现实中经常没有足够多的可比上市公司，或者可比上市公司与被评估企业的风险特性往往存在差异，在这种情况下，就应当对公司特定风险进行调整。对被评估企业的特定风险进行调整，是在调整前的资本资产定价模型得出的报酬率基础上，加上调整系数或减去调整系数来实现。与可比上市公司相比，被评估企业的特定风险因素主要包括企业规模、企业所处经营阶段、主要产品所处的发展阶段、企业经营业务或产品的种类及区域分布、企业历史经营状况、企业内部管理和控制机制、管理人员的经验与资历、对主要客户及供应商的依赖等。

（2）资本资产定价模型的适用性

通过β系数的引入，资本资产定价模型能够衡量企业的超额收益对市场超额收益的敏感程度，较好地解释了企业风险与其未来收益之间的关系。但资本资产定价模型的基本假设主要包括市场的信息是完全充分的和对称的、金融市场是完全有效的、理性预期成立、投资者属于风险厌恶等内容，这些基本假设在整体市场、特定企业中难以完全满足，使得资本资产定价模型受到一定的挑战。

尽管如此，资本资产定价模型仍然提供了估计股权资本成本的合理框架，包含了风险种类和风险测度的思想，是企业价值评估理论的一个突破性发展，为股权资本收益率的计量提供了一条有效途径。目前，资本资产定价模型是估计股权资本成本时被广泛使用的方法。当企业所属经济环境内的资本市场数据充分，且可找到与目标企业可比的上市公司数据时，可选用资本资产定价模型测算股权资本成本。不过，评估专业人员有必要认识到模型本身存在的局限性，以便在评估实务中加以改进。

2. 套利定价模型

套利定价模型（APT）是由斯蒂芬·罗斯（Stephen Ross）于1976年提出的，该模型以收益率形成过程的多因子模型为基础，认为证券收益率与一组因子线性相关，这组因子代表资产收益率的一些基本因素，且假设均衡中的资产收益取决于多个不同的外生因素。套利定价模型拓展了更多影响风险资产收益的因素，并根据无套利原则，得到风险资产均衡收益与多个因素之间存在线性关系的结论。

当资产的期望收益率与按照套利定价模型公式确定的收益率不符时，人们就可以通过低买高卖赚取差价，直至市场均衡无套利存在。当且仅当期望收益率是敏感性的线性函数时，不存在套利机会，这时市场达到均衡。则有：

$$E(r_i)=\lambda_0+\beta_{i1}\lambda_1+\beta_{i2}\lambda_2+\cdots+\beta_{ik}\lambda_k$$

式中：$E(r_i)$——资产i（i=1，2，…，n）的预期报酬率；λ_0——零系统风险（$\beta_{i1}=\beta_{i2}=\cdots=\beta_{ik}=0$）资产或零$\beta$组合的期望收益率；$\lambda_j$——$j$=1，2，… k，k个相互独立的因子风险溢价；β_{ij}——第j个风险溢价和资产i之间的定价关系，反映资产i对第j个影响因素的敏感度。

如果市场有无风险资产，则上式即为套利定价模型，即套利定价模型的公式如下：

$$E(r_i)=r_f+\beta_{i1}\lambda_1+\beta_{i2}\lambda_2+\cdots+\beta_{ik}\lambda_k$$

$$E(r_i)=r_f+\beta_{i1}(\delta_1-r_f)+\beta_{i2}(\delta_2-r_f)+\cdots+\beta_{ik}(\delta_k-r_f)$$

式中：r_f——无风险报酬率；δ_j——j=1，2…k，因素j对应的因素资产收益率。

从上述套利定价模型可以看出，资产的期望收益率是建立在资产的因子敏感系数和因子的风险溢价之上的，每项资产i的期望收益率都可以表示为无风险报酬率和该资产对k个共同因子风险溢价的线性组合。

建立套利定价模型的关键在于因素的筛选。套利定价模型虽然较为全面地解释了收益率，在形式上能更好地依靠数理统计，但该模型并没有指出影响证券的具体因素及数量。在实务中，套利定价模型的因素筛选通常采用以下两种方法：一是采用因素分析或主成分分析的统计方法求解真正独立的理想状态的共同因素；二是人为设定一组宏观经济变量，用这些变量对资产收益率进行回归，并通过拟合程度的显著性检验确定最终的共同因素。

3. 三因素模型

三因素模型也称Fama-French三因素模型，是由法玛（Fama）和弗兰奇（French）于1992年提出的。该模型认为，一个投资组合（包括单个股票）的超额回报率按照以下三个因素进行回归计算得出：市场的超额回报率、期望的规模风险溢价、期望的价值风险溢价。三因素模型的计算公式如下：

$$E(r_i)=r_f+(B_i\times ERP)+(s_i\times SMBP)+b_i\times HMLP)$$

式中：$E(r_i)$——目标证券i的预期报酬率；r_f——无风险报酬率；B_i——公司i的β系数，并不等同于资本资产定价模型中的β系数；ERP——市场风险溢价；s_i——股票的预期报酬率对公司大小的敏感程度；$SMBP$——期望的规模风险溢价，用小规模股票市值组合与大规模股票市值组合的历史年回报率的差额进行估计；b_i——股票的预期报酬率对账面价值市值比的敏感程度；*HMLP*——期望的价值风险溢价，高账面价值市值比相对于低账面价值市值比的超额回报率。

4. 风险累加法

运用风险累加法求得股权资本成本的思路是股权资本成本等于无风险报酬率加上各种风险报酬率，其计算公式如下：

$$R_e = R_f + R_r$$

式中：R_e——股权资本成本；R_f——无风险报酬率；R_r——风险报酬率。

无风险报酬率的确定方法与资本资产定价模型中的无风险报酬率的确定方法相同。运用风险累加法估算股权资本成本，关键在于企业所面临的各种风险报酬率的确定。企业在其持续经营过程中可能要面临许多风险，包括行业风险、经营风险、财务风险和其他风险，将企业可能面临的风险量化在回报率上并累加，便可得到股权资本成本中的风险报酬率。用数学公式表示如下：

风险报酬率 = 行业风险报酬率 + 经营风险报酬率 + 财务风险报酬率 + 其他风险报酬率

行业风险主要指企业所在行业的市场特点、投资开发特点，以及国家产业政策调整等因素造成的行业发展不确定性给企业未来收益带来的影响。经营风险是指企业在经营过程中，由于市场需求变化、生产要素供给条件变化，以及同类企业间的竞争给企业的未来收益带来的不确定性影响。财务风险是指企业在经营过程中的资金融通、资金调度、资金周转可能出现的影响企业未来收益的不确定性因素。其他风险是指除行业风险、经营风险、财务风险以外的其他个别风险。

（三）加权平均资本成本

1. 债务资本成本

债务资本成本是被评估企业融资时所发行债券、向银行借款、融资租赁等所借债务的成本，也是被评估企业的债权投资者投资被评估企业所期望得到的投资回报率。债务资本成本主要受即期利率水平、企业违约风险和贷款期限的长短等因素的影响。同一时期的不同企业，由于企业的经营状况不同、资本结构不同，企业的偿债能力也会有所不同，企业债权人承担的投资风险也不尽相同，因此，债权投资者所期望的投资回报率也不尽相同。同一企业在不同时期，不仅企业的偿债能力可能会改变，贷款利率的市场行情和债权投资者自身的资金成本也可能发生变化，这些因素均可能导致债权投资者所期望的投资回报率发生变化。对债务资本成本进行估算主要有基于银行贷款利率进行估算、基于企业债券利率进行估算和风险调整法。

（1）基于银行贷款利率估算债务资本成本

这是以评估基准日现行的银行贷款利率市场行情，结合被评估企业的偿债能力，进而估算债务资本成本的一种方法。这种方法较为直观、简便，目前在国内运用较为广泛。

需要注意的是，在基于银行贷款利率估算债务资本成本过程中，不宜直接将贷款市场报价利率（*LPR*）作为被评估企业的债务资本成本。经国务院批准，自2013年7月20日起全面放开金融机构贷款利率管制，贷款利率已全面市场化，银行向被评估企业发放贷款，其贷款利率不仅受即期利率水平、贷款期限的影响，还会受被评估企业经营业绩、资本结构、信用等级、抵质押情况及第三方担保等因素的影响，在多种因素共同作用下按市场机制形成借贷双方均可接受的贷款利率。当然，贷款利率虽已全面市场化，但中国人民银行授权全国银行间同业拆借中心公布的贷款市场报价利率仍然具有较强的导向和信号作用。因此，在基于银行贷款利率估算债务资本成本的过程中，通常可在全国银行间同业拆借中心公布的贷款市场报价利率基础上，考虑被评估企业的贷款期限、经营业绩、资本结构、信用等级、抵质押情况及第三方担保等情况后，综合进行分析和判断。

（2）基于企业债券利率估算债务资本成本

这是以评估基准日企业发行债券的到期回报率为基础估算债务资本成本的一种方法。运用这种方法，通常要求具有较为发达的债券交易市场，因此，目前该方法在成熟市场经济国家运用较为广泛。

在成熟市场经济国家，其债券交易市场比较发达，有很多不同类别的债券在市场上公开交易。另外，也都有专业的债券评级机构根据债券发行主体偿债能力等因素，对市场上公开交易的债券进行评级。例如，目前在美国主要有标准普尔公司和穆迪投资服务公司提供评级服务。标准普尔公司信用等级标准由高到低划分为AAA级、AA级、A级、BBB级、BB级、B级、CCC级、CC级、C级和D级；穆迪投资服务公司信用等级标准由高到低划分为Aaa级、Aa级、A级、Baa级、Ba级、B级、Caa级、Ca级、C级和D级。随着级别的降低，债券发行人偿债的能力降低，投资风险随之增加，债券投资者期望的债券收益率也相应提高。

如果企业目前有上市的长期债券，则可使用到期收益率法计算税前债务资本成本。如果企业没有上市债券，通常需要在债券市场上找到与被评估企业类似的债券发行主体企业发行的债券作为参照，计算参照债券的到期回报率，并经适当修正后，得出被评估企业债券的期望投资回报率。与被评估企业类似的债券发行主体，就是债券发行主体的信用等级与被评估企业的信用等级类似。如果被评估企业没有进行信用等级评价，可根据被评估企业的偿债能力分析估计可以达到的信用等级。对于具有持续经营能力的企业，企业偿债能力主要表现为已获利息倍数，即企业息税前利润除以当期企业应支付的债务利息总额所得的倍数。

（3）风险调整法

使用风险调整法估计债务资本成本，就是在同期国债到期收益率的基础上加上企业的信用风险补偿率。其计算公式如下：

$$债务资本成本 = 国债到期收益率 + 企业的信用风险补偿率$$

企业的信用风险补偿率的大小可以根据信用级别来估计。具体做法如下：第一，选择若干信用级别与被评估企业相同的上市公司债券；第二，计算这些上市公司债券的到期收益率；第三，计算与这些上市公司债券同期的国债到期收益率；第四，计算上述两个到期收益率的差额，即信用风险补偿率；第五，计算信用风险补偿率的平均值，作为被评估企业的信用风险补偿率。

2. 加权平均资本成本

加权平均资本成本（Weighted Averge Cost of Capital，*WACC*）是指将企业来自各种

渠道的资本成本，按照各自在总资本中的比重进行加权平均。企业的总资本也成为企业的全投资，包括企业权益资本和债务资本。因此，加权平均资本成本也称为全投资折现率，等于企业权益资本的回报率与债务资本的回报率的加权平均值。

加权平均资本成本通常被当成企业全投资的投资回报率或者折现率。例如，对企业自由现金流量采用加权平均资本成本进行折现，得到企业整体价值。现以对企业自由现金流量进行折现得出企业整体价值的过程为例，推导加权平均资本成本的计算公式如下：

$$企业的全部投资 = 权益资本 E + 债务资本 D$$

企业自由现金流量（$FCFF$）= 净利润 + 债务利息 ×（1 − 企业所得税税率 T）+ 折旧及摊销 − 资本性支出 − 营运资金增加

则，在资本化方式下：

$$企业整体价值 = \frac{FCFF}{WACC}$$

$$WACC = \frac{FCFF}{企业整体价值}$$

企业整体价值等于权益资本价值和债务资本价值的合计数，所以：

$$\begin{aligned} WACC &= \frac{FCFF}{D+E} \\ &= \frac{FCFF - 债务利息 \times (1-T) + 债务利息 \times (1-T)}{D+E} \\ &= \frac{FCFF - 债务利息 \times (1-T)}{D+E} + \frac{债务利息 \times (1-T)}{D+E} \\ &= \frac{FCFF - 债务利息 \times (1-T)}{D+E} \times \frac{E}{E} + \frac{债务利息 \times (1-T)}{D+E} \times \frac{D}{D} \\ &= \frac{FCFF - 债务利息 \times (1-T)}{E} \times \frac{E}{D+E} + \frac{债务利息 \times (1-T)}{D} \times \frac{D}{D+E} \\ &= \frac{E}{D+E} \times R_e + \frac{D}{D+E} \times R_d \times (1-T) \end{aligned}$$

因此，加权平均资本成本的计算公式如下：

$$WACC = \frac{E}{D+E} \times R_e + \frac{D}{D+E} \times R_d \times (1-T)$$

式中：R_e——权益资本的投资回报率；R_d——债务资本的投资回报率。

$FCFF$−债务利息×（1−T）=净利润+债务利息×（1−T）+折旧及摊销−资本性支出−营运资金增加−债务利息×（1−T）=净利润 +折旧及摊销−资本性支出−营运资金增加=假设债务资本不变时的股权自由现金流量（$FCFE$），即为权益资本产生的自由现金流量。因此$\frac{FCFF - 债务利息 \times (1-T)}{E}$实际就是权益资本的投资回报率$R_e$。

【例 5-1】A公司长期资金10 000万元，其中债务资本4 000万元，权益资本6 000万元。企业借入债务年利率为5%，β值为1.4，所得税税率为25%，且无风险报酬率为3%，市场平均的预期报酬率为10%。

要求：计算该企业的 $WACC$。

解：（1）计算权益资本成本 R_e。

$R_e=R_f+\beta\times(R_m-R_f)=3\%+1.4\times(10\%-3\%)=12.8\%$

（2）计算加权平均资本成本 $WACC$。

$$WACC=\frac{E}{D+E}\times R_e+\frac{D}{D+E}\times R_d\times(1-T)$$
$$=\frac{6\,000}{10\,000}\times 12.8\%+\frac{4\,000}{10\,000}\times 5\%\times(1-25\%)=9.18\%$$

当企业的权益资本由普通股和优先股构成时，加权平均资本成本计算公式可扩展如下：

$$WACC=\frac{C}{D+C+P}\times R_c+\frac{P}{D+C+P}\times R_p+\frac{D}{D+C+P}\times R_d\times(1-T)$$

式中：C——普通股股本；P——优先股股本；R_c——普通股的投资回报率；R_p——优先股的投资回报率。

推广到一般情况，加权平均资本成本的计算公式如下：

$$WACC=\sum R_j W_j$$

式中：R_j——第 j 种个别资本成本；W_j——第 j 种个别资本占全部资本的比重。

个别资本成本可以采用税前或税后成本，但应与企业自由现金流的口径匹配。在评估实务中，个别资本成本和企业自由现金流量多采用税后口径。

任务三　股利折现模型在企业价值评估中的应用

任务描述

股利折现模型是收益法评估企业价值模型之一，认为股票的投资价值是未来全部股利的现值。本任务主要介绍股利折现模型的具体形式。通过学习，掌握股利折现模型在企业价值评估中的应用及注意事项，客观、科学地评估企业价值。

相关知识

股利是企业向投资者分配的利润。股利的获得要通过企业的利润分配过程来实现。利润分配是企业按照国家有关法律、法规和企业章程的规定，在兼顾股东与债权人及其他利益相关者的利益关系基础上，将实现的利润在企业与企业所有者之间、企业内部的有关项目之间、企业所有者之间进行分配的活动。利润分配决策是股东当前利益与企业未来发展之间权衡的结果，将引起企业的资金存量、股东权益规模及结构的变化，也将对企业内部的筹资活动和投资活动产生影响。

一、股利折现法的具体形式

（一）基本形式

威廉姆斯（Williams）在1938年首先提出了股利折现模型（Dividend Discounted Model，DDM），认为股票的投资价值是未来全部股利的现值，其计算公式如下：

$$V=\sum_{t=1}^{\infty}\frac{DPS_t}{(1+R_e)^t}$$

式中：V——股票价值；DPS_t——第t年每股预期股利；R_e——股权资本成本。

股利折现法有两个基本变量：期望股利和股权资本成本。期望股利取决于对企业未来收益、股利支付率和收益增长率的假设；股权资本成本，即股权投资者的期望报酬率，是由股票的风险决定的。

（二）基本形式的演化

根据对未来股利期限的不同假设，上述计算公式可演化出不同的股利折现模型。

1. 零增长模型

零增长模型也称为固定股利模型，该模型假设企业的收益期无限且企业收益期中各年的股利固定不变。其计算公式如下：

$$V=\frac{DPS}{R_e}$$

由于普通股的股利一般情况下不会是永续不变的，因此，该模型常用于对优先股或处于成熟阶段的企业价值评估。

2. 固定增长模型

1956年，戈登和夏皮罗（Gordon and Shapiro）在威廉姆斯股利折现模型的基础上，通过一系列假设对公式进行了扩展，提出了固定增长模型，也称戈登模型，其计算公式如下：

$$V=\frac{DPS_1}{R_e-g}$$

式中：DPS_1——下期期望股利；R_e——股权资本成本；g——持续稳定的股利增长率，且$g<R_e$。

固定增长模型适用于收益期无限且稳定成长的企业价值评估，它要求股利增长率保持永久不变。如果股利零增长，即$g=0$，则固定增长模型就变成了零增长模型。

【例5-2】A公司经营处于稳定增长阶段，具有稳定的财务杠杆比率。2023年的每股收益为2元，股利支付率为50%，预期股利和每股收益以每年3%的速度永续增长，A公司的β值为0.8，无风险利率为3%，市场收益率为10%。

要求：

（1）请用股利增长模型计算股票的每股价值。

（2）假设市场上股票的交易价格是25元，请计算符合股票价格合理性的股利增长率。

解：（1）每股股利 DPS_0 = 每股收益×股利支付率 = 2 × 50% = 1（元）

股利增长率 $g = 3\%$

股权资本成本 $R_e = R_f + \beta \times (R_m - R_f) = 3\% + 0.8 \times (10\% - 3\%) = 8.6\%$

股票价值 $V = \dfrac{1 \times (1 + 3\%)}{8.6\% - 3\%} = 18.39$（元）

（2）根据上述公式将数据代入可得：

$$25 = \frac{1 \times (1 + g)}{8.6\% - g}$$

解得：$g = 4.42\%$。

为了确保公司股票价格为25元的合理性，公司的股利增长率应为4.42%。

在使用固定增长模型时，应注意两个问题：一是股利增长率要和企业的利润指标增长率相一致。要保证股利在一个足够长的时期内固定增长，企业其他主要绩效指标（如盈利指标）也应按相同的比率增长，如果一个企业真正处于稳定状态的话，则可以用盈利增长率来代替股利增长率。二是要注意任何企业都很难维持一个高于经济平均增长水平的增长率的规律。事实上，从长期看，企业的增长率也不可能超过所在行业的平均增长速度。在确定增长率的时候，应全面而深入地分析整个经济环境和相关行业的未来发展状况。

3. 两阶段增长模型

麦吉尔（Malkiel）1963年提出的两阶段增长模型将增长率分成两个阶段：非常增长阶段（预测期）和稳定增长阶段（永续期）。

$$V = \sum_{t=1}^{n} \frac{DPS_t}{(1 + R_{e,ex})^t} + \frac{DPS_{n+1}}{(R_{e,st} - g_n)(1 + R_{e,ex})^n}$$

式中：DPS_t——第 t 期每股期望股利；$R_{e,ex}$——非常增长阶段的股权资本成本；$R_{e,st}$——稳定增长阶段的股权资本成本；g_n——n 年以后稳定的股利增长率。

两阶段增长模型是对固定增长模型的改进，许多企业在进入稳定增长阶段之前会有一个高速增长阶段，增长速度甚至可能大于股权资本成本。两阶段增长模型适用于在相当一个时期将保持高速增长，然后进入稳定增长阶段且稳定增长阶段的收益期无限的企业。例如，在今后一段时期拥有高利润产品的专利权，企业将在专利保护期间保持一个高速增长率；或者，由于产业具有进入壁垒（行政、技术、资本方面的壁垒），该产业内的企业将保持一个较高的增长率。

如果在前 n 年股利增长率和股利支付比例不变，假设前 n 年增长率为 g，两阶段增长模型如下：

$$V = \frac{DPS_0(1 + g)\left[1 - \dfrac{(1 + g)^n}{(1 + R_{e,ex})^n}\right]}{R_{e,ex} - g} + \frac{DPS_{n+1}}{(R_{e,st} - g_n)(1 + R_{e,ex})^n}$$

4. 三阶段增长模型

按照上述两阶段增长模型，非常增长阶段的增长率是在非常增长阶段的末期突然转化为稳定增长阶段增长率的，没有设置一个过渡期间，这存在一定的局限性。因此，在两阶段增长模型的基础上，增加一个过渡期，可形成三阶段增长模型。在稳定增长阶段的收益期为无限时，三阶段增长模型的计算公式如下：

$$V=\sum_{t=1}^{ni}\frac{DPS_t}{(1+R_{e,ex})^t}+\sum_{t=n_1+1}^{n}\frac{DPS_{t-1}\times(1+g)}{(1+R_{e,ex})^t}+\frac{DPS_n(1+g_n)}{(R_{e,st}-g_n)(1+R_{e,ex})^n}$$

三、股利折现模型使用的注意事项

（一）股利折现模型的应用条件

股利折现模型理论的实质是股利决定股票价值。该理论认为到手的股利比用于再投资的留存收益更有价值，股东投资股票的根本目的在于获取股利，在永久持有股票的条件下，股利是股东投资股票获得的唯一现金流量，因此股利是决定股票价值的主要因素，而盈利等其他因素对股票价值的影响只能通过股利间接地表现出来。因此，股利折现模型的应用，要求标的企业股利分配政策较为稳定，且能够对股东在预测期及永续期可以分得的股利金额作出合理预测。

在企业价值评估实务中，股利折现模型通常适用于缺乏控制权的股东部分权益价值的评估。

（二）股利折现模型中非经营性资产、非经营性负债和溢余资产的处理

在运用股利折现模型计算股利价值时，若被评估企业存在较多的非经营性资产、非经营性负债和溢余资产，则应恰当考虑这些项目的影响。具体而言，若被评估企业已制订对非经营性资产、非经营性负债、溢余资产的处置及分配计划，在对股东未来预计能够分得的股利进行预测时，应当考虑非经营性资产、非经营性负债和溢余资产的处置及分配因素带来的影响。若被评估企业并无对非经营性资产、非经营性负债和溢余资产的处置及分配计划，且在对股东未来预计能够分得的股利进行预测时，无法通过合理的方法将非经营性资产、非经营性负债和溢余资产对股利可能产生的影响考虑在内，则评估专业人员应当重新评价和判断运用股利折现模型开展股权评估的适用性。

应特别注意的是，在运用股利折现模型对缺乏控制权的股权价值进行评估时，并不存在这样一种方法：将被评估企业的非经营性资产、非经营性负债和溢余资产从被评估企业中分离出来单独进行评估后，再乘以特定股东的持股比例，得出特定股东享有的非经营性资产、非经营性负债和溢余资产的净额，再将该净额与股利折现模型相加，得出特定股东的股权价值。因为缺乏控制权的股东往往无法影响或决定被评估企业非经营性资产、非经营性负债和溢余资产的处置和分配。

（三）股利增长率与股利支付率的关系

运用两阶段增长模型，要注意股利增长率与股利支付率的区别。一般而言，在非常增长阶段，股利支付率较低；在稳定增长阶段，股利支付率较高。在投入资本回报率大于资本成本且股利分配政策不变的前提下，股利支付率较低，表示更多的收益留存用于扩大再生产，股利的增长率较大；股利支付率较高，表示较少的收益留存用于扩大再生产，股利的增长率较低。

任务四　股权自由现金流量折现模型在企业价值评估中的应用

任务描述

如果企业以不变的增长率持续增长，那么可以用稳定增长的股权自由现金流量折现模型评价企业价值。本任务主要介绍股权自由现金流量的概念、计算和折现模型的具体形式。通过学习，掌握股权自由现金流量的计算方法和股权自由现金流量折现模型在企业价值评估中使用的注意事项，客观、科学地评估企业价值。

相关知识

一、股权自由现金流量

（一）股权自由现金流量的概念

股权自由现金流量（Free Cash Flow of Equity，*FCFE*）可被理解为股东可自由支配的现金流量。股东是企业股权资本的所有者，拥有企业产生的全部现金流量的剩余要求权，即拥有企业在满足了全部财务要求和投资要求后剩余现金流量。股权自由现金流量就是在扣除经营费用、偿还债务资本对应的本息支付和保持预定现金流量增长所需要的全部资本性支出后的现金流量。

（二）股权自由现金流量的计算

1. 计算公式

根据股权自由现金流量的概念，股权自由现金流量的计算公式如下：

$$\text{股权自由现金流量} = (\text{税后净营业利润} + \text{折旧及摊销}) - (\text{资本性支出} + \text{运营资金增加}) - \text{税后利息费用} - \text{付息债务的净偿还}$$

式中：税后净营业利润也称为息前税后净利润，是指将企业不包括利息收支的营业利润扣除实际所得税金之后的数额，即：税后净营业利润 = 净利润 + 利息费用 ×（1 − 所得税税率）；税后利息费用 = 利息费用 ×（1 − 所得税税率）；付息债务的净偿还 = 偿还付息债务本金 − 新借付息债务。

因此，上述计算公式可以表示如下：

$$
\begin{aligned}
\text{股权自由现金流量} &= [\text{净利润} + \text{利息费用} \times (1 - \text{所得税税率}) + \text{折旧及摊销}] - (\text{资本性支出} + \text{营运资金增加}) - \\
&\quad \text{利息费用} \times (1 - \text{所得税税率}) - (\text{偿还付息债务本金} - \text{新借付息债务}) \\
&= (\text{净利润} + \text{折旧及摊销}) - (\text{资本性支出} + \text{营运资金增加}) - (\text{偿还付息债务本金} - \text{新借付息债务}) \\
&= \text{净利润} + \text{折旧及摊销} - \text{资本性支出} - \text{营运资金增加} - \text{偿还付息债务本金} + \text{新借付息债务}
\end{aligned}
$$

此外，因为：

$$\text{企业自由现金流量} = \text{股权自由现金流量} + \text{债权自由现金流量}$$

$$\text{债权自由现金流量} = \text{税后利息支出} + \text{偿还债务本金} - \text{新借付息债务}$$

则：

$$
\begin{aligned}
\text{股权自由现金流量} &= \text{企业自由现金流量} - \text{债权自由现金流量} \\
&= \text{企业自由现金流量} - \text{税后利息支出} - \text{偿还债务本金} + \text{新借付息债务}
\end{aligned}
$$

2. 折旧及摊销

尽管折旧及摊销属于税前列支的费用，但是与其他费用不同，折旧及摊销属于非现金费用，它是将企业以前购置的固定资产和无形资产的成本在当期进行分摊，以反映当期对这些固定资产和无形资产的损耗，这是权责发生制原则的体现。因企业以前购置固定资产和无形资产时已经产生相应的现金流出，在计提折旧及摊销时并不会产生现金流出，只是会计核算上的一个成本费用分摊过程。因此，在计算股权自由现金流量过程中，需要在净利润的基础上加计提折旧及摊销金额。

3. 资本性支出

资本性支出是企业用于购建固定资产和无形资产等长期资产的支出金额。企业的持续经营往往伴随着资本性支出的发生，这是因为企业的生产经营活动会消耗或损耗企业的固定资产和无形资产等长期资产，而这些长期资产往往是形成企业生产或服务的基础资产，为维持或扩大企业的生产或服务能力，必须使这些长期资产不断增加。因此，资本性支出通常由两部分组成：一是为维持企业的生产或服务能力，对消耗或损耗的固定资产和无形资产等长期资产进行弥补，以实现这些长期资产的更新和改造；二是当企业需要增加生产或服务能力时，需要追加投入形成企业生产或服务能力的长期资产。

4. 营运资金增加额

在财务管理领域，通常将营运资金表述为企业流动资产减流动负债后的余额。在采用收益法对企业价值进行评估的过程中，通常需要将企业的价值区分为经营性资产价值和非经营性资产价值，并分别进行评估，非经营性资产价值是指非经营性资产、非经营性负债和溢余资产的合计净额。对非经营性资产，需要单独评估后，与经营性资产价值相加，得到企业价值评估结果。收益法在企业价值评估中的运用，其实仅针对经营性资产。因此，在企业价值评估领域，营运资金其实是经营营运资金的简称，经营营运资金是指经营性流动资产和经营性流动负债的差额。

经营性流动资产包括经营性现金和其他经营性流动资产。经营性现金是指经营周转所必需的现金，不包括超过经营需要的金融资产（有价证券等）。其他经营性流动资产包括存货和应收账款等经营活动中占用的非金融流动资产。

经营性流动负债是指应付职工薪酬、应交税费、应付账款等依据法规和惯例形成的负债。它们是在经营活动中自发形成的，不需要支付利息，也称为自发性负债。经营性流动负债虽然需要偿还，但是新的经营性流动负债不断出现，具有不断继起、滚动存在的长期性，因此被视为一项长期资金来源。经营性流动负债可以抵减公司对经营性流动资产的投资额。

营运资金增加额是指当期营运资金减去上期营运资金的余额。在预测期，首先计算各年度所需的营运资金，然后以当期营运资金减上期营运资金，得出当期营运资金增量。当某年度营运资金增量为正数时，表示该年度的经营活动需占用更多的现金，相应减少当期的自由现金流量；当某年度营运资金增量为负数时，表示该年度的经营活动可减少现金占用，这些减少的现金加计至自由现金流量中，相应地增加当期的自由现金流量。企业营运资金的需要量在很大程度上取决于被评估企业所在的行业类型、被评估企业的资产和经营规模的增长情况、生产效率及信用政策等。

企业除了资本性支出以外，还要投资营运资金。在企业业务规模处于快速变化的周期中或当企业的信用政策、生长周期发生显著改变时，相应年度的营运资金增加额的波动幅度很大，会对相应年度的自由现金流量产生重大影响，在这样的情况下，营运资金计算的可靠性和准确性在很大程度上决定着自由现金流量的准确性。

5. 债务资本

债务资本是企业向债务资本投资者筹集的资金，通常包括短期借款、长期借款、应付债券等需要支付债务利息的项目，债务资本也称付息债务或付息负债。

债务资本是企业重要的资本来源，只靠权益资本而不运用债务资本是难以满足资本需要的。债务资本是与权益资本不同的资本筹集方式。与后者相比，债务资本的特点表现为：筹集的资金具有使用上的时间性，需要到期偿还；不论企业好坏，需要固定支付债务利息，从而形成企业固定的负担；其资本成本一般比普通股筹资成本低，且不会分散投资者对企业的控制权。

二、股权自由现金流量折现模型的具体形式

（一）基本公式

以股权自由现金流量为收益口径进行折现求得股东全部权益价值的模型，即为股权自由现金流量折现模型。股权自由现金流量折现模型的基本公式如下：

$$EV=\sum_{t=1}^{n}\frac{FCFE_t}{(1+R_e)^t}$$

式中：EV——股权全部权益价值；R_e——权益回报率；$FCFE_t$——第 t 年的股权自由现金流量。

股权自由现金流量折现模型的上述基本公式隐含着这样一个假设：企业未来收益期的股权自由现金流量是在每期的期末产生或实现的，即进行年末折现。如果企业未来预

期股权自由现金流量并非在每期的期末产生，则应当对上述具体模型中的折现年数进行调整。例如，假设企业的股权自由现金流量在年度中差不多是均匀产生的，则需要将分母中的折现年数减去半年，这种做法可称为年中折现法。按年中折现法进行修正后的基本公式如下：

$$EV=\sum_{t=1}^{n}\frac{FCFE_t}{(1+R_e)^{t-0.5}}$$

年中折现法也可以运用于基本公式的演化或模型中。年中折现法可以有一种便捷途径：先简单用（$1+R_e$）$^{0.5}$乘以折现各期现金流量，再进行年末折现，即在分子中将收益加速半年。也就是说，对于采用年末折现法的计算公式，通过乘以（$1+R_e$）$^{0.5}$即可将其转换为年中折现法的公式。

（二）基本公式的演化

1. 资本化公式

与股利折现模型中的稳定增长模型类似，如果企业的股权自由现金流量以一个不变的增长率持续增长且收益期无限，那么可以用稳定增长的股权自由现金流量评估股东全部权益价值。资本化公式如下：

$$EV=\frac{FCFE_1}{C}$$

$$C=R_e-g$$

式中：$FCFE_1$——评估基准日之后第一期的股权自由现金流量；C——资本化率；g——固定增长率。

股权自由现金流量处于稳定状态的企业应符合拥有稳定状态的特征。例如，固定增长率应该与宏观增长率相协调，企业的资本性支出与折旧及摊销之间基本抵销，并且企业平衡运行，风险适中。

2. 两阶段模型

如果被评估企业的未来收益预计会在一定时间内快速波动，然后进入稳定发展阶段且稳定发展阶段的收益期是无限的，则适用于两阶段模型。两阶段模型的计算公式如下：

$$EV=\sum_{t=1}^{n}\frac{FCFE_t}{(1+R_e)^t}+\frac{FCFE_{n+1}}{(R_e-g)\times(1+R_e)^n}$$

式中：$FCFE_t$——预计第t年的股权自由现金流量；$FCFE_{n+1}$——第n+1年的股权自由现金流量。

也可以表示如下：

$$EV=\sum_{t=1}^{n}\frac{FCFE_t}{(1+R_e)^t}+\frac{FCFE_n\times(1+g)}{(R_e-g)\times(1+R_e)^n}$$

【例5-3】A企业预计未来5年的预期股权自由现金流量为100万元、120万元、150万元、160万元和200万元。根据企业的实际情况推断，从第6年开始，企业的年股权自由现金流量将维持在200万元的水平。假定权益回报率为10%。

要求：估测A企业的价值。

解：运用公式计算如下：

$$EV=\sum_{t=1}^{n}\frac{FCFE_t}{(1+R_e)^t}+\frac{FCFE_n}{R_e}\times\frac{1}{(1+R_e)^n}$$

$$=\frac{100}{1+10\%}+\frac{120}{(1+10\%)^2}+\frac{150}{(1+10\%)^3}+\frac{160}{(1+10\%)^4}+\frac{200}{(1+10\%)^5}+\frac{200}{10\%}\times\frac{1}{(1+10\%)^5}$$

=1 778（万元）

【例5-4】沿用【例5-3】的资料，假如评估专业人员根据企业的实际情况推断，企业从第6年起，股权自由现金流量将在第5年的水平上以2%的增长率保持增长，其他条件不变。

要求：估测A企业的价值。

解：运用公式计算如下：

$$EV=\sum_{t=1}^{n}\frac{FCFE_t}{(1+R_e)^t}+\frac{FCFE_n\times(1+g)}{(R_e-g)\times(1+R_e)^n}$$

$$=\frac{100}{1+10\%}+\frac{120}{(1+10\%)^2}+\frac{150}{(1+10\%)^3}+\frac{160}{(1+10\%)^4}+\frac{200}{(1+10\%)^5}+\frac{200\times(1+2\%)}{(10\%-2\%)\times(1+10\%)^5}$$

= 2 120(万元)

如果企业在第一阶段的股权自由现金流量也按固定增长率增长，只是第一阶段的固定增长率不同，假设第一阶段（前n年）的固定增长率为g，第二阶段（稳定增长期）的固定增长率为g_n，则两阶段增长模型如下：

$$EV=\frac{FCFE_0\times(1+g)}{R_e-g}\times\left[1-\left(\frac{1+g}{1+R_e}\right)^n\right]+\frac{FCFE_0\times(1+g)^n\times(1+g_n)}{(R_e-g_n)\times(1+R_e)^n}$$

3. 三阶段模型

按照上述两阶段模型，第一阶段增长率较高而且稳定，然后突然下降到稳定增长阶段，高增长的第一阶段和稳定增长的第二阶段之间没有设置一个过渡期间，这存在一定的局限性。因此，在两阶段模型基础上，增加一个过渡期，可形成三阶段模型。

三阶段包括初始高增长阶段、增长率下降的转换阶段和稳定增长阶段，股东全部权益价值是三个阶段的股权自由现金流量的现值之和。在稳定增长阶段的收益期为无限时，三个阶段模型的计算公式如下：

$$EV=\sum_{t=1}^{n1}\frac{FCFE_t}{(1+R_e)^t}+\sum_{t=n1+1}^{n}\frac{FCFE_{t-1}\times(1+g)}{(1+R_e)^t}+\frac{FCFE_n\times(1+g_n)}{(R_e-g_n)\times(1+R_e)^n}$$

三、使用股权自由现金流量折现模型的注意事项

（一）股权自由现金流量折现模型的应用条件

采用股权自由现金流量折现模型评估股东全部权益价值，需要分别预测企业未来收益期的股权自由现金流量，并根据预测的股权自由现金流量的风险拟定折现率。因此，股权自由现金流量折现模型的应用条件包括两项：一是能够对企业未来收益期的股权自由现金流量作出预测；二是能够合理量化股权自由现金流量预测值的风险。在计算股权

自由现金流量的过程中，除了净利润、折旧及摊销、资本性支出和营运资金增加额以外，新发行债务和偿还本金等参数也是股权自由现金流量的重要构成内容，能否对这些参数作出合理预测或判断，决定着能否采用股权自由现金流量折现模型。

（二）股权自由现金流量折现模型中折现率的选择

股权自由现金流量是企业股东可自由支配的现金流量，属于权益资本口径的收益指标。按照折现率应当与其对应的收益口径相匹配的原则，对股权自由现金流量进行折现，应采用股权资本成本。股权资本成本通常可采用资本资产定价模型、套利定价模型、三因素模型和风险累加法进行计算。

（三）永续价值的计算

当采用股权自由现金流量折现模型中的两阶段模型或三阶段模型对收益无限期的企业进行评估时，稳定增长阶段的价值也成为永续价值。在评估实务中，大多数企业的永续价值占总价值的比例超过50%，因此，永续价值的计算对企业价值评估至关重要。当永续价值占总价值之比很大时，并不完全代表企业价值均是在永续期实现的，一般来说，永续价值占总价值之比较大，可能是因为预测期的自由现金流量被当期新增的资本性支出和营运资金的增加额所抵减，而预测期发生的资本性支出等现金流出对永续价值产生积极影响。在通常情况下，预测期越短，永续价值占企业价值的比例越大。在企业的稳定增长阶段，股利自由现金流量的永续增长率应小于股权资本成本。永续增长率与股权资本成本差距越小，模型结果对增长率假设的变化就越敏感。

应特别注意的是，计算永续价值的$FCFE_n$不必然等于预测期最后一期的股权自由现金流量。计算永续价值的$FCFE_n$应在预测期最后一期的股权自由现金流量基础上进行标准化调整，消除一个或者多个偶然因素的影响。例如，进行非经常性损益调整；将资本性支出和营运资金的金额调整至反映永续增长率所要求的水平。在永续价值的计算过程中，一个通常的假设是永续期的资本性支出与当期的折旧及摊销金额的合计数保持平衡，这样的假设仅适用于永续期增长率为零的情形；若永续增长率大于零，则不能使用这样的假设，而应在估算永续期的资本性支出的增长后使用逐期明细表计算预估折旧及摊销的基础上，合理确定永续期的资本性支出金额与折旧及摊销金额。将预测期最后一期的股权自由现金流量机械地作为永续价值的$FCFE_n$可能会导致明显的错误。

任务五 企业自由现金流量折现模型在企业价值评估中的应用

任务描述

与股利固定增长模型及股权自由现金流量稳定增长模型一样，当企业以某一固定的增长率增长时，可以使用稳定增长的企业自由现金流量折现模型进行评估。本任务主要介绍企业自由现金流量的概念、计算和折现模型的具体形式。通过学习，掌握企业自由现金流量的计算方法和企业自由现金流量折现模型在企业价值评估中使用的注意事项，科学评估企业价值。

相关知识

一、企业自由现金流量

（一）企业自由现金流量的概念

企业自由现金流量（Free Cash Flow of Firm，*FCFF*）可理解为全部资本投资者共同支配的现金流量。全部资本提供者包括普通股股东、优先股股东和付息债务的债权人。企业自由现金流量也称为实体自由现金流量。

（二）企业自由现金流量的计算

企业自由现金流量的计算方法主要有以下三种：

1. 在净利润基础上进行计算

其计算公式如下：

$$\text{企业自由现金流量}=[\text{净利润}+\text{利息费用}\times(1-\text{所得税税率})+\text{折旧及摊销}]-(\text{资本性支出}+\text{营运资金增加})$$

$$=(\text{税后净营业利润}+\text{折旧及摊销})-(\text{资本性支出}+\text{营运资金增加})$$

2. 在股权自由现金流量的基础上进行计算

其计算公式如下：

企业自由现金流量=股权自由现金流量+债权自由现金流量

因为：债权自由现金流量=税后利息支出+偿还债务本金-新借付息债务

则：

$$\text{企业自由现金流量}=\text{股权自由现金流量}+\text{税后利息支出}+\text{偿还债务本金}-\text{新借付息债务}$$

当企业的资本投资者包括普通股股东、优先股股东和付息债务的债权人时，企业自由现金流量应当是三种资本对应现金流量的合计，即：

$$\text{企业自由现金流量}=\text{普通股股东的自由现金流量}+\text{优先股股东的自由现金流量}+\text{债权自由现金流量}$$

3. 在企业经营产生的现金净流量基础上进行计算

企业自由现金流量可以近似地认为是经营活动现金净流量与资本性支出之差，即：

企业自由现金流量 = 经营活动产生的现金净流量 − 资本性支出

现举例说明企业自由现金流量、股权自由现金流量和债权自由现金流量的计算方法。

微课
企业自由现金流量的计算

【例 5-5】设 A 企业在 2023 年 12 月 31 日（评估基准日）的付息债务

账面余额为2 000万元，2023年度A企业的营运资金为26 420万元，企业所得税税率为25%，A企业2024—2026年的预测情况见表5-4。

表5-4　A企业2024—2026年的预测情况　单位：万元

项目	2024年	2025年	2026年
主营业务收入	13 880	160 090	180 910
净利润	9 110	10 930	13 100
利息费用	160	320	400
折旧	340	500	690
摊销	4	4	4
当期营运资金	31 920	36 820	41 610
资本性支出	3 396	1 053	1 019
付息债务的年末余额	4 000	5 000	2 000

根据上述已知条件，A企业2024—2026年的企业自由现金流量、股权自由现金流量和债权自由现金流量的计算过程结果见表5-5。

表5-5　A企业2024—2026年的企业自由现金流量、股权自由现金流量和债权自由现金流量的计算过程结果　单位：万元

项目		2024年	2025年	2026年
企业自由现金流量的计算过程	净利润	9 110	10 930	13 100
	税后利息支出	120	240	300
	折旧及摊销	344	504	694
	营运资金增加额	5 500	4 900	4 790
	资本性支出	3 396	1 053	1 019
	企业自由现金流量	678	5 721	8 285
债权自由现金流量的计算过程	税后利息支出	120	240	300
	偿还付息债务本金	—	—	3 000
	新借付息债务	2 000	1 000	—
	债权自由现金流量	−1 880	−760	3 300
股权自由现金流量的计算过程	净利润	9 110	10 930	13 100
	折旧及摊销	344	504	694
	资本性支出	3 396	1 053	1 019

续表

项　　目		2024年	2025年	2026年
股权自由现金流量的计算过程	营运资金增加	5 500	4 900	4 790
	偿还付息债务本金	—	—	3 000
	新借付息债务	2 000	1 000	—
	股权自由现金流量	2 558	6 481	4 985

二、企业自由现金流量折现模型的具体形式

（一）基本公式

以企业自由现金流量为收益口径进行折现求得企业整体价值，或在此基础上减去付息债务的价值，得到股东全部权益价值的模型，即为企业自由现金流量折现模型。企业自由现金折现模型的基本公式如下：

$$OV=\sum_{t=1}^{n}\frac{FCFF_t}{(1+WACC)^t}$$

$$EV=OV-D=\sum_{t=1}^{n}\frac{FCFF_t}{(1+WACC)^t}-D$$

式中：OV——企业整体价值；EV——股东全部权益价值；D——付息债务；$FCFF_t$——第t年的企业自由现金流量；$WACC$——加权平均资本成本。

（二）基本公式的演化

1. 资本化公式

与股权自由现金流量折现模型中的资本化公式类似，如果企业自由现金流量以一个不变的增长率持续增长且收益无限，那么可以用稳定增长的企业自由现金流量评估企业整体价值，即资本化公式如下：

$$OV=\frac{FCFF_1}{C}$$

$$C=WACC-g$$

式中：$FCFF_1$——评估基准日之后第一年的企业自由现金流量；C——资本化率；g——固定增长率。

像所有的稳定增长模型一样，企业自由现金流量折现模型对固定增长率的假设非常敏感。特别是企业自由现金流量折现模型的折现率是加权平均资本成本，通常低于股权资本成本，因此，相对于股权自由现金流量折现模型，企业自由现金流量折现模型的评估价值对固定增长率敏感程度通常更高。

2. 两阶段模型

如果被评估企业的企业自由现金流量预计会在一定时间内快速波动，然后进入稳定增长阶段，且稳定增长阶段的收益期是无限的，则适用于两阶段模型。两阶段模型的计算公式如下：

$$OV=\sum_{t=1}^{n}\frac{FCFF_t}{(1+WACC)^t}+\frac{FCFF_{n+1}}{(WACC-g)\times(1+WACC)^n}$$

式中：$FCFF_{n+1}$是指预测期下一年度的企业自由现金流量。若永续增长率 $g>0$，则 $FCFF_{n+1}$应考虑营运资本的增加额和资本性支出大于折旧及摊销的那部分金额。也就是说，为了维持预计的增长率，需要在企业自由现金流量中扣除相应的资本性支出和营运资金净增加额。

在两阶段模型中的第二个阶段中，$\frac{FCFF_{n+1}}{WACC-g}$的结果也称为永续价值。

因为：

新增投资净额=资本性支出+营运资金增加额−折旧及摊销

再投资率（IR）=新增投资净额÷税后净营业利润（$NOPAT$）

收益增长率（g）=新投入资本回报率（$ROIC$）×再投资率（IR）

则：

$$FCFF=NOPAT-新增投资净额=NOPAT-(NOPAT\times IR)$$

$$=NOPAT\times(1-IR)=NOPAT\times(1-\frac{g}{ROIC})$$

永续价值的计算公式也可以演化如下：

$$永续价值_t=\frac{NOPAT_{t+1}\times(1-\frac{g}{ROIC})}{WACC-g}$$

需要注意的是，在对永续价值进行折现的过程中，实务中常见错误是将永续价值按 $n+1$ 年进行折现，正确的做法是按 n 期折现。该公式的假设是：各期的自由现金流量均在期末收到，第 n 期的自由现金流量是在第 n 期期末收到；永续价值是将企业在第 n 期期末（或是 $n+1$ 期的期初）卖出所能得到的估计数额。在时间上，一个期间的期末和下一个期间的期初是相同的，所以对永续价值应该是 n 期折现。

3. 三阶段模型

三阶段包括初始高增长阶段、增长率下降的转换阶段和稳定增长阶段，企业整体价值是三个阶段的企业自由现金流量的现值之和。在稳定增长阶段的收益期为无限时，三阶段模型的计算公式如下：

$$OV=\sum_{t=1}^{n1}\frac{FCFF_t}{(1+WACC)^t}+\sum_{t=n1+1}^{n}\frac{FCFF_{t-1}\times(1+g)}{(1+WACC)^t}+\frac{FCFF_n\times(1+g_n)}{(WACC-g_n)\times(1+WACC)^n}$$

企业自由现金流量折现模型中的上述各种具体模型，均假设企业未来收益期的企业自由现金流量是在各年年末实现的。在具体评估实务中，如果假设被评估企业未来预期企业自由现金流量并非在每年年末产生和实现，则应当对上述具体模型中的折现年数进行调整。例如，如果企业自由现金流量在年度中差不多是均匀产生的，则可使用年中折现法进行调整。

三、企业自由现金流量折现模型使用的注意事项

（一）企业自由现金流量折现模型的应用条件

采用企业自由现金流量折现模型评估企业价值，需要分别预测企业未来收益期的企业自由现金流量，并合理拟定折现率以反映预测的企业自由现金流量的风险。因此，企业自由现金流量折现模型的应用条件主要包括两项：一是能够对企业未来收益期的企业自由现金流量作出预测；二是能够合理计算加权平均资本成本。在计算加权平均资本成本的过程中，需要明确资本结构。因此，在运用企业自由现金流量折现模型时，除了净利润、税后利息支出、折旧及摊销、资本性支出和营运资金增加额以外，权益资本和债务资本等参数也是企业自由现金流量折现模型中的重要内容，能否对这些参数作出合理预测或判断，决定着能否采用企业自由现金流量折现模型。

（二）企业自由现金流量折现模型中折现率的选择

企业自由现金流量是企业权益资本投资者（包括普通股股东和优先股股东）和债务资本投资者共同可自由支配的现金流量，属于全投资口径的收益指标。按照折现率应当与其对应的收益口径相匹配的原则，对企业自由现金流量进行折现，应采用加权平均资本成本。加权平均资本成本是指将企业来自各种渠道的资本成本，按照各自在总资本中的比重进行加权平均。如果在企业自由现金流量中，债务资本对应的利息是采用税后数据，则相应地，在计算加权平均资本成本过程中，债务资本成本也应采用税后口径。

（三）资本结构的确定

在企业自由现金流量折现模型中，加权平均资本成本的计算非常重要，而资本结构是影响加权平均资本成本的主要因素之一。因此，要特别重视资本结构的取值。

对资本结构的确定，应区分企业实际资本结构与目标资本结构。如果评估基准日后被评估企业的实际资本结构虽与目标资本结构之间存在差异，但预计能在较短时间调整并维持至目标资本结构的水平，或评估基准日的实际资本结构已经与目标资本结构差距很小，则通常可采用目标资本结构计算加权平均资本成本，且收益期各年的资本结构保持不变。

但是，如果被评估企业评估基准日的实际资本结构与目标资本结构差异很大，且预计需要经过较长时间才能将资本结构逐步调整至目标资本结构的水平，或预计被评估企业未来各年度的资本结构波动幅度很大，则在被评估企业能够达到目标资本结构之前，需逐年分别确定当年的资本结构，分别计算当年的加权平均资本成本。

（四）永续价值的计算

在采用企业自由现金流量折现模型中的两阶段模型或三阶段模型对收益无限期的企业进行评估时，永续价值通常在企业价值中占有很大的比例。与股权自由现金流量折现模型类似的是，计算永续价值的$FCFF_n$不必然等于预测期最后一期的企业自由现金流量。计算永续价值的$FCFF_n$应在预测期最后一期的企业自由现金流量的基础上进行标准化调整，消除一个或者多个偶然因素的影响。

对处于完全竞争行业中的许多企业来说，在永续期，所有超过行业平均回报水平的超额利润都会随着竞争而逐步消失，因此，可预计在永续期企业新投入资本的回报率最

终会趋于资本成本的水平。

在运用企业自由现金流量折现模型计算企业整体价值的过程中，计算公式如下：

$$永续价值_t = \frac{NOPAT_{t+1} \times (1 - \frac{g}{ROIC})}{WACC - g}$$

假设$ROIC=WACC$，则：

$$永续价值_t = \frac{NOPAT_{t+1} \times (1 - \frac{g}{ROIC})}{WACC - g} = \frac{NOPAT_{t+1} \times (\frac{WACC - g}{WACC})}{WACC - g} = \frac{NOPAT_{t+1}}{WACC}$$

上述计算永续价值的最终公式中并没有增长率g这个参数，但这并不意味着永续期企业的税后净营业利润的名义增长率为零。由于与增长相关的新投入资本的回报率等于加权平均资本成本，因此税后净营业利润的增长并不会引起价值的变化。

然而，对于那些具备可持续竞争优势（品牌优势、专利优势）的企业来说，将永续期的新投入资本的回报率设定为与加权平均资本成本相等的做法可能并不合理。在这种情况下，如果假定新投入资本的回报率等于资本成本，可能会低估这些具备可持续竞争优势企业的价值。

在企业价值评估实务中，可能会出现一种错误，即假设税后净营业利润在没有任何增量投入资本的情况下实现增长，即：

$$永续价值_t = \frac{NOPAT_{t+1}}{WACC - g}$$

上式是不现实的，因为任何增长都需要新增资本性支出和营运资金。上式的错误就在于：一方面假设企业税后净营业利润持续增长，另一方面并未考虑使税后净营业利润持续增长所必需的追加投入，两者不相匹配。

（五）付息债务价值的评估

在运用企业自由现金流量折现模型对股东全部权益价值进行评估时，首先将企业自由现金流量折现得出企业整体价值，然后再减去企业的付息债务价值，方可得出股东全部权益价值。付息债务价值的评估方法因付息债务类别的不同而存在差异。例如，对短期借款和长期借款等银行借款项目，通常以其评估基准日的账面价值作为其评估价值，其前提条件在于企业承担的债务利息与债务资本投资者期望的回报率是一致的。当满足这一前提时，对企业收益期的债务资本对应的债权现金流量，采用债务资本成本进行折现，其折现值的合计数等于评估基准日该债务资本的账面价值。因此，以评估基准日银行借款的账面价值作为其评估价值的做法，其实质是现金流量折现法在负债价值评估中的一种运用。

不过，并非所有的付息债务的评估价值都会与评估基准日的账面价值相等，评估专业人员应在了解付息债务账面会计计量方法的基础上，注意付息债务账面计量方法与付息债务评估方法的区别与联系，采用恰当的方法评估企业在评估基准日应承担的付息债务价值。

任务六　基于经济增加值的企业价值评估

任务描述

经济利润是基于权益资本和债务资本视角定义的利润指标，本任务主要介绍经济利润的概念、计算方法和折现模型的具体形式。通过学习，掌握经济利润计算方法和经济利润折现模型在企业价值评估中使用的注意事项，客观、科学地评估企业价值。

相关知识

一、经济利润

（一）经济利润的概念

经济利润早期主要是作为企业经营绩效考核指标而被提出和得以推广的。早在1890年，当时的经济学家阿尔弗雷德·马歇尔在其著作中写道："在扣除当前利率下的资本利息之后，所有者拥有的利润可以被称为其工作或者管理的利润。"马歇尔认为，任何时期一家公司创造的价值，不仅需要考虑在会计记录上记载的费用，而且必须包括经营中投入资本的机会成本。

经济利润也称为经济增加值（*EVA*），是指企业税后净营业利润减去资本成本后的余额。

在衡量企业经营绩效的能力方面，经济利润显著优于财务报表中的会计利润。会计利润是基于权益资本视角定义的利润指标，仅扣除了债务资本成本，反映了企业股东所享有的经营业绩，并未对股东享有的经营业绩与股东投入资本的机会成本进行比较和衡量，无法直观地体现股东享有经营业绩而相应付出的代价。有些企业虽然会计利润大于零，但并没有赚回权益资本的成本。经济利润是基于权益资本和债务资本视角定义的利润指标，在企业经济收入基础上，不仅要减去债务资本成本，还要减去股权资本成本，衡量企业为全部资本方创造的经营绩效。因此，经济利润是衡量企业相对于市场是否能更有效地运作资本，经济利润比会计利润更适合衡量企业经营绩效。以上对比分析也说明，会计利润是权益资本口径的利润指标，经济利润是全投资口径的利润指标。

相比于自由现金流量，经济利润也更适于作为企业绩效的评价指标。经济利润可以对短期（或一年）的企业绩效作出衡量，但自由现金流量通常不适于对短期（或一年）的企业绩效进行评价，因为短期（或一年）的自由现金流量不仅取决于当年的税后净营业利润和非现金费用，还受新增资本投入的影响，短期（或一年）的新增资本投入会降低当期的自由现金流量，但并不能由此证明当期的企业绩效下滑。增加资本投入不是业绩不良的表现，相反，企业没有投资机会反而可能是不好的征兆。因此，对于短期（或一年）的自由现金流量的减少，我们无法简单判断是由于经营绩效不佳还是由于投资增加造成的，对比短期（或一年）内的经济利润和自由现金流量的差异可能是毫无意义的。若将自由现金流量作为企业绩效的衡量指标，可能催生企业的短视行为。例如，管理层可能为了改善某一年度的自由现金流量而延迟本应在当期进行的投资，以牺牲长期价值的创造为代价而改善当前短期（或一年）的自由现金流量状况。经济利润在衡量企业经营绩效方面的优越之处，在于它把投资决策必需的现金流量法与绩效考核必需的权责发生制统一起来。

（二）经济利润的计算

根据经济利润的概念，计算经济利润有以下三种方法：

第一种计算方法：

经济利润 = 税后净营业利润 - 投入资本的成本

税后净营业利润 = 净利润 + 利息费用 ×(1 - 所得税税率)

= 息税前利润 ×(1 - 所得税税率)

投入资本 = 债务资本 + 权益资本

投入资本的成本 = 债务资本成本 + 股权资本成本

= 利息费用 ×(1 - 所得税税率) + 股权资本成本

第二种计算方法：

经济利润 = 净利润 - 股权资本成本

第三种计算方法：

将税后净营业利润除以投入资本，可以得出投入资本回报率，即：

投入资本回报率 = 税后净营业利润 ÷ 投入资本

税后净营业利润 = 投入资本 × 投入资本回报率

投入资本的成本 = 投入资本 × 加权平均资本成本率

经济利润的计算公式可演变如下：

经济利润 = 投入资本 ×(投入资本回报率 - 加权平均资本成本率)

= 税后净营业利润 - 投入资本 × 加权平均资本成本率

【例 5-6】用上述三种方法计算 A、B、C 企业的经济利润（见表 5-6）。

表5-6　运用三种方法计算经济利润　金额单位：万元

项目		A 企业	B 企业	C 企业
已知条件	净利润	1 500	1 500	1 500
	债务资本	4 000	4 000	8 000
	权益资本	8 000	15 000	4 000
	债务资本回报率（%）	6	6	6

续表

项目		A企业	B企业	C企业
已知条件	权益资本回报率（%）	12	12	12
	企业所得税税率（%）	25	25	25
第一种计算方法	税后净营业利润	1 680	1 680	1 860
	投入资本的成本	1 140	1 980	840
	经济利润	540	-300	1 020
第二种计算方法	净利润	1 500	1 500	1 500
	股权资本成本	960	1 800	480
	经济利润	540	-300	1 020
第三种计算方法	投入资本	12 000	19 000	12 000
	投入资本回报率（%）	14.00	8.84	15.50
	加权平均资本成本率（%）	9.50	10.42	7.00
	经济利润	540	-300.20	1 020

（三）经济利润计算的注意事项

1. 投入资本的计算

投入资本是资本提供方（包括权益资本提供方和债务资本提供方）投入企业的资本数额，投入资本将被企业运用于生产经营活动中，因此，对投入资本可以从资金来源和资金运用两个方面分别进行计算。

从资金来源的角度计算投入资本，投入资本等于权益资本和债务资本的和，计算过程简单而直观。从资金运用的角度看，企业的资本提供方投入的资本通常有两大用途——购建生产经营所需的长期资产（非流动资产）和补充企业运营所需的营运资金。

在不考虑非经营性资产、非经营性负债和溢余资产的前提下，投入资本等于非流动资产与营运所需资金的和，且从资金来源和资金运用两个方面计算的投入资本数额是相等的，因此，以下恒等式成立：

权益资本 + 债务资本 = 非流动资产 + 营运所需资金

式中：营运所需资金是指流动资产减去非付息债务的余额，则：

权益资本 + 债务资本 = 非流动资产 + 流动资产 − 非付息债务

若企业存在非经营性资产、非经营性负债和溢余资产等情形，且在企业价值评估过程中对这些非经营性资产、非经营性负债和溢余资产是单独进行分析和评估的，则在计算投入资本时应剔除这些项目的影响，即：

投入资本 = 权益资本 + 债务资本 − 非经营性资产、非经营性负债和溢余资产的净额

2. 投入资本回报率的计算

将税后净营业利润除以投入资本得到的值即为投入资本回报率。计算投入资本回报

率，应注意税后净营业利润和投入资本的口径相匹配。如果某项资产包含在投入资本中，则该项资产带来的收益也应含在税后净营业利润中。如果某项债务在计算投入资本时需要从经营资产中减去，则在计算税后净营业利润过程中，该项债务的费用也应该从收益中扣除。若在计算投入资本时扣除了非经营性资产、非经营性负债和溢余资产，则相应地，在计算税后净营业利润过程中，也应相应扣除非经营性资产、非经营性负债和溢余资产所产生的收入和支出，以保证税后净营业利润和投入资本计算口径的一致。

将投入资本回报率与投入资本成本率进行比较，能够揭示企业价值是正在被创造还是被破坏。因此，投入资本回报率是衡量企业绩效的重要指标之一，投入资本回报率也是企业价值的关键驱动因素之一。每1元获得的投资回报较高的企业比投资回报较低的企业更有价值。在投入资本回报率相同（且高于资本成本）时，增长较快的企业更有价值。如果企业的投入资本回报率与资本成本相同，则不论企业的业绩规模如何变化，企业价值是恒定不变的。如果投入资本回报率大于资本成本，则企业价值随着企业规模的扩大而增长；如果投入资本回报率小于资本成本，则企业价值随着企业规模的扩大而下降。

鉴于投入资本回报率对企业价值的重要作用，为管理和提高投入资本回报率，在企业绩效衡量过程中，可以将投入资本回报率的影响因素进行分解。例如，可以将投入资本回报率的决定因素分解为经营利润率和平均资本周转率，还可以进一步对经营利润率和平均资本周转率的决定因素进行分解，逐级深入，建立投入资本回报率影响因素树状图。其计算公式如下：

$$
\begin{aligned}
\text{投入资本回报率} &= \frac{\text{税后净营业利润}}{\text{投入资本}} \\
&= \frac{\text{息税前利润}}{\text{收入}} \times \frac{\text{收入}}{\text{投入资本}} \times (1 - \text{企业所得税税率}) \\
&= \text{经营利润率} \times \text{平均资本周转率} \times (1 - \text{企业所得税税率})
\end{aligned}
$$

二、经济利润折现模型的具体形式

根据经济利润的含义，如果企业的投入资本回报率等于加权平均资本成本，则企业获得的收益恰好等于债务资本和权益资本的投资者期望的报酬，这样，企业的经济利润为零，企业价值并未因企业的经营活动而变化，企业价值等于债务资本和权益资本的投资者原始投入的资本额。在某一年度内，如果企业的投入资本回报率大于加权平均资本成本，则企业的经济利润为正值，企业价值因企业生产经营活动的开展而增加；如果企业的投入资本回报率小于加权平均资本成本，则企业的经济利润为负值，企业价值因企业生产经营活动的开展而减少。基于这样的原理，我们可以将经济利润作为收益法运用中的一种收益口径。

（一）基本公式

经济利润折现模型的基本公式如下：

$$OV = IC_0 + \sum_{t=1}^{n} \frac{IC_{t-1} \times (ROIC - WACC)}{(1 + WACC)^t}$$

式中：OV——企业整体价值；IC——投入资本，其中IC_0指评估基准日投入资本；

$ROIC$——投入资本回报率；$WACC$——加权平均资本成本；t——收益年期。

（二）基本公式的演化

1. 资本化公式

在企业经济利润呈等比级数变化、收益年期无限的条件下，采用经济利润折现模型计算企业整体价值的计算公式如下：

$$OV = IC_0 + \frac{IC_0 \times (ROIC - WACC)}{WACC - g} = IC_0 + \frac{EVA_1}{WACC - g}$$

式中：EVA_1——第一期经济利润；g——等比级数增长率。

上述计算公式也称为经济利润折现模型的资本化公式，其运用前提是企业在新项目上的投入资本回报率等于历史投入资本回报率。

【例5-7】以表5-6中A企业为例，在假设A企业所列已知条件下预测期第1年的数据、第1年以后企业经济利润呈等比级数增长且增长率为2%、企业收益年期无限等前提下，采用经济利润折现模型的资本化公式计算的A企业的整体价值如下：

$$OV = IC_0 + \frac{EVA_1}{WACC - g} = (4\,000 + 8\,000) + \frac{540}{9.50\% - 2\%} = 19\,200(\text{万元})$$

2. 两阶段模型

在企业收益期限内，不同阶段企业的经济利润可能呈现不同的特征，根据各阶段经济利润的变化规律，可以将经济利润折现模型的基本公式演化为两阶段模型。企业整体价值的两阶段经济利润折现模型计算公式如下：

$$OV = IC_0 + \sum_{t=1}^{n} \frac{IC_{t-1} \times (ROIC - WACC)}{(1 + WACC)^t} + \frac{IC_n \times (ROIC - WACC)}{(WACC - g) \times (1 + WACC)^n}$$

【例5-8】现需对A企业于2023年12月31日的企业价值进行评估。已知条件为：评估基准日的债务资本为2 000万元，权益资本为7 400万元，债务资本回报率为5%，权益资本回报率为10%，企业所得税税率为25%；预测期为4年；未来第5年以后进入永续期，永续期的经济利润永续增长率为3%；预测期第1年至第4年的年末债务资本、权益资本和当年净利润水平见表5-7。

表5-7　预测期相关数据　单位：万元

项目	预测期第1年	预测期第2年	预测期第3年	预测期第4年
债务资本	2 500	2 800	2 300	2 200
权益资本	7 230	7 220	8 050	8 430
净利润	800	843	872	1 005

基于上述已知条件，采用经济利润折现模型的两阶段模型对该企业进行评估的过程和结果分别见表5-8和表5-9。

表5-8　评估的过程　金额单位：万元

项目	预测期第1年	预测期第2年	预测期第3年	预测期第4年
期末投入资本	9 730	10 020	10 350	10 630

续表

项目	预测期第1年	预测期第2年	预测期第3年	预测期第4年
税后净营业利润	875	936.75	977	1 091.25
经济利润	60.02	120.40	150.35	200.12
加权平均资本成本（*WACC*）（%）	8.39	8.25	8.61	8.71
折现系数	0.9202	0.8490	0.7842	0.7221
经济利润的折现值	55.23	102.22	117.90	144.51

表5-9　评估的结果　单位：万元

项目	金额
永续价值	2 464.74
企业整体价值	12 284.60
股东全部权益价值	10 284.60

表5-8中各指标（参数）的具体计算过程如下：

以预测期第1年为例：

期末投入资本 = 债务资本 + 权益资本 = 2 500 + 7 230 = 9 730(万元)

税后净营业利润 = 净利润 + 利息费用 ×(1 - 所得税税率)

= 800 + 2 000 × 5% ×(1 - 25%) = 875(万元)

计算投入资本时应采用期初数。

加权平均资本成本 = 2 000 ÷(2 000 + 7 400)×(1 - 25%)× 5% + 7 400 ÷(2 000 + 7 400)× 10% = 8.67%

经济利润 = 税后净营业利润 - 投入资本 × 加权平均资本成本

= 875 -(2 000 + 7 400)× 8.67% = 60.02(万元)

本例中，因预测期各年的加权平均资本成本（*WACC*）不同，预测期各年度折现系数（*DR*）按下列公式计算：

$$DR_1 = \frac{1}{1 + WACC_0}$$

$$DR_2 = \frac{1}{(1 + WACC_0) \times (1 + WACC_1)}$$

$$DR_3 = \frac{1}{(1 + WACC_0) \times (1 + WACC_1) \times (1 + WACC_2)}$$

$$DR_4 = \frac{1}{(1 + WACC_0) \times (1 + WACC_1) \times (1 + WACC_2) \times (1 + WACC_3)}$$

在表5-9永续价值的计算过程中，假设永续期的投入资本回报率（*ROIC*）等于预测期第4年的水平、预测期第4年投入资本回报率等于当年税后净营业利润除以期初投入资本，则：永续价值 = 0.7221×10 630 ×（1 091.25 ÷ 10 350 - 8.71%）÷（8.71%-

3%）= 2 464.74（万元）

3. 三阶段模型

若企业的经济利润在收益期限内依次划分为高速增长阶段、增长率下降的转换阶段和稳定增长阶段，则可以将经济利润折现模型的基本公式演化为三阶段模型。企业整体价值的三阶段经济利润折现模型计算公式如下：

$$OV = IC_0 + \sum_{t=1}^{n_1} \frac{EVA_t}{(1 + WACC)^t} + \sum_{t=n_1+1}^{n} \frac{EVA_{t-1} \times (1 + g_n)}{(1 + WACC)^t} + \frac{EVA_{n+1}}{(WACC - g) \times (1 + WACC)^n}$$

式中：g_n——增长率下降转换阶段的增长率；g——稳定增长阶段的增长率。

三、使用经济利润折现模型的注意事项

（一）经济利润折现模型的应用条件

作为收益法的一种具体评估模型，经济利润折现模型的应用需满足下列三个条件：一是能够准确计算评估基准日的投入资本；二是能够合理估计企业的收益期和收益期的经济利润；三是能够对企业未来经济利润的风险进行合理量化。

（二）经济利润折现模型中折现率的选择

在运用收益法评估企业价值的过程中，折现率通常是敏感因素，应特别注意收益额与折现率之间结构与口径上的匹配和协调，以保证评估计算过程是正确的。

经济利润是从企业税后净营业利润中减去资本成本后得到的余额，此处需扣减的资本成本不仅包括债务资本成本，而且包括股权资本成本。因此，经济利润与资本结构相关联，在企业税后净营业利润不变的情形下，经济利润将随资本结构的变化而变化。那么，经济利润究竟是共同归属于权益资本和债务资本的收益指标，还是仅归属于权益资本或债务资本？这可以从经济利润的计算过程和经济利润折现模型的构成两个方面进行分析。从经济利润的计算过程看，经济利润是在企业税后净营业利润基础上扣除债务资本成本和股权资本成本后的余额，经济利润属于全部投资所产生的超额贡献值（超出资本成本的那部分金额），并非仅由权益资本或债务资本所贡献。从经济利润折现模型的构成看，经济利润折现模型是在评估基准日投入资本的基础上，加上企业收益期的经济利润折现值，得出企业整体价值的。企业收益期的经济利润折现值与投入资本的归属口径应该是一致的，均属于全投资口径指标。因此，对企业收益期的经济利润进行折现，应采用加权平均资本成本。

任务七　收益法评估案例分析

一、概况介绍

A股份有限公司拟采用非公开发行股票的方式募集资金，收购B股份有限公司股东权益的价值。本次评估是为上述经济行为提供B股份有限公司股东权益的价值参考意见。

B股份有限公司执行企业会计准则，提供了近5年经审计后的财务报告。委托评估的资产类型包括流动资产、非流动资产（包括建筑物类固定资产、设备类固定资产、使用权资产、无形资产——土地使用权、递延所得税资产和其他非流动资产）、流动负债和非流动负债。按照B股份有限公司提供的经审计的截至2023年12月31日财务报表反映，其总资产账面价值为350 005.86万元，负债账面价值为292 568.96万元，净资产账面价值为57 436.90万元。

二、影响企业经营的相关因素分析

（一）行业分析

1.行业特点

热电联产，是同时生产电、热能的工艺过程。与热电分产相比，可以显著提高燃料利用率，具有良好的经济效益和社会效益，是实现循环经济的重要技术手段。国家与地方政策纷纷推动热电联产清洁发展，主要集中于北方地区。随着工业的发展，城市化进程的加快，在社会用电、用热市场需求及国家、地方政策推动下，各地热电联产工程项目纷纷建成投产，使我国城市供热能力和供热总量持续提升，热电联产保持较快发展。一直以来，我国积极鼓励和发展热电联产。近年来，国家积极推动清洁能源热电联产发展，鼓励加快生物质发电向热电联产转型升级，生物质发电补贴也优先支持生物质热电联产项目，推动垃圾发电企业向热电联产方向发展。

截至2021年底我国热电联产装机容量约为5.45亿千瓦。初步估计2024年底全国热电联产装机规模或达5.92亿千瓦。在政策的大力支持下，我国热电联产行业发展迅速，迎来建设热潮。从中长期看，我国未来工业和居民采暖热力需求、电力需求仍将保持稳定增长态势，有效促进热电联产装机发展。

2.行业产业链及产业价值链结构图

（略）

3.产业政策、竞争壁垒及行业被替代的可能性

（略）

（二）公司经营模式分析

1.采购模式

B股份有限公司经营部负责组织原材料采购，协同运行部结合仓库库存来确定合理的采购计划。供热所需的水为自来水，已取得取水许可证。公司主要原材料为煤，采购煤炭时，会考虑价格趋势和天气情况，在价格低谷时适当增加库存，价格高峰时减少库存。每个月至少有一次进货，在保证安全库存的条件下，考虑采购价格、季节、天气、各批次煤炭质量等因素，采购量有所不同。所需煤炭主要通过招标采购，由中标方负责发运至公司储煤场，以公司地磅过磅数量为准及双方认可的具有资质的第三方检验机构出具的参数指标开展结算。公司采购煤炭的指标包括灰分、含硫量、热值和水分等。

2.生产模式

热力和电力均是瞬时型产品，公司热力和电力生产直接或间接取决于下游客户热负荷情况。在热力生产方面，公司在蒸汽供应管网的末端装有传感器，实时监测末端用户

蒸汽的用量、温度和压力等参数，实时掌握客户的需求量，传送反馈给工厂调整蒸汽的产量和参数，保证蒸汽的供需平衡；在电力生产方面，公司所产出的电力除部分厂用电外全部实现销售。

3. 销售模式

公司采用直销模式，这主要是由行业特性决定的。公司主要产品属于下游企业的主要动力，对下游企业影响很大。同时，下游应用行业的客户集中度较高，各客户对供应商均有严格的认证机制，一般不轻易更换供应商，客户对供应商的技术服务要求高，从而不适合采取纯粹意义的经销或代理商的销售模式。

（三）经营业绩

B股份有限公司2023年年末非经营性资产负债表见表5-10，2022—2023年度利润表见表5-11。

表5-10　2023年年末非经营性资产负债表　单位：万元

序号	项目	账面值	评估值
一	非经营性资产		
1	股东暂存款	815.04	815.04
2	房产及土地转让款	3 691.59	3 691.59
	非经营性资产合计	4 506.63	4 506.63
二	非经营性负债		
1	往来款	72.36	72.36
	非经营性负债合计	72.36	72.36

表5-11　2022—2023年度利润表　单位：万元

项目	2022年	2023年
一、营业收入	12 459.54	16 017.78
减：营业成本	6 800.51	10 575.50
税金及附加	119.87	114.95
销售费用	—	—
管理费用	323.24	523.36
财务费用	0.63	0.48
加：投资收益（损失以“-”号填列）	—	—
公允价值变动收益（损失以“-”号填列）	—	—
资产减值损失（损失以“-”号填列）	—	—
二、营业利润（亏损以“-”号填列）	5 215.29	4 803.49

续表

项目	2022年	2023年
加：营业外收入	—	—
减：营业外支出	—	—
三、利润总额（亏损总额以“-”号填列）	5 215.29	4 803.49
减：所得税费用	1 303.82	1 200.87
四、净利润（净亏损以“-”号填列）	3 911.47	3 602.62

三、收益期预测

由于评估基准日被评估企业经营正常，没有对影响企业继续经营的核心资产的使用年限进行限定和对企业生产经营期限、投资者所有权期限等进行限定，或者上述限定可以解除，并可以通过延续方式永续使用，因此，假设被评估企业评估基准日后永续经营，相应的收益期为无限期。通过对被评估企业近年来的经营成果、财务状况和投资计划的分析，预测被评估企业尚处于成长期，5年后将达到稳定期，经综合考虑，将2024—2028年划分为预测期，2029年及以后年度为永续期。

四、现金流预测

（一）企业营业收入及营业成本的预测

B股份有限公司目前收入包括蒸汽业务收入、电力业务收入、其他收入，营业成本由直接材料、直接人工和制造费用构成。2022—2023年度营业收入具体数据见表5-12。

表5-12　2022—2023年营业收入　单位：万元

项目		2022年	2023年
蒸汽业务	营业收入	6 557.27	10 043.50
	营业成本	6 366.27	7 605.87
电力业务	营业收入	608.67	3 178.46
	营业成本	386.06	932.37
其他	营业收入	280.42	337.68
	营业成本	98.09	71.78
合计	营业收入	7 446.36	13 559.64
	营业成本	6 850.42	8 610.02

从表5-12可以看出，公司经营业务主要是蒸汽业务和电力业务。在本次预测时，参考B股份有限公司生产能力、历史经营情况、客户用汽量、历史煤价水平、目前市场情况、煤热价格联动机制等，并结合管理层的判断和未来市场发展空间分析等，综合确

定未来年度的营业收入。未来年度的营业收入、毛利和营业成本预测见表5-13。

表5-13 营业收入、毛利和营业成本预测 单位：万元

项目		2024年	2025年	2026年	2027年	2028年	永续期
蒸汽业务	营业收入	10 594.83	12 350.02	15 451.85	18 310.94	21 619.56	21 619.56
	营业成本	10 146.03	10 919.47	13 089.03	14 944.22	17 110.38	16 568.04
电力业务	营业收入	3 647.05	4 538.96	5 289.56	6 169.52	6 169.52	6 169.52
	营业成本	2 033.05	2 120.41	2 365.47	2 575.01	2 819.68	2 758.43
其他	营业收入	210.87	231.15	266.99	300.03	338.26	338.26
	营业成本	0	0	0	0	0	0
合计	营业收入	14 452.75	17 120.13	21 008.4	24 780.49	28 127.34	28 127.34
	营业成本	12 179.08	13 039.88	15 454.5	17 519.23	19 930.06	19 326.47

（二）税金及附加的预测

B股份有限公司的税金及附加主要包括城市维护建设税、教育费附加、地方教育附加、环境保护税、房产税、城镇土地使用税及印花税等。

对于房产税、城镇土地使用税等，按照公司资产实际情况及当地税收政策进行预测。

对于城市维护建设税、教育费附加及地方教育附加，按照应交增值税税额及相关税率进行预测。

对于环境保护税及印花税等其余税费，对历史年度上述各项税金及附加占营业收入的比例进行计算分析，该类税金的历史收入占比较为稳定，本次预测按照营业收入的一定比例进行测算。故对未来各年的税金及附加预测见表5-14。

表5-14 税金及附加预测 金额单位：万元

项目	2024年	2025年	2026年	2027年	2028年	永续期
营业收入	14 452.75	17 120.13	21 008.4	24 780.49	28 127.34	28 127.34
税金及附加	70.82	70.19	71.43	111.51	118.13	109.70
比例（%）	0.49	0.41	0.34	0.45	0.42	0.39

（三）期间费用预测

期间费用包括销售费用、管理费用及财务费用。

1. 销售费用

B股份有限公司销售管理工作简单，未设专职人员，历史年度无相关费用发生，故未来预测不发生销售费用。

2. 管理费用

管理费用主要由职工薪酬、折旧及摊销、业务招待费、租赁费、安全消防费、环保绿化费及其他费用构成。根据管理费用的性质，采用不同的方法进行预测。本次预测采用趋势分析法，以营业收入为参照系数，根据历史数据分析各费用项目的发生规律，根据企业未来面临的市场环境，对公司未来发生的费用进行预测（见表5-15）。

表5-15 管理费用预测 金额单位：万元

项目	2024年	2025年	2026年	2027年	2028年	永续期
营业收入	14 452.75	17 120.13	21 008.4	24 780.49	28 127.34	28 127.34
管理费用	706.74	729.32	720.59	755.80	753.81	739.75
比例（%）	4.89	4.26	3.43	3.05	2.68	2.63

3. 财务费用

财务费用主要包括银行手续费、存款利息收入等。财务费用的具体预测数据见表5-16。

表5-16 财务费用预测 金额单位：万元

项目	2024年	2025年	2026年	2027年	2028年	永续期
营业收入	14 452.75	17 120.13	21 008.4	24 780.49	28 127.34	28 127.34
财务费用	2.89055	3.424026	4.20168	4.956098	5.625468	5.625468
比例（%）	0.02	0.02	0.02	0.02	0.02	0.02

（四）其他收益、投资收益、公允价值变动收益和资产处置收益的预测

其他收益、资产处置收益项目均为非经常性损益，其存在很强的不确定性，故预测时不予考虑。

B股份有限公司无对外投资等，故预测时投资收益不予考虑。

公允价值变动收益不确定性强，无法预计，故预测时不予考虑。

（五）资产减值损失的预测

资产减值损失主要考虑应收账款难以收回导致的坏账损失及存货跌价损失。通过与公司相关人员沟通，了解公司的回款政策、回款情况及存货周转情况，公司的客户信用好、支付能力较强，存货周转率高，故而本次预测未考虑资产减值损失。

（六）营业外收入和营业外支出的预测

由于营业外收入和营业外支出不确定性太强，无法预计，预测时不予考虑。

（七）所得税费用的预测

公司预测期内适用的所得税税率为25%。

（八）折旧及摊销的预测

公司预计基准日后无须新增固定资产。未来各期折旧及摊销见表5-17。

表5-17　B股份有限公司折旧及摊销预测　单位：万元

项目	2024年	2025年	2026年	2027年	2028年	永续期
折旧及摊销	1 904.18	1 904.18	1 904.18	1 904.18	1 904.18	1 904.18

（九）营运资金的预测

未来年度营运资金的预测见表5-18。

表5-18　营运资金预测　单位：万元

项目	2024年	2025年	2026年	2027年	2028年	永续期
营业收入	14 452.75	17 120.13	21 008.4	24 780.49	28 127.34	28 127.34
营业成本	12 179.08	13 039.88	15 454.5	17 519.23	19 930.06	19 326.47
最低现金保有量	879.69	944.66	1 135.47	1 314.47	1 518.55	1 518.55
应收项目	94.54	206.17	236.45	263.683	295.59	295.59
应付项目	323.82	342.75	395.84	441.24	494.25	494.25
营运资金	2 430.73	2 490.36	2 352.78	2 586.9	2 855.15	2 855.15
营运资金增加额	372.13	59.63	-137.58	234.12	268.25	0

（十）资本性支出的预测

评估人员经过与企业管理层沟通了解，依据公司现有设备、无形资产状况对以后可预知的年度进行了更新测算，形成各年资本性支出。永续期的资产更新支出以年金化金额确定。资本性支出预测见表5-19。

表5-19　资本性支出预测　单位：万元

项目	2024年	2025年	2026年	2027年	2028年	永续期
追加投资	0	0	0	0	0	129.75
更新支出	26.25	139.14	69.89	76.89	49.02	976.89
资本性支出合计	26.25	139.14	69.89	76.89	49.02	1 106.64

（十一）现金流的预测

现金流预测见表5-20。

表5-20　现金流预测　单位：万元

项目	2024年	2025年	2026年	2027年	2028年	永续期
营业收入	14 452.75	17 120.13	21 008.4	24 780.49	28 127.34	28 127.34
营业成本	12 179.08	13 039.88	15 454.5	17 519.23	19 930.06	19 326.47
税金及附加	70.82	70.19	71.43	111.51	118.13	109.70
管理费用	706.74	729.32	720.59	755.80	753.81	739.75
财务费用	2.89055	3.424026	4.20168	4.956098	5.625468	5.625468

续表

项目	2024年	2025年	2026年	2027年	2028年	永续期
资产减值损失	0	0	0	0	0	0
营业利润	1 493.22	3 277.32	4 757.68	6 388.99	7 319.71	7 945.80
利润总额	1 493.22	3 277.32	4 757.68	6 388.99	7 319.71	7 945.80
所得税费用	373.3054	819.329	1 189.42	1 597.247	1 829.927	1 986.45
净利润	1 119.92	2 457.99	3 568.26	4 791.74	5 489.78	5 959.35
加：折旧及摊销	1 904.18	1 904.18	1 904.18	1 904.18	1 904.18	1 904.18
减：资本性支出	26.25	139.14	69.89	76.89	49.02	1 106.64
减：营运资金增加额	372.13	59.63	−137.58	234.12	268.25	0
企业自由现金流量	2 625.72	4 163.40	5 540.13	6 384.91	7 076.69	6 756.89

五、折现率的确定

企业自由现金流评估值对应的是企业所有者的权益价值和债权人的权益价值，对应的折现率是企业资本的加权平均资本成本（*WACC*）。

其中，债务资本成本采用现时的利率为3.65%，权数采用企业同行业上市公司平均资本结构计算的结果，即13.47%。

权益资本成本按国际通常使用的CAPM模型求得。取得国债市场10年和30年国债的到期年收益率，将其平均后得出的到期收益率2.86%作为无风险报酬率；以与B股份有限公司相关的3家企业已调整的剔除财务杠杆的β系数均值0.6247，作为公司的β系数；市场风险溢价为7.30%

计算得出加权资本成本为9.84%。

六、评估结果

（一）企业自由现金流量价值的计算

企业自由现金流量现值预测见表5-21。

表5-21 企业自由现金流量现值预测 金额单位：万元

项目	2024年	2025年	2026年	2027年	2028年	永续期
企业自由现金流量	2 625.72	4 163.40	5 540.13	6 384.91	7 076.69	6 756.89
折现率（%）	9.84	9.84	9.84	9.84	9.84	9.84
折现系数	0.910415	0.828856	0.754603	0.687002	0.625457	6.356269
现金流量现值	2 390.492	3 450.855	4 180.599	4 386.445	4 426.165	42 948.61
现金流量现值合计	61 783.16					

（二）收益法测算结果

$$\text{企业整体价值}=\text{企业自由现金流量现值}+\text{溢余资产价值}+\text{非经营性资产价值}-\text{非经营性负债价值}$$
$$=61\,783.16+0+4\,506.63-72.36$$
$$=66\,217.43\text{（万元）}$$

$$\text{企业股东全部权益价值}=\text{企业整体价值}-\text{付息债务价值}$$
$$=66\,217.43-0$$
$$=66\,217.43\text{（万元）}$$

七、案例分析

1. 根据该案例资料，在评估时采用收益法，较为完整地展示了运用企业自由现金流量折现模型中的两阶段模型评估企业股东全部权益价值的全过程。

2. 本次评估假设公司的存续期间为永续期，那么收益期为无限期。采用分段法对公司的收益进行预测，将公司未来收益分为明确的预测期间的收益和明确的预测期之后的收益，其中对明确的预测期的确定综合考虑了区域产业发展趋势、下游客户项目投产情况和企业自身发展的情况，来确定分割点。

3. 通过对宏观经济环境、区域经济环境、行业发展状况及发展趋势、企业发展状况的分析，以及收集企业近年来营业收入、成本和毛利，预测企业未来收益。

4. 在折现率的选取上要注意口径一致。企业自由现金流评估值对应的是企业所有者的权益价值和债权人的权益价值，对应的折现率是企业资本的加权平均资本成本（*WACC*）。

【育德于技】资产评估助力文化产业发展

文化是国家和民族之魂，也是国家治理之魂。没有社会主义文化繁荣发展，就没有社会主义现代化。党的二十大报告明确指出，繁荣发展文化事业和文化产业，健全现代公共文化服务体系，实施重大文化产业项目带动战略……

当前，资产评估已成为市场经济活动不可缺少的服务中介，在文化产业发展中发挥着重要作用。文化企业是推动文化产业高质量发展的主力军。

在首都经济贸易大学资产评估研究院院长王竞达看来，做好文化企业价值评估工作，可以有效促进市场经济中文化产业资源优化配置，可以为文化企业融资、IPO、并购重组、股权激励等环节提供合理的价值尺度，保障文化企业资产良性运行；维护和健全公平公正的社会经济秩序，维护文化企业产权人权益，助力文化企业在产权交易市场、资本市场、“一带一路”中发挥积极作用，助力我国从文化大国走向文化强国。

此外，无形资产作为文化企业的核心资产和重要资源，其价值增长空间较大，对提升产业附加值具有较强作用。通过资产评估对文化企业无形资产进行有效的辨识和价值衡量，有利于引导和鼓励文化企业专注于无形资产的开发、经营、管理、积累，提升文化企业的核心竞争力。

资料来源：吴进. 资产评估助力文化产业繁荣发展［EB/OL］.［2024-08-15］. https：//www.cas.org.cn/xwbd/zhxx/994c0c8d16834fd2b33d646b27f0a0ea.htm.

项目小结

收益法是通过对未来收益加以折现来评估企业价值的。根据评估对象和收益的特点，在评估实践中，收益法又有股利折现模型、股权自由现金流量折现模型、企业自由现金流量折现模型等多种常用的评估模型。

股利折现模型，是股票的投资价值，即未来全部股利的现值。股权自由现金流量折现模型，是以股权自由现金流量为收益口径进行折现求得股东全部权益价值的模型。企业自由现金流量折现模型，是以企业自由现金流量为收益口径进行折现求得企业整体价值，或在此基础上减去付息债务的价值，得到股东全部权益价值的模型。

项目综合实训

一、实训目标

企业价值评估的收益法是通过将被评估企业预期收益资本化或折现，以确定评估对象价值的评估方法，是企业价值评估最常用的方法。通过对企业价值评估收益法的运用进行训练，使学生明确收益法评估企业价值的基本理论和方法，掌握收益额、折现率、收益期限确定的方法，会运用股利折现模型、企业自由现金流量折现模型、股权自由现金流量折现模型、经济增加值模型对企业价值进行评估，提高采用收益法分析和解决企业价值评估实际问题的能力。

二、实训项目与要求

1. 实训组织

企业价值评估实训以学生为中心，分组训练，集中交流，集体总结。教师主要担任辅导者、具体组织者和观察员，向学生布置任务，进行必要指导；解答有关问题；进行进度控制与质量监督。学生按每组6~8人分成若干小组，每组为一个实训团队开展实际操作训练，每个团队分别确定一位负责人，具体组织和管理实训活动。

2. 实训项目

（1）掌握股利折现模型的具体形式、应用条件、折现率的选择、永续价值的计算；

（2）掌握自由现金流量的计算、自由现金流量折现模型的具体形式、应用条件、折现率的选择、资本结构的计算、永续价值的计算、付息债务价值的评估；

（3）掌握企业收益的界定、收益期的确定与划分、收益预测的假设条件、具体方法、表现形式、主要内容及注意事项、合理性分析；

（4）掌握折现率确定的方法。

3. 实训要求

（1）依照《资产评估执业准则——企业价值》《资产评估执业准则——资产评估程序》《资产评估执业准则——资产评估方法》规定的要求、内容、程序，完成企业价值评估。

（2）发扬工匠精神，能够规范、正确地运用不同的方法完成企业价值评估。

三、成果与检测

（1）每个团队分别利用不同的评估方法完成企业价值评估，在班级进行交流。

（2）教师与同学们共同总结企业价值评估方法实训中存在的问题，明确今后教学过程中应当改进的方面。

（3）由各团队负责人组织小组成员进行评价打分。

（4）教师根据各团队针对企业价值评估方法的实训情况及各位同学的表现予以评分。

项目六

市场法在企业价值评估中的应用

【知识目标】

1. 理解价值比率的含义；
2. 理解上市公司比较法、交易案例比较法的应用条件和程序；
3. 理解市场法的适用前提和应用局限。

【能力目标】

1. 掌握价值比率的选择；
2. 掌握各类价值比率的计算；
3. 掌握市场法评估企业价值的应用流程。

【素养目标】

1. 树立正确的价值观；
2. 增强民族自信和自豪感。

项目导入

小家电行业上市公司对比分析

近年来，我国小家电产品的需求稳定，行业整体良性发展，小家电产品在国内的普及率得到较大的提升。

2019年以来，我国小家电销售毛利率保持在30%以上，2022年小家电销售毛利率为32.11%，同比提升1.5个百分点，2023年第一季度小家电销售毛利率提高至33.95%；销售净利率保持平稳态势，2019年小家电销售净利率为9.95%，此后3年保持在8%~10%之间，2023年第一季度小家电销售净利率为9.64%。

2022年，26家小家电上市公司营业收入合计1 133.34亿元，归属于母公司的净利润100.49亿元。其中，4家上市公司营业收入超百亿元，3家上市公司归属于母公司的净利润超过10亿元。从营业收入来看，苏泊尔、科沃斯、新宝股份业绩领先，2022年营业收入分别为201.71亿元、153.25亿元和136.96亿元。从归属于母公司的净利润来看，苏泊尔最高，达29.68亿元。

在小家电市场中，国内大品牌已占据市场主导地位，如苏泊尔在明火炊具和厨房小家电业务上均位居全国前列，同时还积极开拓厨卫电器、厨房用具等新品类，苏泊尔在厨房领域多品牌、多品类的布局已形成了强大的竞争优势。其他品牌要从市场中占有一定的市场份额，不仅需从产品价格或品牌上进行战略布局，更需要加强产品研发投入、拓宽销售渠道。

资料来源：中商产业研究院. 2023年小家电行业上市公司全方位对比分析（企业分布、经营情况、业务布局等）[EB/OL].［2024-08-24］. https：//www.askci.com/news/chanye/20230821/090110269257966881870320_4.shtml.

请思考：如果需要评估苏泊尔的企业价值，你会选择什么方法？

启示：通过项目导入，在帮助学生掌握市场法评估思路的同时，展现我国工业制造业的飞速发展，进一步增强民族自信和自豪感。

任务一　市场法概述

任务描述

企业价值评估市场法基本思路是将评估对象与可比上市公司或者可比交易案例进行比较，确定评估对象价值。本任务主要介绍市场法思路和基本公式、应用的基本原则、常用的方法和适用性分析。通过学习，认识了解价值比率的概念，如何通过价值比率将评估对象与可比企业建立价值联系，掌握上市公司比较法和交易案例比较法的基本内容。

相关知识

一、市场法的基本原理和基本公式

（一）市场法的概念及基本原理

1. 市场法的概念

企业价值评估中的市场法是指将评估对象与可比上市公司或者可比交易案例进行比较，确定评估对象价值的评估方法。市场法也被称为相对估值法，是国际上广泛运用的一种评估方法。

2. 市场法的基本原理

市场法依据的基本原理是市场替代原理，即一个正常的投资者为一项资产支付的价格不会高于市场上具有相同用途的替代品的现行市价。根据这一原则，相似的企业应该具有类似的价值。因此，具有相似性的被评估企业价值与可比对象价值可以通过同一经济指标联系在一起。

（二）市场法的基本公式

依据市场法的基本原理，市场法的基本公式如下：

$$\frac{V_1}{X_1}=\frac{V_2}{X_2}$$

$$V_1=\frac{V_2}{X_2}\times X_1=\frac{P_2}{X_2}\times X_1$$

式中：$\frac{V}{X}$为价值比率，V_1为被评估企业的价值，V_2为可比对象的价值。X为其计算价值比率所选用的经济指标。价值的体现较为复杂，不能直接观测，而在有效市场中，企业的市场交易价格可以在一定程度上反映其价值。因此，对于可比对象，评估专业人员一般使用其市场交易价格P_2作为替代，计算价值比率。价值比率的确定是市场法应用的关键。

二、市场法应用的基本原则

市场法评估的基本原则是评估专业人员在评估过程中应当遵循的基本思想，包括可比性原则、可获得性原则、及时性原则、透明度原则和有效性原则。

（一）可比性原则

可比性原则是运用市场法进行评估的关键，该原则要求被评估企业及可比上市公司或并购交易案例在价值决定因素方面具有可比性，主要包括行业可比、规模可比、成长预期可比、经营风险可比、财务风险可比等几个方面。

（二）可获得性原则

可获得性原则是指案例的市场交易信息及可比对象的产品信息、财务信息等可以通过正常途径获取。

（三）及时性原则

及时性原则是指评估专业人员运用市场法进行评估时，应当将最新的市场情况纳入评估过程。由于市场行情变化频繁，信息的及时性对评估结果的准确性至关重要。

（四）透明度原则

透明度原则意味着信息的开放、良好的沟通及对信息的充分解释。市场交易信息及公司信息作为市场法评估的基础，其信息的透明度将影响市场法结果的可靠性。

（五）有效性原则

有效性原则建立在市场合理有效的假设基础之上。有效市场假设认为，在一个活跃、有效的市场上有许多充分了解信息和理性的投资者，证券价格完全反映了所有可获取的信息，证券能够被合理定价。

三、市场法常用的方法

市场法常用的两种具体方法是上市公司比较法和交易案例比较法。

（一）上市公司比较法

1.上市公司比较法的概念

上市公司比较法是指获取并分析可比上市公司的经营和财务数据，计算适当的价值比率，在与被评估企业进行比较分析的基础上，确定评估对象价值的具体方法。该方法的核心就是选择上市公司作为被评估企业的“可比对象”，通过将被评估企业与可比上市公司进行对比分析，确定被评估企业的价值。

【提示】上市公司比较法的关键和难点是选取可比上市公司及选择恰当的价值比率。此外，上市公司比较法涉及的可比上市公司通常是公开市场上正常交易的上市公司，评估结果须考虑流动性对评估对象价值的影响。

2.可比上市公司的选择

对比上市公司与被评估企业具有严格可比性的情况较为少见，因此评估专业人员需要分析比较各方面的差异，了解被评估企业自身的业务特性、市场情况、经营绩效，以及其所在行业的、行业同类型公司的特点，以确定合适的可比上市公司。

3.价值比率的选择和调整

价值比率的确定是市场法应用的关键，因此，对于上市公司比较法来说，价值比率的选择尤为重要。评估专业人员在选择和应用价值比率时应特别注意以下几点：

（1）价值比率的选择。价值比率种类众多，对于价值的最佳估计常常是通过运用最合适的价值比率得出的。一般选择价值比率的方法包括基本因素方法、统计方法和常规方法。

（2）口径的一致性。在选择价值比率时应当考虑其内涵的一致性，即价值比率的分子、分母应匹配，当分子是权益类时，分母的指标应当与其对应。如P/S指标的分母代表企业整体收入，分子代表权益类，匹配性较弱。

另外，计算价值比率采用的数据口径应保持一致性。可比上市公司之间可能会存在会计核算方式（如折旧方法）、计量方法（如公允价值计量）、税率、非经常性损益和非经营性资产等方面的差异，在计算价值比率时应当剔除差异因素的影响。

知识拓展

市场的有效性

（3）应用价值比率时应进行调整。每个可比上市公司与被评估企业在成长性和风险等方面都会存在差异，因此需要采用多种方法对价值比率进行分析调整，常用的方法包括主观调整、矩阵法和回归法。

4. 缺乏流动性因素的影响

在上市公司比较法中，可比上市公司的股份可以在证券市场上自由交易，而被评估企业若为非上市公司，则没有这样的交易平台，因此两者的股权在流动性上会产生一定差异。

上市公司比较法采用上市公司的股票交易价格计算股权市值，因此该市值代表的是流动性、少数股权的价值，故采用上市公司比较法对非上市公司进行评估时，需要调整缺乏流动性因素的影响。国际上对缺乏流动性折扣的研究主要有限售股交易价格法、IPO 前交易价格法、新股发行定价法和期权定价法等；国内对于缺乏流动性折扣主要采用法人股交易价格法、股权分置改革支付对价法、新股发行定价法、非上市公司并购市盈率与上市公司市盈率对比法等。

（二）交易案例比较法

交易案例比较法是指获取并分析可比对象的买卖、收购及合并案例资料，计算适当的价值比率，在与被评估企业进行比较分析的基础上，确定评估对象价值的具体方法。该方法的核心就是选择交易案例作为被评估企业的“可比对象”，通过将被评估企业与交易案例进行对比分析，确定被评估企业的价值。

运用交易案例比较法时，应当考虑评估对象与交易案例的差异因素对价值的影响。

1. 交易情况差异调整

交易案例比较法采用的可比公司一般为非上市公司，在流动性方面比较接近，一般不进行调整，对评估对象与交易案例的差异调整主要是对交易条件差异和时间性差异等因素进行定量和定性分析，并进行适当的调整。

交易条件差异调整主要包括交易条款调整和交易方式调整。可比交易案例中的成交价格往往与交易附带条款有关，这些条款对交易价格可能产生影响，因此需要进行交易条款调整。同时，案例的交易方式可能会涉及公开或非公开市场交易，一般认为公开交易方式更可能产生公平交易价格，但也可能是对特定投资者的投资价值，此时需要调整协同效应可能带来的影响；非公开的协议交易方式，更可能会存在某些其他因素影响交易价格的公允性，因此需要对交易方式进行调整。

另外，交易时间可能与基准日相距时间较长，需要进行时间因素调整。时间因素调整可以参考市场相关价格指数。

2. 案例获取渠道

交易案例信息的获取难度相对较大，目前国际上信息获取的渠道主要有汤森路透、彭博、Capital IQ 和 Dealogic 等服务商。另外，国内的各产权交易所也是信息获取的途径之一。近年来，产权交易所交易数量大幅增加，信息披露也逐渐规范。但最核心的问题是披露的财务、经营信息不够全面，因此，产权交易所披露的信息对市场法评估应用发挥的作用有限。相比之下，上市公司的收购案例对收购对象情况的披露较为全面，评估专业人员可通过上市公司披露的公告获取收购案例的财务、经营和行业数据，同时也可获取交易背景、协议安排等其他相关资料。

（三）上市公司比较法和交易案例比较法的比较

两种方法都是通过对市场上可比交易数据的分析得出被评估企业的价值，所不同的只是可比对象的来源不同，上市公司比较法来源于公开交易的证券市场，交易案例比较法来源于个别的股权交易案例。对于上市公司比较法而言，基本模型中的V_2可选取上市公司的股权价值或企业价值。对于交易案例比较法而言，基本模型中的V_2可选取案例的交易价格。

由于证券市场和产权交易市场在运行效率、价格形成机制、可比对象数量、信息透明度方面存在较大差异，因此，评估专业人员应该清楚上述方法的适用情形、应用前提和调整重点。

四、市场法的适用性分析

（一）市场法的适用前提

1. 市场有效性

市场法首先需要市场对可比公司进行准确价值判断，然后才能通过类比分析得到被评估企业的价值。被评估企业价值评估的准确性在很大程度上取决于市场对可比公司的定价是否合理，这就需要市场具有足够的有效性，也就是说，市场法适用于资本市场发育比较成熟、市场有效性比较强的情形。一个有效的市场一般具有以下特点：（1）存在大量以追求利润最大化为目标的理性投资者，个别投资者不能单独对市场定价造成影响。（2）市场信息充分披露和均匀分布，投资者所获取的信息是对称的。（3）投资者获取信息不存在交易成本。（4）投资者对信息变化会作出全面、快速的反应，且这种反应又会导致市场定价的相应变化。

2. 数据充分性

市场法的运用还要求公开市场上要有足够数量的可比上市公司或者可比交易案例，并且能够收集到与评估活动相关的，具有代表性、合理性和有效性的信息资料，进而可以量化可供比较和调整的各项差异指标。因为被评估企业评估结果的高低在很大程度上取决于参照企业的成交价格水平，可比对象成交价格不仅是其内在价值的市场体现，还受买卖双方的交易地位、交易动机、交易时限等因素的影响，数量足够多的可比对象可以避免个别交易中的特殊因素和偶然因素对成交价格和最终评估结果的影响。

3. 数据时效性

由于资本市场定价具有较强的波动性，运用市场法采用的市场数据的时效性就显得非常重要。在实务操作中，评估专业人员使用市场法时应当保持一定的谨慎度，对可比上市公司的历史定价波动情况作出分析预判，并通过一定的技术手段（如采用区间型价值比率）平滑价值的巨大波动。适当延长市场数据的时间期限，也有助于判断价格变化的长期趋势。

（二）市场法的局限性

1. 资本市场波动较大

市场法的局限性在于其对资本市场有严格要求，所在的资本市场应充分有效或者接近有效。但是目前中国资本市场尚不完善，市场投机气氛比较浓厚，股票市场波动较为剧烈。在这样的资本市场中，运用市场法的前提条件受到限制，市场法的适用性受到影响。

2. 难以找到与被评估企业相同或类似的可比对象

市场法的局限性还体现在难以找到与被评估企业相同或类似的可比对象。我国并购市场起步较晚，市场规模有限，尤其是信息透明度非常欠缺，评估专业人员找到合适的并购交易案例数据具有相当大的难度。

3. 价值影响因素难以考虑周全

目前市场法在企业价值评估中的使用是以可比上市公司或可比交易案例与被评估企业的相关财务经营指标为基础的，但是财务经营指标只是企业运营情况的一个方面的参考，并不能代表企业的全貌。在选择可比对象时，如果仅以财务经营指标为基础，没有更多考虑企业在核心竞争力、营销策略等方面的个体差异，评估结果将会与企业实际价值存在较大偏差。

4. 主观判断空间大

市场法在企业价值评估中的运用具有一定的灵活性，即评估专业人员可以根据被评估企业的具体情况选择可比对象及价值比率并进行适当的调整。但同时我们也可以看到，该方法很难制定具体的评估程序，这样就为评价该方法的效果制造了一定的障碍，同时市场法也容易被误用和操纵，相关监管部门对资产评估的监管也会遇到一定的困难。

上述局限性因素都是相对的。在市场数据不够完善的条件下，评估专业人员应当结合评估业务具体情况和评估专业人员的实务经验，分析判断采用市场法评估企业价值的可行性与评估结论的可靠性。

任务二 可比对象的选择

任务描述

采用市场法进行企业价值评估时应当确信所选择的可比对象与被评估企业具有可比性。可比对象的选择关系到评估结论的准确性，本任务主要介绍企业价值评估中可比对象选择的一般关注要点、可比上市公司的选择要点和可比交易案例的选择要点。通过学习，理解影响企业价值的各项因素，掌握可比对象选择的具体方法。

相关知识

一、可比对象选择的一般关注要点

（一）行业性质或者经济影响因素

可比对象应当与被评估企业在相同或相似的行业，当在相同或相似的行业中难以找到足够的可比对象时，可将选择范围扩大到受相同经济因素影响的企业。

评估时应尽量在相同或相似的行业中寻找可比对象。评估专业人员可以根据中国证券监督管理委员会或其他证券公司划分的行业分类进行搜索并细分，寻找最为相似的可比对象。例如，在钢铁行业，根据生产钢种、生产工艺流程的不同进一步细分为多个子行业。为避免错误分类或了解是否跨多个行业，评估专业人员应当阅读招股说明书和年报资料中对企业的描述，选择恰当的行业。若被评估企业为多元化经营企业，不宜简单地归入某一行业，而应对被评估企业各业务板块分别选取同行业可比对象进行评估并加总，在考虑多元化折价/溢价的基础上综合确定评估结果。

如果被评估企业属于新兴行业或很难找到足够数量的相同或分类相近的可比对象，评估专业人员可扩大范围，在受相同经济因素影响的行业中寻找可比公司。

（二）企业注册地与业务活动地域范围

在选择可比对象时，应当注意其注册地与被评估企业的可比性。可比对象注册地点不同，相应的会计、税收、产业政策可能也会有较大差异。在不同的地域范围经营业务，其面临的经营风险、客户群体、政策优惠、行业壁垒均有较大差异，因此，业务活动的区域范围也是可比对象选择的关注要点之一。

（三）业务结构

业务结构的可比性标准是指可比对象应当与被评估企业在主要业务收入、利润的结构上相似，并且已稳定经营一段时间。可比对象与被评估企业同属于一个行业，但是业务结构上存在较大差异或者在不同产品或服务的利润构成方面存在较大差异将导致可比性变弱。例如，在有色金属行业，被评估企业与同行业的其他企业相比虽然都有铅、锌、银矿等，但是可能存在不同的产品结构，收入上就会产生巨大差异；不同产品的利润率不同，也会导致利润上的巨大差异，进而影响企业整体的营利能力。又如，在IT行业，有些企业以销售设备和提供技术服务为主营业务，销售设备的毛利率明显低于提供技术服务的毛利率。当被评估企业的销售收入90%来自设备销售时，即使是同样的收入，利润差异也可能很大，会削弱可比性。

（四）经营模式

经营模式的可比性标准是指同行业的企业即使从事同一项业务，其中也会存在多种经营模式，而不同的经营模式可能导致财务指标上的巨大差异和经营风险的差异。例如，传统的零售业和电子商务，两者可能都在进行同类产品的销售，但在经营模式上存在很大的差异，导致企业发展速度和成本构成方面有所不同，简单地按照零售行业进行比较是不妥当的。评估专业人员应当关注不同企业的经营模式，寻找经营模式最接近的可比对象进行比较。

（五）企业规模

企业规模的大小可以按照其销售收入、资产总额、从业人员数量或产能等指标来判断，不同行业的划分标准略有不同。大规模企业具有更加深化的管理、更多的产品线和市场、地域分布更广等特点。而特大型企业多实行跨行业发展，不太可能处于单一行业。如果在规模上存在重大差异，则被评估企业与可比对象间可能会存在业务结构、资产配置情况等方面的差异，影响可比性。

（六）资产配置和使用情况

资产配置和使用情况的可比性标准是指在选择可比对象时应当关注企业的资源配置是否合理，以及资源是否有效使用。广义的资源是指自然资源、人力资源和财力资源。狭义的资源仅指自然资源。如何合理配置资源，使现有资源得到充分利用，对企业是否具有竞争力与发展潜力是至关重要的。资源越多，企业的发展不一定越好。资源如果不能得到合理的配置和充分使用，多余的资源就是浪费，发挥不了积极作用，反而会增加企业成本，降低经营效率。

（七）企业所处经营阶段

企业的经营阶段大致可分为初创、成长、成熟和衰退四个阶段。不同阶段的发展速度是不同的，在初创阶段发展速度比较缓慢，成长阶段属于快速发展期，成熟阶段发展比较稳定，衰退阶段开始走下坡路。另外，不同阶段的企业面临的风险也可能存在较大差异。例如，初创阶段的企业，未来发展的不确定性比成熟阶段的企业更大，面临的风险也更大。

（八）成长性

成长性是指公司实现可持续成长的能力，处于同一经营阶段的企业，其成长性也可能有较大差异。成长性的可比性标准是指高成长性公司的市场占有率、总资产增长率、主营业务收入增长率、主营业务利润增长率和利润率等指标均持续增长。因此，在选择可比对象时，评估专业人员即使无法找到与被评估企业有相同的预期成长性的企业，也应当保证可比对象与被评估企业有着相同或相近的发展方向。同时，在比较价值比率时，现实和历史的经营指标不能充分反映其价值，选择前瞻性指标可能更为恰当。

（九）经营风险

经营风险是指在企业经营的过程中，由于市场需求的变化、生产要素供给条件的变化，以及同类企业间的竞争给企业的未来收益带来的不确定性的影响。影响经营风险的因素主要包括可控风险和不可控风险。在选择可比对象时应当重点考察可控风险的差异，慎重确定。

（十）财务风险

可比对象的财务风险应当与被评估企业的财务风险尽可能相似。在进行比较前，应对可比对象和被评估企业的财务报表进行调整，使它们基于相似的编制基础。例如，应当消除非经常性项目和存货核算方式的影响。同时，对于利润率、周转率、投资回报率等财务业绩指标上的差异也应当进行分析比较、加以考虑。另外，被评估企业与可比对象在资本结构方面的可比性也很重要。有较高财务杠杆的公司与没有财务杠杆的公司在财务风险上差异很大。

【提示】评估专业人员在选择可比对象时，应注意筛选标准的统一性、筛选对象的全面性。在选择可比对象时，应根据上述一个或几个可比因素制定统一的筛选标准。标准越严格，所筛选出来的可比对象就越相似，数量也越少。因此，刚开始时可以把标准放宽些，然后逐渐提高标准，以保证筛选出的可比对象的确具有可比性，并且还具有一定的数量。一旦标准确定后，应尽可能从所有满足标准的待选公司中进行筛选，否则会存在样本不完整、结果不客观的可能。筛选的手段可以多种多样，既可以通过表格形式，也可以通过正态分布图方式进行操作。

二、可比上市公司的选择要点

除了上述可比对象选择的一般关注要点以外，使用上市公司比较法时，对可比上市公司的选择还应当注意以下几点：

（一）股票交易历史数据充分性

在选择可比上市公司时，除了要有一定时期的经营历史以外，一般还需要有一定时期的上市交易历史，主要是考虑进行上市公司比较法评估操作时需进行一定的统计处理，需要一定的股票交易历史数据。

（二）股票交易活跃程度

可比上市公司应当为股票市场上交易活跃的上市公司，上市公司股权交易活跃表明其股价形成是在竞价机制基础上对内在价值的反映，一旦股价偏离内在价值，则能够迅速向内在价值回归。因此，参考企业应当从那些交易活跃的股票中选取。

三、可比交易案例的选择要点

除了上述可比对象选择的一般关注要点以外，使用交易案例比较法对可比交易案例进行选择时，还应当注意以下几点：

（一）交易日期应尽可能与基准日接近

收集的交易案例的交易日期可能并非评估基准日，因此会存在由于上述两个日期差异所产生的交易价格差异，因此为了便于对比，在选择交易案例比较法的评估对象时，应该尽量选择交易日期与评估基准日接近的可比交易案例。

（二）关注可比交易案例资料的可获得性和充分性

收集可比交易案例资料时，评估专业人员应当注意案例相关财务资料的可获得性和资料的充分性。不同交易案例在企业经营、交易条款方面可能与被评估企业存在较大差异，如果未能充分收集案例资料，则可能会无法消除相关差异的影响，引起价值判断上的偏差。

任务三　价值比率的选择及确定

任务描述

价值比率是连接评估对象和可比企业的桥梁，本任务主要介绍了价值比率的概念、分类和计算方法，以及价值比率的选择和确定方法。通过学习，帮助学生理解各类价值比率的内涵，掌握价值比率的计算和确定方法。

相关知识

一、价值比率的概念和分类

（一）价值比率的概念

价值比率是指以价值或价格作为分子，以财务数据或其他特定非财务指标等作为分母的比率。价值比率是市场法对比分析的基础，用企业价值和与企业价值密切相关的指标的比值表示，即：

$$价值比率 = \frac{企业价值}{与企业价值密切相关的指标}$$

（二）价值比率的分类

1. 按照价值比率分子口径分类

按照价值比率分子的计算口径，价值比率可分为权益价值比率与企业整体价值比率。

（1）权益价值比率。权益价值比率主要指以权益价值作为分子的价值比率，主要包括市盈率（*P*/*E*）、市净率（*P*/*B*）等。

（2）企业整体价值比率。企业整体价值比率主要指以企业整体价值作为分子的价值比率，主要包括企业价值与息税前利润比率（*EV*/*EBIT*）、企业价值与息税折旧及摊销前利润比率（*EV*/*EBITDA*）、企业价值与销售收入比率（*EV*/*S*）等。

2. 按照价值比率分母口径分类

价值比率可以按照分母的性质分为盈利价值比率、资产价值比率、收入价值比率和其他特定价值比率。

$$盈利价值比率 = \frac{企业整体价值/股权价值}{盈利类参数}$$

$$资产价值比率 = \frac{企业整体价值/股权价值}{资产类参数}$$

$$收入价值比率=\frac{企业整体价值}{销售收入}$$

$$其他特定价值比率=\frac{企业整体价值/股权价值}{特定类参数}$$

（三）常用的价值比率

常用的价值比率见表6-1。

表6-1　常用的价值比率

价值比率分类	权益价值比率	企业整体价值比率
盈利价值比率	*P/E* *PEG* *P/FCFE*	*EV/EBITDA* *EV/EBIT* *EV/FCFF*
资产价值比率	*P/B* *TobinQ*	*EV/TBVIC*
收入价值比率	*P/S*	*EV/S*
其他特定价值比率	*P*/研发支出	*EV*/制造业年产量 *EV*/医院的床位数 *EV*/发电厂的发电量 *EV*/广播电视网络的用户数 *EV*/矿山的开采储量

评估专业人员在选择、计算、应用价值比率时，应当考虑以下几点：一是选择的价值比率有利于合理确定评估对象的价值：二是计算价值比率的口径应保持一致；三是应用价值比率时，对可比对象和被评估企业之间的差异进行合理调整。

1. 盈利价值比率

（1）*P/E*（市盈率）。*P/E*是市场比较法中运用最为广泛的价值比率。该价值比率等于每股市场价格与每股收益之比。其计算公式如下：

$$\frac{P}{E}=\frac{企业股权价值}{利润}=\frac{每股市场价格}{每股收益}$$

企业的实际市盈率是企业股票的市场价格与企业的每股收益相除的结果。利用企业基本数据进行推导计算可以得出理论市盈率。通过理论市盈率的推导，可以对市盈率的本质有更深入的了解。

当公司收益以稳定的增长率（g）增长时，我们可以利用股利固定增长模型，得到稳定增长公司的股权资本价值：

$$P_0=\frac{DPS_1}{r-g}$$

式中：P_0——股权资本价值；DPS_1——下一年预期的每股股利；r——股权资本成本；g——预期股息增长率。

同时，因为$DPS_1=EPS_0\times b\times(1+g)$，其中$b$为股利支付率，所以股权资本的价值公式可以写成：

$$P_0 = \frac{EPS_0 \times b \times (1+g)}{r-g}$$

等式两边同时除以EPS_0后，得到市盈率P/E的表达式如下：

$$P/E = \frac{P_0}{EPS_0} = \frac{b \times (1+g)}{r-g}$$

市盈率指标的确定因素为企业的增长潜力、股利支付率和风险等。其中最主要的驱动因素是企业的增长潜力。

【例6-1】A公司2023年的每股收益为1.65元，股利支付率为35%，收益和股利的增长率预计为5%。该公司的β值为1.2，市场风险溢价为7%，无风险报酬率为3%。

要求：计算该公司的P/E值。

解：当前的股利支付率$b = 35\%$，预期公司收益和股利的增长率$g = 5\%$。

股权资本成本$r = 3\% + 1.2 \times 7\% = 11.4\%$

$$P/E = \frac{b \times (1+g)}{r-g} = \frac{35\% \times (1+5\%)}{11.4\% - 5\%} = 5.74$$

微课

市盈率的含义

市盈率是一个将股票价格与当前公司盈利状况直接联系在一起的价值比率。对大多数企业而言，该指标易于获得且容易计算，也可以作为公司成长性、风险性等特征的代表，最适用于连续营利的企业，但若盈利类指标是负值，则失去了经济意义。

（2）PEG（市盈率相对盈利增长比率）。PEG是市盈率与盈利增长速度的比率。其计算公式如下：

$$PEG = \frac{\text{市盈率}}{\text{企业年盈利增长率} \times 100}$$

PEG指标以市盈率指标为基础，弥补了市盈率对企业动态成长性估计的不足。该指标适用于生物制药、奢侈品和信息技术等高增长行业，对于成熟、亏损或正在衰退的行业则不适用。

（3）$EV/EBITDA$。$EV/EBITDA$是企业价值与企业息税折旧及摊销前利润的比率。其计算公式如下：

$$EV/EBITDA = \frac{\text{股权价值} + \text{债权价值}}{\text{息税折旧及摊销前利润}}$$

$EV/EBITDA$乘数被最广泛地运用于具备大量固定资产投资的资本密集型企业，且当折旧方法在各企业间差异较大时，使用该乘数更为合理。

（4）$EV/EBIT$。$EV/EBIT$是企业价值与企业息税前利润的比率，其计算公式如下：

$$EV/EBIT = \frac{\text{股权价值} + \text{债权价值}}{\text{息税前利润}}$$

当企业与可比对象在税率、资本结构等方面存在较大差异时，采用$EV/EBIT$指标更为合理。

2. 资产价值比率

（1）P/B（市净率）。P/B 指的是每股市场价格与每股净资产的比率。其计算公式如下：

$$P/B=\frac{\text{企业股权价值}}{\text{净资产价值}}=\frac{\text{每股市场价格}}{\text{每股净资产}}$$

与市盈率一样，我们可以通过该价值乘数的计算公式推导，获知市净率这一权益乘数的决定因素。

根据戈登增长模型，一家稳定增长企业的权益价值可以表示为：

$$P_0=\frac{DPS_1}{r-g}$$

式中：P_0——股权资本价值；DPS_1——下一年预期的每股股利；r——股权资本成本；g——预期股息增长率。

由于$DPS_1=EPS_0\times b\times(1+g)$，其中，$b$为股利支付率，代入上式，股权资本的价值公式可以写成：

$$P_0=\frac{EPS_0\times b\times(1+g)}{r-g}$$

如果净资产收益率（ROE）$=EPS/$权益账面价值，即：$ROE=EPS/BV$（每股净资产账面价值），则$EPS_0=BV_0\times ROE$，那么权益价值为：

$$P_0=\frac{BV_0\times ROE\times b\times(1+g)}{r-g}$$

由此可得出市净率（P/B）：

$$P/B=\frac{P_0}{BV_0}=\frac{ROE\times b\times(1+g)}{r-g}$$

市净率指标的驱动因素为净资产收益率、股利支付率、增长率及风险等。

【例 6-2】A 公司 2023 年的每股净收益为 4 元，股利支付率为 50%。每股权益的账面价值为 40 元，公司将长期维持 5% 的年增长率，股票的市场价格为每股 66 元，公司的β值为 0.8，假设无风险报酬率为 3%，市场风险溢价为 7%。

要求：（1）根据公司股利支付情况，估计该公司的市净率（P/B）。（2）根据该公司股票价格，计算公司市净率（P/B），并估算与之匹配的净资产收益率。

解：（1）计算 P/B：

当前的股利支付率 $b=50\%$

预期公司收益和股利的增长率 $g=5\%$

净资产收益率 $ROE=\frac{4}{40}\times 100\%=10\%$

股权资本成本 $r=3\%+0.8\times 7\%=8.6\%$

$$P/B=\frac{ROE\times b\times(1+g)}{r-g}=\frac{10\%\times 50\%\times(1+5\%)}{8.6\%-5\%}=1.46$$

（2）由于公司股票当前的市场价格为 66 元/股，所以实际 P/B 计算如下：

$P/B=66\div 40=1.65$

根据上述计算公式求*P/B*为1.65时的*ROE*如下：

$$1.65 = \frac{ROE \times b \times (1 + g)}{r - g} = \frac{ROE \times 50\% \times (1 + 5\%)}{8.6\% - 5\%}$$

可得*ROE*= 11.31 %

该价值比率极少出现负值，数据容易取得，且较为稳定，不像净利润那样容易被人为操纵。如果企业的会计标准合理且一致，市净率的变化可以反映企业价值的变化。因此，该价值比率适用于拥有大量资产且净资产为正的企业。

但是，由于账面价值易受会计政策的影响，若会计政策不一致则会缺乏可比性。另外，对于固定资产较少的服务性企业和高科技企业，净资产与企业价值的关系不大，市净率就没有实际意义了。

（2）*EV/TBVIC*。*EV/TBVIC*是企业价值与总投入资本资产（营运资金与长期资产之和）账面价值的比率。其计算公式如下：

$$\frac{EV}{TBVIC} = \frac{\text{股权价值} + \text{债权价值}}{\text{总投入资本资产价值}}$$

3. 收入价值比率

收入价值比率主要有市销率（*P/S*）及市售率（*EV/S*即销售收入价值比率）等，计算公式如下：

$$P/S = \frac{\text{股权价值}}{\text{销售收入}}$$

$$EV/S = \frac{\text{股权价值} + \text{债权价值}}{\text{销售收入}}$$

通过对*P/S*计算公式的推导，可以获知市销率这一权益乘数的决定因素。

根据戈登增长模型，一家稳定增长企业的权益价值可以表示为：

$$P_0 = \frac{DPS_1}{r - g}$$

式中：P_0——股权资本价值；DPS_1——下一年预期的每股股利；r——股权资本成本；g——预期股息增长率。

由于$DPS_1 = EPS_0 \times b \times (1 + g)$，其中$b$为股利支付率，代入上式，股权资本的价值公式可以写成：

$$P_0 = \frac{EPS_0 \times b \times (1 + g)}{r - g}$$

在此引入一个新的概念——销售净利率（*NPM*），将其定义为：

$$NPM = EPS_0/\text{每股销售额}(S)$$

则：$EPS_0 = NPM \times S$

权益价值计算公式如下：

$$P_0 = \frac{NPM \times S \times b \times (1 + g)}{r - g}$$

由此可得出市销率（*P/S*）：

$$P/S=\frac{P_0}{S_0}=\frac{NPM\times b\times(1+g)}{r-g}$$

市销率的驱动因素有销售净利率、股利支付率、增长率及风险等。

【例 6-3】A 公司 2023 年的销售收入是 14 000 万元，净利润是 2 800 万元，股东权益账面价值为 3 500 万元，股利支付率为 35%，预计未来增长率为 5%，A 公司的 β 值为 1.2，无风险报酬率为 3%，市场风险溢价为 7%。

要求：计算 A 公司的 P/S。

解：销售净利率 $NPM=\frac{2\,800}{14\,000}\times 100\%=20\%$

股利支付率 $b=35\%$

预计未来增长率 $g=5\%$

股权资本成本 $r=3\%+1.2\times 7\%=11.4\%$

$$P/S=\frac{NPM\times b\times(1+g)}{r-g}=\frac{20\%\times 35\%\times(1+5\%)}{11.4\%-5\%}=1.15$$

市销率不会出现负值，因此对于亏损及资不抵债的企业，也能够计算出一个有意义的价值比率，体现销售规模及市场份额的影响。同时，它不易被人为操纵，且对价值政策和企业战略的变化敏感，可以反映这种变化的后果。因此，市销率适用于销售成本率较低的服务类企业或者是成本与销售利润水平稳定的传统行业。但是，该价值比率不能反映制造及销售成本上的差异，有一定的局限性。另外，由于 P/S 指标为非同口径指标，因此在评估过程中应用不广泛，较为常用的是 EV/S 指标。

4. 其他特定价值比率

其他特定价值比率主要为资产价值与一些特定的非财务指标之间建立的价值比率，主要包括以下几种：

$$矿山可开采储量价值比率=\frac{EV}{开采储量}$$

$$仓库仓储容量价值比率=\frac{EV}{仓储容量}$$

$$专业人员数量价值比率=\frac{EV}{专业人员数量}$$

$$市研率=\frac{P}{研发支出}$$

【提示】计算价值比率时可采用时点型价值比率，也可采用区间型价值比率。某一时点的数据，称为时点型价值比率；某一区间数据的平均值，称为区间型价值比率。时点型价值比率可以较为充分地反映时点的现时价值，但是也容易受到市场非正常因素的干扰，使其丧失有效性；采用区间型价值比率可以利用时间区段的均价有效减少市场非正常因素的扰动，更加接近股票的内在价值，但这种计算方式可能会部分失去价值比率的时效性。

二、价值比率的选择

（一）价值比率的选择原则

由于各类价值比率都有自身的长处和不足，所以通常需要选用多类、多个价值比率分别进行计算，在进行综合对比分析判断后才能选择出最适用的价值比率。

评估专业人员在选择价值比率时一般需要考虑以下原则：

一是对于亏损企业，选择资产基础价值比率比选择收益基础价值比率效果可能更好。

二是对于可比对象与目标企业资本结构存在较大差异的，一般应选择全投资口径的价值比率。

微课

价值比率的选择原则

三是对于一些高科技行业，或有形资产较少但无形资产较多的企业，选择收益基础价值比率可能比资产基础价值比率效果好。

四是如果企业所属行业的各类成本和销售利润水平比较稳定，可以选择收入基础价值比率。

五是如果可比对象与目标企业税收政策存在较大差异，可能选择税前的收益基础价值比率比选择税后的收益基础价值比率更好。

【注意】在选择价值比率时，还需要注意价值比率的分子、分母对应的口径应保持一致。

（二）价值比率的选择方法

价值比率的选择方法主要包括基本因素方法、统计方法和常规方法。

1.基本因素方法

主要考虑运用与公司价值相关性最高的变量。例如，如果被评估企业的价值与其收益相关度最高，而该企业的收益预测又比较可靠，则选择盈利类价值比率进行评估将会比较准确、可行。

2.统计方法

可以对各种价值比率进行回归，其中相关性最高的就是可以进行最佳解释的价值比率。在通常情况下，资产比率相关因素主要有预期增长率、股息支付率、风险和净资产收益率；收入比率相关因素有预期增长率、股息支付率、风险和净利润。

3.常规方法

常规方法就是根据多年来的实践和总结，评估某些行业常用的价值比率。各行业常用价值比率见表6-2。

表6-2　各行业常用价值比率

行业		通常选用的价值比率
金融业	银行	*P/B*、*P/E*
	保险	财险：*P/B*
		寿险：*P/EV*

续表

行业		通常选用的价值比率
金融业	证券	经纪：P/E、营业部数量、交易活跃账户数量
		自营：P/B
	基金	P/AUM（管理资产规模）
采掘业		EV/Reserve、EV /Resource、EV/ Annual Capability
房地产业		P/NAV（净资产价值）、P/FCFE
制造业	钢铁行业	P/B、EV/钢产量
	消费品制造业	P/E
	机械制造业	P/E
	生物制药业	PEG
基础设施业		EV/EBITDA、P/B
贸易业		批发：P/E
		零售：EV/S
信息技术业		处于初创阶段：EV/S、P/B
		处于成长阶段：P/E、PEG
		处于成熟阶段：P/E

对于盈利容易发生显著变动的周期性行业，如航空、资源和钢铁等行业，各类以盈利为基础的价值比率均不太适用：而基于资产账面价值或重置价值的比率、基于营业收入的比率等，因其受周期性影响相对较小，可以结合行业情况进一步选择。但在能够相对准确地预测行业周期的前提下，也可以采取周期平均的方法，使*P/E*、*EV/EBITDA*等盈利类指标重新具有适用性，使评估结果接近企业的内在价值。

对于盈利相对稳定、周期性较弱的成熟行业，投资者注重的往往是利润和现金流的增长，因此，选择盈利比率相对较为适合。对于新兴行业，其近期的盈利预测可能较低，甚至为负，无法真实体现企业的价值，因此可以采用*PEG*等增长性指标，弥补*P/E*等对企业动态成长性估计的不足。此外，相对于利润，投资者对新兴行业通常更为注重收入及相关经营数据（如用户规模、网站点击数等），因此*EV/S*和其他特定比率在新兴行业也应用较广。

三、价值比率的调整

（一）价值比率的调整内容

评估专业人员需要对被评估企业和可比对象之间影响价值的定性及定量因素进行比较分析，确定价值比率调整的方法。对被评估企业及可比对象价值进行比较的关键在于两者风险和成长性的差异。其中，定性的影响因素包括相对规模、市场竞争地位、管理深度、无形资产状况、产品线和市场区域的多样化、供应商或客户的依赖度、产品所处的生命周期。定量的分析因素主要体现在财务绩效方面，可以通过对财务指标的横向及纵向对比，分析企业在风险和成长性等方面的差异，将价值比率调整到合适水平。常用的调整方法主要有财务绩效调整（如净利润率、净资产收益率）、规模及其他风险因素差异调整、成长性差异调整等。

1. 财务绩效调整

财务绩效调整主要通过分析被评估企业与可比对象在营利能力、运营能力、偿债能力、成长能力等方面的差异进行调整，采用的财务指标如下：

（1）营利能力：销售净利率、营业利润率、主营业务净利率、总资产报酬率、净资产收益率、资本金利润率、主营业务收入、*EBIT* 和 *EBITDA*。

（2）运营能力：总资产周转率、流动资产周转率、总资产和净资产。

（3）偿债能力：资产负债率、速动比率、流动比率，以及风险控制能力（净资本/各项风险资本准备之和，评估对象为证券公司）。

（4）成长能力：营业收入增长率、资本扩张率和股东权益增长率。

评估专业人员可将可比对象与被评估企业各项财务指标进行比较，按照一定标准计算相应得分，并结合各指标权重，计算各公司的总分值，将该分值与被评估企业进行对比，得出各可比对象的调整系数，最终得出被评估企业的企业价值。

2. 规模及其他风险因素差异调整

企业规模偏小可能会包含一系列风险因素，包括管理缺乏深度、产品缺少多样性、业务缺少区域或全球化、融资渠道有限、研发能力与市场资源有限等。另外，企业过高的负债也会增加企业的经营风险及财务风险，因此需要对被评估企业及可比对象在风险上的差异进行调整。在风险方面的差异可以反映在被评估企业与可比对象的折现率 r 上，因此可以采用可比对象和被评估企业的相关数据估算折现率来进行必要的调整。

3. 成长性差异调整

被评估企业与可比对象可能处于企业发展的不同期间，进入相对永续期的企业未来发展相对较为平缓，处于发展初期的企业可能会有一段发展相对较快的时期，因此也需要调整预期增长率的差异，一般采用增长率 g 来表示。

风险及成长性调整公式如下：

$$\frac{Value_S}{NCF_S}=\frac{1}{r_S-g_S}\Rightarrow\frac{NCF_S}{Value_S}=\frac{1}{M_S}=r_S-g_S=r_S+r_G-r_G-g_G+g_G-g_S$$

$$=r_G-g_G+(r_S-r_G)+(g_G-g_S)=\frac{1}{M_G}+(r_S-r_G)+(g_G-g_S)$$

$$M_S=\frac{1}{\frac{1}{M_G}+(r_S-r_G)+(g_G-g_S)}$$

式中：(r_S-r_G)是可比对象与被评估企业由于风险因素不同引起折现率不同，需要进行的风险因素调整；(g_G-g_S)是可比对象与被评估企业由于预期增长率差异需要进行的成长性调整。

4. 其他风险因素调整

企业其他方面的风险因素包括对单一供应商及客户的过度依赖、竞争力脆弱、销售收入波动、高比例固定成本、过度依赖新产品、高财务杠杆等。这些调整目前尚未有实证研究成果，因此只能进行定性分析。

另外，在采用交易案例法时，还应当注意交易条款、交易方式、交易时间等方面的因素调整。

（二）价值比率的调整方式

每个可比对象与被评估企业在成长性和风险等方面都会存在差异。采用波特五力模型、SWOT分析法和财务分析模型对可比对象和被评估企业进行定性和定量分析，据此对价值比率进行适当调整。

1. 因素调整

在比较各企业间价值比率之后，应该考虑影响价值比率的主要因素，并看看是否可以解释其中的差异。对于大多数企业来说，至少有一个因素可以解释价值比率为什么比行业均值要高或低。例如，当采用资产比率（*P/B*）比较时，就需要关注资本报酬率（*ROE*）与*P/B*之间的关系，合理解释调整的原因。

2. 矩阵法

在矩阵方法中，可以把价值比率根据因变量分成4块。例如，应用资产比率（*P/B*），可根据资产报酬率（*ROE*）将比率分块（如图6-1所示）。

过高估价 高*P/B*比率 低*ROE*之间	高*P/B*比率 高*ROE*之间
低*P/B*比率 低*ROE*之间	过低估价 低*P/B*比率 高*ROE*之间

图6-1　价值比率的调整方式——矩阵法举例

矩阵左下方和右上方均属合理区域，但如果处于左上方或右下方，则可能存在过高或过低估价。需要注意的是，上述判断是基于*ROE*与*P/B*基本上是保持线性关系的假设，如果风险因素等存在很大的差异，矩阵法就不一定完全正确。

3. 回归法

矩阵法的局限在于很容易识别极端值，但对于并没有过分高估或低估的企业不容易分辨。而回归法是区分企业间差异更具有说服力、更通用的方法。回归法是通过采集一定数量的可比对象价值和对价值比率有重大影响的独立变量，采用数理统计方法寻找它们之间的关系，据此判断企业是否被高估或低估，并对被评估企业的价值比率进行调整的一种方法。

此外，如果采用交易案例比较法，则应该比照交易条款、方式和时间对价值比率进行调整。

四、价值比率的确定

（一）价值比率计算的统计方法

对于任何一种价值比率而言，不同可比对象所计算出的价值比率都可能有较大不同。因此，来自可比对象的价值比率往往集中在一个区间，需要使用统计方法对各价值比率进行分析，确定被评估企业的价值比率。

1. 中位数法

我国股票市场上，许多微利企业的股票交易价格较高，此时计算出来的市盈率可能高达数百、数千甚至更高。如果可比对象的价值比率包括该类极端值，那么采用平均数计算可能会产生较大偏差，因此采用中位数可以很好地避免极端值的影响。

2. 算术平均值法

算术平均值可以用来反映一组数据的平均水平。价值比率的汇总分析，可以采用算术平均或加权算术平均等方法计算价值比率。

3. 调和平均值法

调和平均值是算术平均的一种变形，指的是倒数的算术平均值的倒数。调和平均数虽不常用且易受极端值影响，但是在计算利润率或价值比率时不失为一个有益的方法。

4. 变异系数法

变异系数反映观察值对于平均值的离散程度，也称为标准差系数，计算方法是用样本的标准差除以样本平均值。变异系数可以用来比较不同价值比率样本的离散程度，可以以此为依据选择最适合的价值比率，而非直接得到一个价值比率数值。

（二）价值比率计算的时间区间

价值比率的计算一般可以选择评估基准日前12个月或评估基准日前几年价值比率的平均值。

若选择评估基准日前12个月为基础进行计算，可分情况进行：时点型价值比率可以选择评估基准日股票价值为基础计算价值比率的分子，以评估基准日前12个月的相关财务数据为基础计算价值比率的分母；区间型价值比率可以评估基准日前若干日的交易均价为基础计算价值比率的分子，以评估基准日前12个月的相关财务数据为基础计算价值比率分母。同时，考虑到上市公司的财务报告是按季度披露的，当超过90天时可能会使价值比率包含因为上市公司新财务数据的披露对股票价格造成的系统性影响，因此在对区间型价值比率的分子进行计算时，建议选择30天或60天。如果在此期间可比对象发生突发事件，造成上市公司股价异常波动，则需要考虑是否应当调整日期，剔除可比对象股票价值异动的影响。

在实务中，评估专业人员考虑到股票的周期波动性，为更好地反映上市公司的内在价值，还可以选择评估基准日前几个会计年度分别计算时点型或区间型价值比率，并采用加权平均等方法合理处理后计算出平均值。采用这种方法时，应当结合可比对象股票价格的时效性和可比对象股票价格由于非正常因素扰动可能产生的影响，选择合适的计算区间。

任务四 市场法的操作程序

任务描述

市场法评估程序一般包括选择可比对象、规范被评估企业和可比对象的财务报表、计算各种价值比率、选择用于被评估企业的价值比率、将被评估企业与可比对象进行比较、对价值比率进行调整、将调整后的价值比率应用于被评估企业、综合考虑市场法评估结果的差异、进行溢价和折价的调整等九个操作步骤。本任务主要介绍市场法的基本步骤，明确市场法的基本流程，通过学习，帮助学生掌握市场法评估企业价值的程序，明确市场法在实践过程中的关键环节。

相关知识

一、选择可比对象

市场法作为一种相对估值法，第一步即需要找出市场上公开交易的可比公司或交易案例。选择可比对象的指导思想是力求现金流、成长潜力和风险水平相似，可以从行业因素、规模因素、成长预期、经营风险和财务风险等角度进行比较分析。另外，评估专业人员在实务中还能通过特定因素回归等统计学方法，选择合适的可比对象。

二、规范被评估企业和可比对象的财务报表

为了能顺利地进行对比分析，需要先为对比分析奠定一个基础，这个基础就是将可比对象和被评估企业的相关财务数据整合到一个相互可比的基础上。由于可比对象与被评估企业在采用相关企业会计准则或会计政策等方面可能存在重大差异，评估专业人员需要针对这些可能产生的财务数据上的差异，进行一定的调整和修正，主要包括会计政策差异调整和特殊事项调整两个方面。

（一）会计政策差异调整内容

可比对象和被评估企业财务报告中由于执行的会计政策不同会影响价值比率中各参数统计口径的一致性，在计算价值比率之前有必要对可比对象和被评估企业的财务数据进行模拟调整，统一会计政策。在会计政策差异调整时主要应关注以下几个方面：

1. 存货成本核算

存货成本核算主要包括先进先出法、移动加权平均法、月末一次加权平均法和个别计价法等，核算方法的选择在企业间的差异普遍存在。对特定的企业来说，采用移

动加权平均法与先进先出法，企业的利润情况可能有很大不同。如果该差异会影响到企业价值比率的可比性水平，则需要对存货成本核算的方法进行统一调整，计算调整后的净利润等盈利指标。

2. 收入确认

收入确认主要包括时点确认和金额确认两个方面。时点确认可能涉及商品销售的售前、售中及售后确认，同时也会涉及劳务收入的完工百分比或者完成合同率确认。金额确认可能涉及商品销售的总额法或净额法。我国企业会计准则虽然对收入确认条件进行了规定，但仍给企业留下了较大的自由选择空间。不同的企业会计人员在不同的情境下可能会产生判断的差异，进而运用了不同的收入确认方法。对于建筑行业这类有项目完成阶段的行业来说，收入确认上的差异尤为明显，因此评估专业人员应当对被评估企业与可比对象的收入确认原则进行统一。

3. 折旧差异

固定资产的折旧可以采用平均年限法、工作量法、双倍余额递减法和年数总和法等，可能造成各企业之间折旧方法的差异。在通常情况下，评估专业人员很难获取足够的信息来对此类差异进行调整，一旦折旧方法对企业业绩产生较大影响，评估专业人员就应当考虑选用折旧方法影响小的价值比率。

4. 税收差异

可比对象与被评估企业之间在税收水平上可能也会有较大差异，有些企业可能因为某方面的特殊原因而享受到税收优惠（如西部大开发等），税负水平较低甚至免税，而另一类企业只能按照正常水平纳税。评估专业人员应当进行相应的调整，以消除对税收差异的影响。

5. 其他问题

除上述方面外，差异调整还可能涉及股份支付、期权激励等成本费用、计提坏账准备政策和其他特殊事项的调整。评估专业人员应通过阅读审计报告附注和企业公开披露的信息，尽可能详细地了解可比对象和被评估企业的主要会计政策差异，并进行必要的调整。

（二）特殊事项调整内容

1. 非经常性项目调整

对非经常性项目进行规范调整，是为了能够更好地预测未来的经营业绩，同时也使不同企业之间更加具有可比性。就某些项目而言，如果未来不再发生，则应当将其从企业的财务报表中剔除。常见的非经常性项目包括停止经营业务、一次性重组成本、历史上形成的商誉的摊销、其他一次性费用等。

2. 非经营性及溢余资产调整

对于任一企业，其资产负债表可能既包括经营性资产和经营性负债，又包括非经营性资产、非经营性负债和溢余资产：其利润表可能既包括与经营性资产相关的营业收入和支出，又包括与非经营性资产、非经营性负债和溢余资产相关的收入和支出。评估专业人员在运用市场法进行企业价值评估时，由于非经常性收入和支出，非经营性资产、非经营性负债和溢余资产及其相关的收入和支出的影响，可能导致基于财务报表计算的价值比率不具有可比性，进而导致评估结果有失公允。因此，在运用市场法进行企业价值评估时，通常将可比对象和被评估企业财务报表中的非经营性资产、非经营性负债和溢余资产及其相关的收入和支出进行剥离，然后在最终的评估结果中加回非经营性资产、非经营性负债和溢余资产的价值。

三、计算各种价值比率

计算价值比率首先应当考虑其内涵的一致性，分子及分母应匹配。其次，计算价值比率采用的数据口径应保持一致性，在计算时应剔除各类会计政策或会计估计方法差异因素的影响。另外，计算价值比率的方法应保持一致性，因为在不同的时间段，企业的经营绩效必然存在差异。因此，评估专业人员应当合理区分时点型价值比率与区间型价值比率，保证计算口径上的一致性。

四、选择用于被评估企业的价值比率

选择恰当的价值比率是影响评估结果准确性的重要环节，价值比率有很多种。以分母的性质来分类，主要包括盈利比率、资产比率、收入比率和其他特定比率。评估专业人员需要结合企业的业务特点选择合适的价值比率。评估专业人员根据长期的经验总结，形成了一些价值比率选择的行业惯例。例如，制造业企业价值评估一般选择市盈率乘数；银行业企业价值评估一般选择市净率乘数；服务业企业价值评估一般选择市销率乘数；医院一般选择单位床位收入乘数等。以分子的性质来分类，主要包括权益价值比率和企业整体价值比率。若是评估缺乏控制权的股东部分权益价值，或是被评估企业与可比对象资本结构相似，则采用权益价值比率较为合适。若评估具有控制权的股权价值，或被评估企业与可比对象资本结构差异较大，则适合采用企业整体价值比率。

五、将被评估企业与可比对象进行比较

每个可比对象与被评估企业在成长性和风险等方面会存在差异，评估专业人员应当采用各种定性和定量分析方法，对差异进行分析，常用的方法包括定性的SWOT分析、定量的财务经营状况分析等。

六、对价值比率进行调整

根据对可比对象及被评估企业在成长性和风险等方面差异的分析，评估专业人员可以对价值比例进行适当调整。调整的方法主要有主观调整、矩阵法和回归法。在调整的内容上，应当全方位考虑财务绩效、规模风险、成长性，以及其他风险因素对可比性产生的影响，核心的调整思路是需要找到各类影响因素与价值比率或企业价值的相关性，构建调整模型。

七、将调整后的价值比率应用于被评估企业

根据被评估企业的财务经营指标或相关经济变量，将调整后的价值比率应用于被评

估企业以获得各种评估结果。

八、综合考虑市场法评估结果的差异

针对各种价值比率得到的不同评估结果，评估专业人员应当综合分析其中的差异，合理选择其中一个结果或者对各评估结果进行加权平均，作为评估结论。对于不同价值比率计算结果赋予权重的大小往往依赖于评估专业人员的评估经验。例如，服务性企业通常基于收入评估价值，资本密集型企业基于净利润或净资产，房地产企业基于毛现金流评估价值等。

九、进行溢价和折价的调整

评估专业人员在确定评估结果时，应当综合考虑各种溢价和折价因素的影响。例如，对缺乏控制权和流动性的股权进行折扣调整。

任务五 市场法评估案例分析

一、评估案例基本情况

A公司拟非公开发行股份构成管理层收购，委托资产评估公司对其公司股东全部权益价值进行评估，为该经济行为提供价值参考依据。评估基准日为是2023年9月30日。

（一）评估对象

评估对象是A公司股东全部权益价值。

（二）评估范围

评估范围为A公司全部资产及全部负债，具体包括流动资产、非流动资产和负债等。被评估单位申报的全部资产合计账面价值4 571 957 839.89元，负债合计账面价值96 956 611.36元，所有者权益4 475 001 228.53元。合并口径总资产6 446 660 040.53元，负债1 046 386 256.26元，所有者权益5 400 273 784.27元，归属于母公司所有者权益5 117 706 899.87元。资产负债和收入利润见表6-3和表6-4。

表6-3 资产负债 单位：万元

项目	2021年12月31日	2022年12月31日	2023年9月30日
总资产	462 347.55	467 570.47	457 195.78
负债	31 510.79	16 059.66	9 695.66
净资产	430 836.76	451 510.81	447 500.12

表6-4　　收入利润　　单位：万元

项目	2021年12月31日	2022年12月31日	2023年9月30日
营业收入	1 341.74	447.43	186.38
营业利润	21 301.20	30 441.46	32 561.07
净利润	21 247.37	29 841.61	32 463.36

（三）评估范围内的主要资产

1. 流动资产

流动资产主要由货币资金、交易性金融资产、应收账款、其他应收款、存货和其他流动资产等组成。

2. 长期股权投资

长期股权投资共5项，明细见表6-5。

表6-5　　长期股权投资

序号	被投资单位名称	公司类型	注册地	注册资本（万元）	持股比例（%）	表决权比例（%）	是否属于合并范围
1	甲公司	有限责任公司	内蒙古	50 000	100	100	是
2	乙公司	有限责任公司	扬州市	10 000	100	100	是
3	丙公司	股份有限公司（非上市）	辽宁省	11 500	63.64	63.64	是
4	丁公司	有限责任公司	黄山市	2 500	65	65	是
5	戊公司	有限责任公司	内蒙古	300	100	100	是

3. 设备

设备类资产，按用途分为机器设备、运输设备和电子设备。公司主要的生产资产在子公司，自身为持股和管理平台。部分待报废设备属于分公司，该分公司近年基本未开展业务。其他集团层面的车辆和电子设备，分布于企业各职能部门和场所，主要是在2000—2014年购入，目前正常使用。

4. 房屋建筑物类

本次纳入评估范围的房屋建筑物类，包括投资性房地产——房屋建筑物、固定资产——房屋建筑物。

投资性房地产——房屋建筑物，账面主要是2021年8月15日与乙公司签订的一项商业租赁合同，将其拥有产权的酒店出租给乙公司，租赁期为6年。

固定资产——房屋建筑物，账面主要是办公大楼、锅炉房、工业厂房等生产用房屋，共计5项。这些房屋建筑物大多建设于1982—2006年并投入使用，主体建筑采用钢混、砖混结构等。企业房屋建筑物日常使用和维护管理状况良好。

5. 无形资产——土地使用权

公司拥有宗地2块。取得时间是2015年11月1日，用地性质为工业，准用年限为

50年，开发程度为熟地。

6.其他无形资产

本次A公司申报的其他无形资产，主要是账面未记录的4项商标，目前基本未再使用。具体情况见表6-6。

表6-6 其他无形资产

序号	国家	名称	日期	有效期	核定服务项目类别
1	中国	X	2019-10-22	10年	5类 医疗用品
2	中国	Y	2004-07-26	10年	24类 布料床单
3	中国	Z	2004-07-26	10年	23类 纱线丝
4	中国	W	2003-10-20	10年	24类 布料床单

二、评估方法

（一）评估方法概述

依据《资产评估基本准则》，确定资产价值的评估方法，包括市场法、收益法和成本法三种基本方法及其衍生方法。依据《资产评估执业准则——企业价值》，执行企业价值评估业务可以采用收益法、市场法和资产基础法。

市场法是指将评估对象与可比上市公司或者可比交易案例进行比较，确定评估对象价值的评估方法。对企业价值评估采用市场法，具有评估数据直接选取于市场、评估结果说服力强的特点。

（二）评估方法的选择

执行企业价值评估业务，应当根据评估目的、评估对象、价值类型、资料收集等情况，分析收益法、市场法和资产基础法的适用性，选择评估方法。对于适合采用不同评估方法进行企业价值评估的，资产评估专业人员应当采用两种以上评估方法进行评估。

资产基础法针对被评估单位账面反映的资产和负债，通常是从重置的角度反映企业各项资产、负债的现时价值。A公司成立多年且主营生物制药，拥有技术、研发团队、业务网络、服务能力、管理和品牌优势等重要的无形资源，资产基础法难以反映A公司的整体营利能力和市场价值，因此本次评估不适用资产基础法。

收益法的适用前提是未来收益及其对应的风险可以合理预期和计量。A公司是一家A股上市公司，以收益法进行评估将构成业绩预测，进而可能对外部投资者及市场产生误导，为避免因预测数据影响投资者的独立决策，本次评估不采用收益法。

A公司是上市公司，存在足够交易量和交易频率且能提供持续报价的公开活跃市场，其股票价格能直接反映A公司股东全部权益市场价值，适用于现行市价法。此外，被评估单位主要从事兽用生物药品制造和销售，具有一定数量的同行业可比上市公司，适用于上市公司比较法。因此，本次评估采用市场法（现行市价法、上市公司比较法）。

（三）现行市价法介绍

现行市价法下的股东全部权益价值计算公式如下：

$$\text{股东全部权益价值} = \text{流通股股权价格} \times \text{流通股数量} + \text{限售流通股股权价格} \times \text{限售流通股数量}$$

截至评估基准日，公司股本均为流通股A股，故简化后的公式为：

$$\text{股东全部权益价值} = \text{流通股股权价格} \times \text{流通股数量}$$

由于A公司为A股上市公司，流通股的股票价格为公开市场上正常交易价格，每股价格参考《上市公司国有股权监督管理办法》，即采用评估基准日前30个交易日的每日加权平均价格的算术平均值与评估基准日每股净资产的孰高者。评估基准日前30个交易日的每日加权平均价格的算术平均值为8.43元，评估基准日每股净资产为4.80元，故流通股的股票价格确定为8.43元。根据公司公告，截至评估基准日，流通股数量为1 120 369 226股。

（四）上市公司比较法介绍

1. 上市公司比较法的概念

根据《资产评估执业准则——企业价值》，企业价值评估中的上市公司比较法，是指将评估对象与可比上市公司或者可比交易案例进行比较，确定评估对象价值的评估方法。

2. 上市公司比较法的基本步骤

（1）确定可比参照企业

在适当的交易市场中，分析与被评估单位属于同一行业或是受相同经济因素影响的，从事相同或类似业务、交易类型一致、时间跨度接近的已上市公司案例作为备选可比公司。在关注可比公司业务结构、经营模式、企业规模、资产配置和使用情况、企业所处经营阶段、成长性、经营风险、财务风险等因素后，对备选可比公司进行适用性筛选，最终选择适当数量的与被评估单位可比的参照企业。

（2）对被评估单位和可比公司的差异进行必要的调整

利用从公开、合法渠道获得的可比公司经营业务和财务各项信息，与被评估单位的实际情况进行比较、分析，并做必要的差异调整。

（3）选择确定价值比率

价值比率通常包括盈利比率、资产比率、收入比率和其他特定比率，如市盈率（*P/E*比率）、市净率（*P/B*比率）、市销率（*P/S*）、市售率（*EV/S*）或企业价值倍数（如*EV/EBIT*、*EV/EBITDA*等）。本次评估在比较分析各价值比率与被评估单位市场价值的相关性后，选取了市盈率（*P/E*比率）价值比率。在选择过程中充分考虑了下述因素：选择的价值比率有利于合理确定评估对象的价值；计算价值比率的数据口径及计算方式一致；应用价值比率时尽可能对可比公司和被评估单位间的差异进行合理调整。

（4）估算企业价值

在调整并计算可比公司的价值比率后，结合被评估单位相应的财务数据或指标，计算得出被评估单位的经营性资产价值，并通过对被评估单位的溢余资产价值、非经营性资产、非经营性负债的价值评估后，得到被评估单位股东全部权益价值。

三、评估结论

（一）相关评估结果情况

1.现行市价法评估值

采用现行市价法对企业股东全部权益价值进行评估，得出的评估基准日的评估结果如下：

A公司单体口径股东权益账面值为447 500.12万元，评估值为944 471.26万元，评估增值496 971.14万元，增值率为111.05%。

A公司合并口径归属于母公司股东权益账面值为511 770.69万元，评估值为944 471.26万元，评估增值432 700.57万元，增值率为84.55%。

2.上市公司比较法评估值

采用上市公司比较法对企业股东全部权益价值进行评估，得出的评估基准日的评估结果如下：

A公司单体口径股东权益账面值为447 500.12万元，评估值为980 183.00万元，评估增值532 682.88万元，增值率为119.04%。

A公司合并口径归属于母公司股东权益账面值为511 770.69万元，评估值为980 183.00万元，评估增值468 412.31万元，增值率为91.53%。

（二）评估结果差异分析及最终评估结论

1.不同方法评估结果的差异分析

本次评估采用现行市价法得出的股东全部权益价值为944 471.26万元，比上市公司比较法测算得出的股东全部权益价值980 183.00万元少35 711.74万元，差异率为3.78%。

2.评估结论的选取

根据《资产评估执业准则——企业价值》，对同一评估对象采用多种评估方法时，应当结合评估目的、不同评估方法使用数据的质量和数量，采用定性或者定量的方式形成评估结论。

现行市价法采用公开市场上直接可观察输入值，更直接、综合地反映了A公司股东全部权益于评估基准日的市场价值。可比上市公司以行业相近公司为参照对象进行调整，更侧重反映A公司相对于可比公司的相对价值，容易受到参照对象选择、价值比率、关键参数变动的影响，属于第二层次输入值。此外，A公司在近30日、60日、90日的收盘价未有异常大幅度波动，排除现行市价周期性波动对评估结果可靠性的影响，进一步佐证结论合理性。

通过以上分析，我们选用现行市价法评估结果作为本次A公司股东全部权益价值评估结论。经评估，A公司股东全部权益价值为人民币944 471.26万元。

【育德于技】抗疫攻坚中的国企“担当”

2020年是不平凡的一年，在抗击新冠疫情最吃劲的关键阶段，国企人冲锋在前、勇于担当，他们中有迎难逆行的“白衣战士”，有抗疫保供的“粮草官”，有临危受命支援前线防疫工程的“建设者”，有为确保列车“呼吸系统”安全和运输畅通而彻夜奋战的“铁路人”……他们是这场攻坚战中，顶得住的国企“担当”。

“在全国人民抗击新冠疫情的关键时刻，我郑重向组织请战，请组织将我安排到抗疫第一线去，安排到最艰苦、最危险的岗位去，到最需要的地方去。”这是中国兵器装备集团长安汽车凯程事业部长安客车销售经理田晓光向他所在的社区党支部递交的请战书。他主动申请加入社区志愿者，测体温、登记来访人员、挨家挨户排查人员情况。

不仅高质量完成社区的任务，在战“疫”一线保供的田晓光同样不甘人后。

战“疫”一线物资紧缺，长安汽车陆续接到了各地经销商和政府、团体需求负压救护车的咨询和采购信息。作为长安汽车旗下商用车品牌，长安凯程具备研发和制造医疗用车的资质和实力，他们火速成立项目团队，立即开展需求分析。田晓光把他当销售的“看家本事”使了出来，主动承担各方需求对接，短时间内迅速落实订单超过1 000台。

负压救护车被誉为“移动的N95口罩”，其车内气压低于外界大气压，空气在自由流动时只能由车外流向车内，且必须将车内的空气进行无害化处理后排出，以实现在救治和转运传染病等特殊疾病病人时可以最大限度地减小医务人员交叉感染的概率。此外，车上还需配备呼吸机、除颤仪、心电监护仪等全套抢救设备，用于实施危重病人和传染病等特殊疾病病人的抢救。

与技术团队沟通方案可行性、对现有救护车进行研究分析、选定改制车型、对接供应商保供、对生产装配进行风险评价、制定订单计划……这份工作清单，田晓光和他的团队成员争分夺秒地一一完成。

终于，负压救护车下线了。2020年2月19日，首批34台负压救护车以最快速度送达战“疫”一线。

“加班加点生产救护车，做社区的疫情防控志愿者，这都是我作为一名党员对自己的基本要求，同时我也要为孩子树立好榜样。”田晓光如此解释自己坚持的原因。

资料来源：王璐，梁倩.抗疫攻坚中的国企“担当”[EB/OL].[2024-08-24]. http://ccnews.people.com.cn/n1/2020/0224/c141677-31601157.html.

思考：国有企业是我国国民经济体系的重要支柱，与其他企业相比，他们在我国经济社会发展中起到了哪些特殊的作用？

项目小结

企业价值评估中的市场法是指将评估对象与可比上市公司或者可比交易案例进行比较，确定评估对象价值的评估方法。市场法常用的两种具体方法是上市公司比较法和交易案例比较法。

采用市场法进行企业价值评估时应当确信所选择的可比对象与被评估企业具有可比

性。可比对象的一般关注点分为两个层次：首先，一般而言，可比对象应当与被评估企业属于同一行业，或者受相同经济因素的影响，并且在企业注册地与业务活动地域范围、业务结构、经营模式、企业规模、资产配置和使用情况、企业所处经营阶段、成长性、经营风险、财务风险等方面具有可比性；其次，上市公司比较法和交易案例比较法对于可比对象的选择有一些需进一步关注的要点。

价值比率是指以价值或价格作为分子，以财务数据或其他特定非财务指标等作为分母的比率。价值比率是市场法对比分析的基础，由企业价值与一个与企业价值密切相关的指标之间的比率倍数表示。按照价值比率分子的计算口径，价值比率可分为权益价值比率与企业整体价值比率，按照分母的性质分为盈利价值比率、资产价值比率、收入价值比率和其他特定价值比率。由于各类价值比率都有自身的长处和不足，所以通常需要先选用多类、多个价值比率分别进行计算，然后进行综合对比分析判断才可以更好地选择最适用的价值比率。

项目综合实训

一、实训目标

通过对企业价值市场法评估的实际操作训练，使同学们能够掌握企业价值评估的市场法及评估技能，能独立使用市场法开展企业价值评估工作。

二、实训项目与要求

1. 实训组织

以学生为中心，分组训练，集中交流，集体总结。教师主要担任辅导者、具体组织者和观察员，向学生布置任务，进行必要指导；解答有关问题；进行进度控制与质量监督。学生按每组6~8人分成若干小组，每组为一个实训团队开展实际操作训练，每个团队分别确定一位负责人，具体组织和管理实训活动。

2. 实训项目

（1）判断案例是否适用市场法；

（2）选择恰当的价值比率；

（3）使用市场法评定估算案例中企业的价值；

（4）小组间总结评价。

3. 实训要求

（1）要求根据实际情况选择合适的参照物，确定价值比率，并熟练运用市场法评估待估企业价值。

（2）在评估中执行规范的市场法评估程序。

三、成果与检测

（1）每个团队自由选取企业价值评估案例，搜集评估资料，选择价值比率，开展评定估算。

（2）教师与同学们共同总结市场法使用中存在的问题，明确今后教学过程中应当改进的方面。

（3）由各团队负责人组织小组成员进行评价打分。

（4）教师根据各团队对选取的企业价值评估案例汇报的实训情况和各位同学的表现予以评分。

项目七

资产基础法在企业价值评估中的应用

【知识目标】

1. 理解资产基础法的基本原理；
2. 了解资产基础法的评估要素；
3. 掌握资产基础法的应用条件和使用局限。

【能力目标】

1. 掌握资产基础法的评估步骤；
2. 掌握资产基础法中各单项资产价值的处理方式。

【素养目标】

1. 培养认真负责、严谨细致的职业态度；
2. 提高分析判断、独立思考的实践能力。

项目导入

企业破产之后还存在价值吗?

甲有限责任公司成立于2012年12月，为一家房地产开发企业，所开发的“A大厦”项目，因拖欠工程款致工程烂尾。2023年9月9日，法院裁定受理债权人对甲公司的破产清算申请，并指定管理人。

管理人接管后，进一步调查发现甲公司名下“A大厦”已取得商品房预售许可证，在建工程主体虽已封顶，但二次结构并未完成。后因无确定的意向投资人，且债务人最终也向管理人表达了放弃重整的意思，2024年2月7日，法院裁定宣告甲公司破产。2024年3月22日，管理人对甲公司名下“A大厦”项目土地及在建工程进行公开拍卖，最终以4 817万元的价格拍卖成交。2024年5月14日，破产财产分配方案获高票通过，普通债权清偿率为30.73%。2024年5月29日，法院裁定认可破产财产分配方案。2024年5月31日，最后分配完结后，法院裁定终结甲公司破产程序。

请思考：甲公司破产清算时企业价值如何确定，应当运用什么评估方法?

启示：通过项目导入，帮助学生初步认识成本法的应用场景，同时树立法治意识，形成法治观念，认识到经济活动中遵纪守法的重要性。

任务一　资产基础法概述

任务描述

资产基础法是企业价值评估中的基础方法，本节主要介绍资产基础法的基本原理、基本思路和基本要素，重点介绍企业的常见财务指标，以及企业重点财务指标与企业价值的联系，通过学习，理解资产基础法的操作思路，掌握各基本要素的评估分析方法。

相关知识

一、资产基础法的基本原理

（一）资产基础法的概念及公式

1. 资产基础法的概念

资产基础法是指以被评估单位评估基准日的资产负债表为基础，通过评估企业表内及表外可识别的各项资产、负债的价值，并以资产扣减负债后的净额确定评估对象价值的方法。

2. 资产基础法的公式

资产负债表记录了企业资产和负债的账面价值，企业资产扣除负债后的净额，就是企业所有者的权益。由于企业资产负债表中的账面价值多是企业拥有的资产和负债的历史成本，而非现行取得成本，因此需要将企业资产和负债的历史成本调整为现行取得成本，进而估算评估对象在评估基准日的价值。评估专业人员以资产负债表为基础，将企业各项资产的价值逐一评估出来，然后扣除企业各项负债的价值就可以得到净资产的价值，这个净资产的价值就是企业所有者所能享受的权益价值。其计算公式如下：

股东全部权益价值 = 表内外各项资产价值 - 表内外各项负债价值

资产基础法，实质上是一种以成本途径评估企业价值的估价方法。从经济学的角度看，资产评估的成本途径是建立在古典经济学派的价值理论之上的，古典经济学派将价值归因于生产成本。例如，劳动价值论认为，商品的交换价格反映了该商品所耗费的成本。资产基础法也是建立在这样的假设基础之上的，即投资者在准备购买一家企业时，所能接受的价格通常不会超过重新建设该家企业的现行成本。

（二）资产基础法的基本思路和理论依据

1. 资产基础法的基本思路

资产基础法的基本思路是以企业的资产负债表为导向，首先估算企业资产负债表中所示的各项资产及资产负债表尚未列示、但属于企业的账外资产的价值，同时估算企业的各项负债价值，在此基础上，根据企业的全部资产和负债价值来确定企业的价值。资产基础法实际上是以评估基准日重新构建一家与被评估企业有相同的经营结构和功能、相同的获利能力的企业所需要的投资额来反映企业价值的。这种方法是以企业要素资产的再建为出发点，从一般投资者的角度考虑企业的价值构成，在现有的社会生产技术、价格水平、正常的利润等条件下，重新构建该企业所需要付出的代价。

2. 资产基础法的理论依据

资产基础法是替代原则的体现，其理论依据是，任何一个精明的潜在投资者，在购置一项资产时所愿意支付的价格都不会超过构建一项与所构建资产具有相同用途的替代品所付出的代价，这种观点与成本法的评估思路是一致的，因此，评估实践中也将这种方法称为企业价值评估的成本法。

资产基础法也可以理解为从会计核算的角度对企业价值进行的分析。从会计核算的角度来看，重新构建一家与被评估企业完全相同的企业所付出的全部费用，就是投资者和债权人在评估基准日按照市场价格重新取得该企业的所有资产需要支出的货币额，而完全由投资者所支出的部分，就是构成该企业的所有资产价值扣除相应的负债价值部分后的差额。由于企业会计中的资产和负债仅能反映企业的账面价值，因此投资者要了解评估基准日重新构建该企业所付出的代价，必须对构成该企业的所有资产及负债价值进行评估，包括企业账内和账外所有的有形资产、无形资产和负债。因此，评估实践中又将这种方法称为企业价值评估的加和法，即分别对被评估企业的各项资产和负债价值评估后进行加总，以此作为该企业的价值。

二、资产基础法的评价要点

理解资产基础法的关键是要把握以下几点：

（一）资产基础法是以资产负债表为基础进行企业价值评估的

从收益途径评估企业价值，关注的是企业的盈利能力，是根据企业未来所产生的预期收益多少来估算企业价值的。企业的盈利能力越强，则企业价值越高。从市场途径评估企业价值，关注的是市场上同类可比参照企业的交易状况，是根据市场上同类可比参照企业的交易价格来估算被评估企业的价值，可比参照企业的交易价格和被评估企业与可比参照企业的差异调整是影响被评估企业价值评估值高低的重要因素。而从重置企业的途径评估企业价值，更多的是关注企业现有的生产经营状况和企业资产负债表各构成要素的价值变化，是根据企业各项资产、负债价值的增减变动来估算企业价值的。企业各单项要素资产的重置成本越高，则企业价值越高。可见，资产基础法与市场途径和收益途径评估企业价值的基本思路是不同的，它是从重新构建企业的角度入手，采用成本途径来估算企业价值的，即在企业资产负债表的基础上进行价值调整。企业的资产负债表是按照会计原则反映的该企业在评估基准日的账面价值，当被评估企业发生产权变动或其他相关经济活动时，产权所有者或其他相关利益者需要了解的是被评估企业在评估基准日的市场价值，企业的账面价值虽然不能完全反映企业的市场价值，但如果根据企业各项资产、负债的市场价格波动情况对企业的账面价值进行适当的调整，也会在一定程度上反映企业的市场价值。

（二）资产基础法评估企业价值需要对企业的所有资产和负债价值进行评估

资产基础法评估企业价值是基于这样一种思想，即企业是由多个或多种单项资产组成的资产综合体，通过估算企业的各项资产和负债的价值，就可以估算出该企业的价值。在资产评估中，企业价值可以表示为企业整体价值、股东全部权益价值和股东部分权益价值等不同的形式，无论哪种企业价值表现形式，都需要对企业的资产和负债进行评估。企业价值中的股东全部权益价值就是企业的所有者权益价值或净资产价值，也是企业所有资产减去所有负债后的价值。企业价值中的企业整体价值，是指企业总资产价值减去企业负债中的非付息债务价值后的余值，也可以用企业的股东全部权益价值和付息债务价值之和来表示。

在资产基础法中，构成企业价值的资产是指企业的所有资产，包括在企业资产负债表中已记录的资产和尚未记录在企业资产负债表中的账外资产，特别是账外的无形资产，如企业自行研发形成的非专利技术、企业的特许权、销售网络、客户关系等。同样，这里的负债也包括在资产负债表内已经反映的企业的债务和尚未反映在资产负债表中的表外企业负债两部分。

需要注意的是，评估企业价值时对企业资产负债表中资产价值进行的评估，与单独将企业的资产作为评估对象进行的评估两者是有区别的，前者更强调各项资产对企业的贡献。

【例 7-1】被评估企业提供的评估基准日的资产负债表中，各项资产和负债经单独评估后的价值分别为：总资产为 1 500 万元；总负债为 500 万元，其中应付账款 80 万元，应付职工薪酬40万元，短期借款100万元，付息应付票据50万元，长期借款230万元；所有者权益为1 000万元。则用资产基础法评估的该企业的整体价值为：

企业价值评估值 = 1 500 − 80 − 40 = 1 380（万元）

或：企业价值评估值 = 1 000 + 100 + 50 + 230 = 1 380（万元）

用资产基础法评估的该企业股东全部权益价值为：

企业股东全部权益价值 = 1 500 − 500 = 1 000（万元）

三、资产基础法的基本要素

资产基础法评估企业价值的关键，是将构成企业的各项资产和负债从账面价值通过评估调整为市场价值，因此，构成资产基础法的基本要素就是企业的资产价值和负债价值。

（一）企业资产价值

按照资产负债表的构成项目，构成企业价值的资产包括流动资产、长期投资性资产、固定资产、无形资产等多种具体形态的资产。

1. 流动资产

流动资产是指企业可以在一年或者超过一年的一个营业周期内变现或者运用的资产，一般包括货币资金、各种应收及预付款项、存货以及其他流动资产等。流动资产具有流动性强、易变现的特点，通常情况下，其账面价值与现行市场价值较为接近，特别是在企业按照公允价值模式计量的情况下，企业流动资产的账面价值基本上能够反映其评估价值。但由于不同的流动资产形态各异，其价值也有不同的表现形式。

（1）货币资金包括库存现金、银行存款和其他货币资金，其中库存现金包括企业内部各部门用于周转使用的备用金；银行存款包括企业的各种不同类型的银行存款；其他货币资金包括外埠存款、银行本票存款、银行汇票存款、存出投资款、信用卡存款、信用证保证金存款等。货币资金是企业资产的重要组成部分。

（2）各种应收款项包括应收账款和其他应收款，其中应收账款是企业因销售商品、提供劳务等应向购货单位或受益单位收取的款项，是购货单位所欠的短期债务；其他应收款是与企业经营业务没有直接关系的应收款项，如员工暂借款项、房租押金、代付的其他费用等。企业的各种应收款项账面价值反映了企业在评估基准日应向各类债务人收取的款项，但如果企业的债务人到期不能偿还企业的借款，就形成了企业的坏账，这部分就不构成企业的资产。需要注意的是，企业资产负债表中的“坏账准备”是按照会计原则记录的、企业预先计提的坏账准备金，并不是企业真正发生的坏账。

（3）预付账款是企业按照购货合同的规定预先支付给供货单位的购货定金或部分货款，实际上是企业存放在供货方的款项，将来会形成企业的存货，是评估基准日企业资产的组成部分。

（4）存货是企业在日常活动中持有以备出售的产成品或商品、处在生产过程中的在产品、在生产过程或提供劳务过程中耗用的材料、物料等。按照用途不同，存货可以分为原材料、在产品、产成品、低值易耗品和委托加工物资等。尽管存货的种类较多，存在形态各异，但最终都将转化为企业的产品，是实现企业收入和营利的基本保障，是企业资产的重要组成部分。

除了以上资产以外的流动资产都被称为其他流动资产，也是企业资产的一部分。

【提示】流动资产与企业其他资产相比，具有以下几个特点：第一，循环周转速度快。企业流动资产只参与一个生产周期便改变了原有形态，价值也随即转移到产品价值中，并随着产品的销售流回企业。通常情况下，企业生产每周转一次，就会带来一定的价值增值，流动资产周转速度越快，给企业带来的价值增值就越多。第二，变现能力强。与企业其他资产相比，各种形态的流动资产都可以在较短的时间内出售和变现，有较强的变现能力，这是企业对外支付和偿还债务的重要保证。一家企业拥有变现能力强的流动资产越多，其对外支付和偿还债务的能力越强，企业经营的风险就越小。第三，波动性较大。企业的各项流动资产由于周转速度较快，需要不断地从市场购买和销售到市场中，因此，流动资产受市场商品供求变化和生产、消费的季节性影响较大，特别是外部经济环境和经济秩序等因素对其价值有较大影响，使得流动资产的价值表现出较大的波动性。

2. 长期投资性资产

长期投资性资产也是构成企业价值的重要资产。长期投资性资产是指不准备随时变现、持有时间超过一年的投资性资产，包括长期股权投资、债权投资和混合性投资等。

（1）长期股权投资是企业为了获取其他企业的权益或净资产而进行的投资，如对其他企业的股票投资、联营投资等。由于长期股权投资是投资者在被投资企业所享有的权益，因此，被投资企业的收益能力是决定企业长期股权投资价值的重要因素。

（2）债权投资是企业为了取得债权而进行的投资，如购买国库券、公司债券、金融债券。债权投资主要是以到期收回本息为主，因此，被投资企业偿债能力的大小直接影响着投资企业债权到期收回本息的可能性和价值大小。

（3）混合性投资兼有权益性投资和债权性投资的性质，这种投资通常表现为混合性证券投资，如企业购买的优先股股票、购买的可转换公司债券等。

3. 固定资产

企业资产负债表中的固定资产是按照会计准则的要求列示的，是为生产产品、提供劳务、出租或经营管理而持有的，使用寿命超过一个会计年度的有形资产。固定资产的基本特征是，企业持有固定资产的目的是生产产品、提供劳务、出租或经营管理，而不是直接用于出售。从其存在形态上，固定资产可分为机器设备、交通运输工具、建筑物、构筑物及相关设施等。在资产评估实践中，交通运输工具通常归到机器设备中，构筑物及相关设施等根据其特性分别归到机器设备或建筑物中，因此，固定资产通常可归为两大类，即机器设备和建筑物。

（1）机器设备。自然科学中对机器设备的定义，是指将机械能或非机械能转换成为便于人们利用的机械能，以及将机械能转换为某种非机械能，或利用机械能来做一定工作的装备或器具。资产评估中对机器设备的定义，是指人类利用机械原理以及其他科学原理制造的、能够被主体拥有或控制的有形资产，包括机器、仪器、器械、装置，以及附属的特殊建筑物等资产。

机器设备种类繁多，分类方法十分复杂，在资产评估中，通常按机器设备的组合形式进行分类，可分为单台机器设备和机器设备组合。单台机器设备是指以独立的形态存在、可以单独发挥作用或以单台的形式进行销售的机器设备。除了少数情况外，大多数单台机器设备难以独立用于经营，不具有独立获利能力。机器设备组合是指为了实现特定功能，由若干机器设备组成的有机整体，如生产线等。尽管机器设备组合是由若干单台机器设备组成的，但其价值不一定就是若干单台机器设备的价值之和。

（2）建筑物。作为固定资产的建筑物与作为无形资产的土地使用权往往被称为房地产，在资产评估实务中，通常也被称为不动产。

建筑物一般是附着于土地之上的，往往难以与土地相分离。通常，建筑物是作为企业生产条件的一部分参与企业生产过程的，其价值除了受到地理位置的影响外，还受到建筑物的面积、结构、材料、设计、施工质量以及建筑物与周围环境是否协调等多种因素的影响。

4. 无形资产

无形资产是指特定主体所拥有或者控制的，不具有实物形态，能持续发挥作用且能带来经济利益的资源。无形资产通常包括可辨认无形资产和不可辨认无形资产，其中可辨认无形资产包括专利权、商标权、著作权、专有技术、销售网络、客户关系、特许经营权、合同权益、土地使用权等；不可辨认无形资产主要是商誉。

无形资产与其他资产不同，不具有实物形态，而且还具有控制性、效益性等特点。无形资产是企业的重要资产，也是构成企业价值的重要组成部分。

构成企业价值的资产除上述资产外，还包括其他资产。此外，还有尚未列入企业资产负债表中的各项资产，如无形资产。当然，这里所说的无形资产主要是指不可辨认的无形资产，如商誉，由于其难以单独存在，用资产基础法评估企业价值时则无法估算出来，这也是资产基础法的不足之处。

（二）企业负债价值

负债是企业过去的交易或者事项形成的、预期会导致经济利益流出企业的现时义务。

（1）企业的负债根据还款期的不同，可分为流动负债和非流动负债。

流动负债是指预计在一个正常营业周期中清偿，或者主要为交易目的而持有，或者自资产负债表日起一年内（含一年）到期应予以清偿，或者企业无权自主地将清偿义务推迟至资产负债表日后一年以上的负债，主要包括短期借款、应付票据、应付账款、预收款项、应付职工薪酬、应交税费和其他应付款等。非流动负债是指流动负债以外的负债，主要包括长期借款、应付债券等。

（2）企业的所有债务按照是否付息，又可以分为付息债务和非付息债务。

付息债务是需要支付利息的负债，主要包括短期借款、长期借款、应付债券等，这部分负债可以看作企业的债权持有者对企业投资所要求的回报。非付息债务是企业中不需要支付利息的负债部分，主要包括应付账款、应付职工薪酬、应交税费和其他应付款等。这部分负债是企业在运营过程中应付未付的款项，可以看作企业的运行费用，而不是对企业投资所要求的回报。

企业资产负债表中的资产、负债和所有者权益反映的仅是企业的账面价值，而作为企业价值构成要素的资产和负债，则需要根据评估基准日市场的变化和价值类型的要求进行价值重估。由重估后的企业所有有形资产和无形资产价值加总后，得到的是企业全部资产的评估值，减去企业所有的非付息债务的评估值后，可得到该企业的整体价值；或用企业所有者权益的评估值，加上企业所有的付息债务评估值，也可以得出归该企业所有投资者拥有的价值，即企业整体价值。如果要估算企业股东全部权益的价值则直接用企业全部资产的评估值减去企业所有负债的评估值即可。

微课

资产基础法
的基本要素

四、资产基础法的适用性分析

（一）资产基础法的适用前提

根据资产基础法的特点，一般情况下，资产基础法主要适用于以下情况：

1. 在资产继续使用假设下进行的企业价值评估

资产基础法是从评估基准日重建企业并再取得企业的各要素资产的角度来反映企业价值的，只有当各项要素资产能继续使用，并且在继续使用中为潜在所有者和控制者带来经济利益，这种企业重建才有意义，各项资产的重置成本才能为潜在投资者和市场所承认，评估结果也才能较为合理。因此，资产基础法常用于继续使用假设下的企业价值评估。

2. 可以取得充分的历史资料情况下的企业价值评估

资产基础法是在被评估企业资产负债表的基础上，通过对企业的各项资产和负债价值进行评估，来估算被评估企业价值的。评估时需要收集大量的各项资产的历史数据资料，以反映被评估企业资产的实际数量、取得成本及使用等情况，为估算评估结果提供数据支持，如果缺乏必要的历史资料，则评估专业人员很难按照资产基础法估算出被评估企业的价值。因此，应用资产基础法评估企业价值需要企业有较为完善的财务数据资料。

3. 无法确定企业盈利状况并难以在市场上找到参照企业情况下的企业价值评估

如果无法确定被评估企业的盈利状况，则无法采用收益法评估企业价值；如果难以在市场上找到与被评估企业相似的可比对象，则无法采用市场法来评估企业价值。这种情况下，只能从成本途径入手展开评估工作。

（二）资产基础法适用的企业情形

1. 无形资产较少，特别是不存在商誉的企业

资产基础法的不足之处就在于无法评估出企业的商誉，对企业各要素资产组合形成的整体效应难以反映出来，而企业的组合效应或超额收益一般情况下是由企业的无形资产带来的，如果被评估企业存在大量的无形资产，特别是商誉，运用资产基础法评估往往会忽视企业的综合盈利能力，低估企业价值。因此，资产基础法通常适用于评估那些不存在商誉或无形资产较少的企业。

2. 可能进入清算状态的企业

企业进入清算状态通常是因为已经失去整体盈利能力、达到资不抵债的状况或因其他原因企业不再持续经营下去了，这种情况下的企业价值评估往往是评估企业的清算价

值，采用资产基础法可以估算出企业各单项资产的清算价值或市场价值，便于被评估企业处置现有资产。此外，当企业处于清算状态时，估算企业的清算价值可能会大于企业在持续经营假设下的价值，此时，采用资产基础法评估企业的清算价值，可以更合理地反映被评估企业的价值。

3. 开发建设初期的企业

如果被评估企业创建时间不长，企业各要素资产的配合尚未达到最佳状态，难以判断企业是否可以产生组合效应，这种情况下采用资产基础评估企业价值，会使评估结果较为客观，风险也相对较低。

（三）资产基础法的局限性

运用资产基础法评估企业价值，一般先从资产负债表中对构成企业的各项可辨认资产进行评估，然后将各项可辨认资产评估价值汇总以确定企业价值。这种方法无法把握持续经营企业价值的整体性，也很难把握各个单项资产对企业的贡献。对于有价值但在资产负债表中没有反映的资产项目，如企业的商誉，则很难进行有效衡量。对于一些高科技企业和服务性企业，资产基础法尤为不适用，其不足之处主要有以下几个方面。

1. 难以发掘某些无形资产对企业创造的价值

资产基础法的依据是企业的财务报表，而企业价值评估涉及的资产既包括财务报表上反映的有形资产，还包括如企业盈利能力等不可辨认的无形资产。因此，采用资产基础法确定的企业评估价值，往往仅包含了有形资产和可辨认无形资产的价值，作为不可辨认的无形资产——商誉，却无法反映和体现出来。

2. 评估通常所用的时间较长，成本较高

运用资产基础法评估企业价值需要评估专业人员对企业运作及各方面资料有充分的了解，同时也需要有关方面人员广泛参与。对于一些资产量大且驻地分散的企业，由于资产基础法评估需要实施函证、询价、勘察等大量基础工作，评估时用的人力、时间和费用投入都较多，一些特殊的资产鉴定、估值还需要聘请某些专业的机构和技术人员，成本开支也较大。另外，由于所组织的工作人员队伍庞大，评估专业人员专业水平参差不齐，不同评估机构的人员调配难度较大，不但增加了审核的工作量，而且评估质量也会受到一定的影响。

3. 难以体现企业整体获利能力

由于企业是以追求利润最大化为目标的组织，盈利性是其主要特征之一，所以企业重建并不是对被评估企业的所有资产的简单复制，而是对其生产能力和获利能力的重建。企业所拥有的各项生产要素之所以能够组合在一起使企业具有整体获利能力，原因在于企业的流动资产、机器设备、房地产和无形资产等要素资产并非简单地堆积在企业中，而是共同为实现企业的经营目标而有机地组合在一起，通过发挥各自的功能，形成一种整体效应，创造出企业整体获利能力。相反，如果企业各要素之间配合不协调、组合不恰当，则不但不能给企业带来整体效应，反而会因资产难以全部达到最佳利用效果而出现生产能力闲置、资源浪费等现象，会导致企业整体获利能力下降。而资产基础法评估企业价值只是简单地将单项资产、负债的价值加和作为评估结果，很难反映出各项资产组合产生的整体效益，也就难以体现企业作为一个持续经营和持续获利的经济实体

的价值，不能很好地体现企业价值的全部内涵。

正因为资产基础法在评估企业价值时存在一些不足，因此，国内外有关企业价值评估的准则中都明确规定，在持续经营假设下，资产基础法一般不应当作为评估企业价值唯一使用的方法。

任务二　资产基础法的操作程序

任务描述

运用资产基础法评估企业价值时，总体上评估程序与单项资产评估程序有许多相似之处，但由于企业价值评估中所涉及的资产和负债种类较多，情况也较单项资产评估复杂，因此，在具体的评估工作中，不同评估工作阶段，需完成的主要工作也有所不同。

本任务主要介绍了资产基础法评估的基本程序，现场勘察环节的主要工作内容和各项资产的评估处理方法。通过学习，帮助学生理解评估工作中实际操作步骤和工作要点，全面掌握资产基础法的实际工作流程。

相关知识

按照资产基础法的基本思路，企业价值评估的具体工作程序包括接受委托、前期准备、资产核实与现场调查、评定估算、汇总评估结果、得出结论并出具报告。

一、接受委托

资产评估机构在接受评估业务委托前，一般需要先了解被评估企业的基本情况，包括资产、负债以及其他相关事项，明确评估基本事项。

（一）了解被评估企业的基本情况

企业价值评估不同于单项资产评估，它所涉及的资产既包括各种有形资产，又包括无形资产及各种负债；既要考虑账内资产和负债，又要考虑账外资产和负债，因此，评估机构在接受企业价值评估业务前，评估专业人员应当全面了解被评估企业的基本情况。评估专业人员应当特别关注被评估企业所属行业、企业发展历程和经营状况、企业会计基础工作的规范情况、企业长期股权投资状况、企业资产和财务管理概况、会计报表审计状况等。

（二）明确评估目的

评估目的对企业价值评估方法、价值类型的选择及评估程序的组织和安排都有重要影响。企业价值评估的目的常涉及企业兼并、企业出售、企业联营、股份经营、中外合资、企业破产清算等资产业务，不同评估目的对资产基础法的应用有不同的要求。因此，评估专业人员与委托方沟通时，应了解与企业价值评估业务相关的经济行为，就资产评估目的达成一致，根据评估目的，分析和判断资产基础法在本次企业价值评估中是否适用。如评估目的为企业兼并，被评估企业处于持续经营状态，且具有获利能力，这种情况下，则不应当仅用资产基础法评估企业价值，还应同时采用收益法或市场法对企业价值进行评估；而如评估目的为企业破产清算，则可直接采用资产基础法评估企业价值。

（三）确定评估对象与范围

1. 明确评估对象

企业价值评估的评估对象有企业整体价值、股东全部权益价值或股东部分权益价值不同的形式，评估专业人员与委托方沟通时，应根据被评估企业的具体情况和不同的评估目的，确定本次评估的具体评估对象。

2. 确定评估范围

与评估对象相对应的评估范围是评估对象所涉及的资产及负债内容，包括房地产、机器设备、股权投资、无形资产、债权和债务等。采用资产基础法评估时，如果评估对象为企业整体价值，评估范围即为企业全部资产和非付息债务；如果评估对象为股东全部权益价值或股东部分权益价值，则企业全部资产和负债都应纳入评估范围。

运用资产基础法确定企业价值评估范围时，应注意以下问题：

（1）被评估企业的全部资产和负债都应纳入评估范围。评估对象无论是企业整体价值，还是股东全部权益价值或股东部分权益价值，评估范围都既涉及企业的全部资产，也涉及企业的负债。这里的资产和负债是以被评估企业提供的资产负债表和资产清查明细表为基础的，凡是列入资产负债表和资产清查明细表中并经核实无误的资产和负债均应纳入评估范围。此外，对于企业未列入资产负债表中的资产和负债部分，也应纳入评估范围。如企业内部研发形成的无形资产、企业已提完折旧仍在使用且尚有价值的有形资产等，都应纳入评估范围。企业的或有负债，如未判决的经济诉讼或环境治理要求等，会对企业的经营风险产生重要影响，如不能可靠计量，则会影响到企业的价值，因此，在确定企业价值的评估范围时也应当考虑这种或有负债。

（2）列入企业价值评估范围的资产，应以委托方或相关当事方提供的相关法律权属资料为依据。对于企业的某项资产或某类资产，无论企业是否将其列入资产负债表，判断其能否纳入企业价值的评估范围时，关键都是要看其所提供的相关法律权属资料是否为评估企业的，这里所说的评估对象法律权属是指评估对象的所有权和与所有权有关的其他财产权利。对于评估基准日产权不清或因产权纠纷难以估算的资产，应划为“待定产权资产”，可以列入企业价值评估的一般范围，但在具体操作时，应做特殊处理和说明，并需要在评估报告中披露。对于未纳入评估范围的企业较重要的经营性租赁资产，应当在评估报告的特别事项说明中进行披露，并明确说明企业的该项资产未纳入本次评估范围。

（3）在确定企业价值评估范围时，应当考虑企业各单项资产对企业的贡献，区分有效资产和无效资产。考虑企业各单项资产对企业的贡献也是评估企业价值与单项资产价值的不同之处。运用资产基础法对企业价值进行评估时，应当考虑各单项资产对企业所作的贡献，对企业盈利能力的形成没有作出贡献的，甚至可能削弱企业整体盈利能力的某些资产，属于企业的无效资产。对于这部分无效资产，也可以将其纳入企业价值评估的具体范围内，在评估实践中，可以根据具体情况采用适宜的方法对其进行单独评估，并在评估报告中予以披露。

（4）在确定企业价值评估范围时，不要忽视被评估企业名下的全资子公司的资产和控股企业的相应资产份额。这部分资产虽然没在被评估企业中，但也是企业产权范围内的资产，通常在企业的长期股权投资项目中，在确定评估范围时应予以特别关注。

（四）选定评估基准日

评估基准日是评估机构将处于时刻变动的企业价值静止于某一时点的具体时间，是评估时点原则在评估实务中的体现。评估专业人员应通过与委托方的沟通，合理选定资产评估基准日，以便对被评估企业在该静止时点上各项资产的数量、质量进行评估，同时，也将企业各项不同的资产统一到同一个时点，便于评估后汇总得出企业总体的价值。

评估基准日的确定，应当有利于保证评估结果更好地服务于评估目的需要；应考虑有利于企业资产清查、评估资料收集等工作的实施，尽量减少不必要的评估基准日期后事项的调整；评估基准日应尽可能选择在会计报表日，尽可能与评估目的的实现日接近。

评估机构在了解了被评估企业的资产、负债状况及上述评估基本事项后，就可以与委托方签订业务约定书，正式接受委托。

二、前期准备

评估机构接受企业价值评估项目委托后，需要做好评估的前期准备。采用资产基础法评估企业价值的前期准备工作主要如下：

（一）拟订评估计划和项目实施方案

评估机构接受企业价值评估项目委托后，即可根据被评估企业的具体情况，拟订评估计划。采用资产基础法评估企业价值时，需要根据被评估企业的资产结构、规模、分布状况等特点，配备房地产、机器设备、流动资产、无形资产及负债评估等专业评估人员，组成相应的评估小组，全面开展评估工作。由于企业价值评估时需要多个不同专业的评估人员相互配合开展评估工作，并将各项资产的评估结果汇总，最终形成被评估企业的价值，这也是资产基础法评估企业价值的一个主要特点，因此，在拟订评估计划时，应当注意项目的统一指导，包括统一的工作方案、统一的项目管理、统一的质量控制、统一的评估方法和标准及时间进度的统一协调等。

（二）对企业人员和项目评估人员进行培训

1.对企业人员的培训

对企业人员的培训通常包括两个层次：一是对各子公司、分公司分管领导及相关部门负责人员进行集中培训，主要内容为资产评估总体要求及工作重点、职责任务、填表及提供资料的总体要求、现场勘察时企业需要配合的工作等。二是对具体配合工作的人员进行详细培训，主要内容为各项评估表格的填报内容、填报规范、逐级汇总检核等。

2. 对项目评估人员进行培训

对项目评估人员的培训重点是项目的评估实施方案、被评估企业具体情况等，以保证评估结论的一致性和统一性。

（三）收集企业价值评估所需的基本资料

开展企业价值评估工作，在前期准备阶段需要收集的资料通常包括以下四个方面：

（1）有关被评估企业基本情况的资料，如公司营业执照、章程、验资证明等。

（2）有关评估目的方面的资料，如评估立项批文、评估委托书及反映被评估企业经济状况的资料等。

（3）有关评估对象与范围方面的资料，如反映评估对象法律权属的证明文件、工程合同资料、决算资料、资产清查明细表等。

（4）有关评估基准日方面的资料，如评估基准日的企业会计报表等。

三、资产核实与现场调查

资产核实与现场调查是指评估专业人员对委托方或被评估企业提供的证件和资料进行必要的查验，对纳入评估范围内的所有资产和负债的具体情况进行现场查看，并作出清查结论的过程。资产核实与现场调查是资产基础法评估企业价值的重要程序之一，其目的不仅是要对被评估企业资产和负债的真实存在性、回溯性及其所有权进行核实，而且也为评估企业的资产和负债价值提供作价依据。

（一）资产核实与现场调查的程序

1. 根据各类资产和负债的具体特点建立分类核查和评估小组

对被评估企业的资产和负债进行核查，不仅是为了核实其数量，还要核实其质量、使用状态等信息，而企业的流动资产、机器设备、房地产、无形资产等不同资产的实物表现形态差距非常大。因此，在对被评估企业资产和负债进行核查前，应分成不同的核查小组，分别展开核查工作。

（1）根据被评估企业提供的资产负债表及资产清查明细表等相关资料，分成几个大的核查小组。采用资产基础法评估企业价值时，这些核查小组也就是不同的评估小组，通常有流动资产评估小组、机器设备评估小组、房地产评估小组、无形资产评估小组、负债审核与评估小组等。这些评估小组分别对被评估企业的资产和负债展开核查和评估，最后进行统一的汇总。

（2）根据被评估企业每类资产和负债的规模和具体特点，再细分为不同的核查小组。如机器设备可分为一般机器设备、电子设备、车辆、设备安装与工程等不同的部分；也可按进口设备、外购设备、自制设备等进行分类，以方便核查和估算。

2. 根据不同资产的特点，分别采用不同的方法进行核查

（1）货币资金。通常采用现金盘点、银行对账等方法进行核实。

（2）各种应收款项。通常采用发询证函与债务方核对等方式进行核实。

（3）存货。由于存货一般具有种类较多、数量较大的特点，清查工作量大，因此，常用抽查的方式进行核实。一般是根据不同企业的生产经营特点和流动资产分布情况，采用 ABC 分类法，即将存货分为 A、B、C 三类，其中 A 类存货一般数量少、价值大；

B类存货数量较少、价值较大；C类存货数量多、价值低。对A类存货应重点查验其使用状况、功能、质量状况及完好状况；对C类存货则可采用抽查方式，并且抽查的比例也不用太高；而对B类存货则在两者之间，抽查的比例可适当高些。这样，在存在大量存货的情况下，就可以分清主次，抓住主要问题，忽视次要问题，提高资产评估的质量和效率。

（4）固定资产。无论是房产、设备，还是其他固定资产，都需要逐一判断和核实，清查的重点主要是勘察其完损状况，查验有无产权证明，其产权资料来源的可信度等。

（5）无形资产。尽管无形资产没有实物形态，无法向其他资产一样进行资产清查，但大部分无形资产具有实物载体，也是可以核查的，如土地使用权的土地证、商标权的商标注册证书、专利权的专利证书等。

核实时应当注意，被评估企业所提供的资料反映的时点与评估基准日是否一致，如果不一致，要考虑在此期间资产、负债的变化，并对现有资料进行调整。

3.撰写资产清查核实情况说明

资产清查核实情况说明是企业价值评估报告的一部分，在核查工作完成后，应及时完成核查情况说明。在资产评估说明中应当写明：资产核实人员组织、实施时间和过程，影响资产核实的事项及处理方法，核实结论。

（二）资产核实与现场调查的主要内容

资产核实与现场调查过程主要是查验被评估企业提供的证件和资料是否真实、可靠。评估专业人员在现场查验过程中，应当注意：

（1）重要的资产要逐一与评估申报表和资产清查明细表进行核实，确定其真实性。企业价值评估中重要的资产如房地产、机器设备、车辆等，都要逐一核对，确认其是否真实存在，并在数量、品质、规格、型号、购买日期、存放地点等方面是否与实际相符。

（2）对重要资产要核实其产权证明原始资料，确定其可信度，如被评估企业的土地证书、房产证明、企业投资的协议、合同、重大设备的购置发票、专利证书、商标证书等。

（3）对权属资料不完善、不清晰的情况，应提请企业进一步核实。

（三）资产核实与现场调查过程中应收集的评估资料

在现场清查工作中，评估专业人员要通过实地观察、询问、拍照、记录等方式，尽可能地收集被评估资产的存在状态、使用情况等相关资料，为估算其价值提供依据。收集的资料主要包括：

（1）被评估资产的技术经济标准、价格资料。

（2）询问债务人的信用状况、账款拖欠原因及企业催要账款情况的资料。

（3）存货分布情况及特点等方面的资料。

（4）被评估资产运行状态、使用及维护保养情况。

（5）房地产实地测量、观察情况、工程改造及周边环境变化等方面的资料。

（四）资产核实与现场调查过程中特别事项的处理

评估专业人员在对被评估企业的资产进行核实和现场调查过程中，可能会遇到一些特殊情况，应正确处理。常见的问题包括：

1. 对残次、变质失效、积压过时及其他待核销报废资产的处理问题

这类资产往往属于企业的无效资产，在评估明细表中应单独列示，并在评估过程中进行必要的查验核实。

2. 对特殊固定资产需进行检测鉴定的问题

对待修理、待报废的固定资产或高精尖重要设备及特殊建筑物，需进行专门的检测鉴定，若现有的技术检测手段难以完成，则可聘请专家进行协助或借助专业检测机构出具的检测报告。

3. 对被评估资产进行清查核实时受到限制情况的处理

评估专业人员在对被评估资产进行清查核实时，如存在资产性能的限制、存放地点的限制、诉讼保全的限制、技术性能的局限及涉及商业秘密和国家秘密的限制等，不能直接清查的，应调查并记录可能影响资产清查的有关事项，并在评估报告中逐项列示并说明原因，同时尽可能考虑用间接方法清查。如果评估专业人员根据评估目的的要求，认为这种对资产的核查限制会对评估结论产生严重影响，风险难以控制，也可以终止评估。

4. 对被评估企业资产进行清查核实时，应注意避免遗漏或重复

在用资产基础法评估企业价值时，资产的类型及结构十分复杂，资产数目众多，在清查时尤其要注意是否有遗漏或重复情况。特别需要关注下列情况中的资产：

微课

现场调查的注意事项

（1）内部独立核算单位的资产；

（2）异地的分公司或办事处、门市部、经销点的资产；

（3）控股子公司或非控股子公司的资产；

（4）租入、租出或公用资产；

（5）有偿或无偿使用的资产等。

四、评定估算

被评估企业的资产与负债经评估专业人员清查核实后，就进入评定估算环节，即在充分分析资产评估资料的基础上，估计各种影响评估价值的因素，选择适当的计价标准和参数，运用适当的评估方法对各单项资产进行评估，再汇总形成企业价值的评估结论。评定估算环节的主要工作包括：

（一）分析所收集的资料

资产评估专业人员应当对所收集的资料进行分析整理，选择相关信息并确定其可靠性、可比性、相关性，摒弃不可靠、不相关的信息，对不可比的信息要进行必要的调整，保证评估所用信息的质量，并根据工作的需要及时补充收集相关信息。具体来讲，评估专业人员应该对在清点基础上被评估企业提供的资料加以汇总、核实，而且要将现场勘查过程中了解到的资产的账面原值、已使用时间、磨损情况、维修、改造、实际功能和技术状况等记录在工作底稿中，分析资料的完整性与可靠性，在整理和分析过程中，应去伪存真、去粗存精，尽量选取那些最可信、最有证明力的作为企业价值评估的依据。

（二）确定评估方法

资产基础法是从总体上评估企业价值的一种方法，具体到其中各单项资产和负债价值的评估，则可根据不同的情况，分别选用适当的评估方法如成本法、收益法和市场法进行单独评估。

【思考】既然资产基础法是以企业重新构建的成本思路来评估企业价值的，是否对企业中的所有资产进行评估时都应采用成本法？

【提示】通常在确定了评估方法之后，需要设计评估明细表格，其目的有两个：一是提供、收集、整理数据，以便提高工作效率并防止疏漏；二是便于前后工作的衔接与过渡，为编制分类汇总表、撰写评估报告做好准备。

知识拓展

在确定各项资产和负债的具体评估方法时，应当注意的事项

（三）补充整理具体评估方法所需资料

评估专业人员通过前面的评估工作环节收集了一部分评估资料，评估专业人员按照所确定的各项资产评估途径及方法展开评估时，可能会遇到评估数据资料不足的情况，这时就需要评估专业人员进一步补充完善评估所需资料。评估所需的资料应当能够满足所选择评估方法的需要，若采用成本法评估，应收集资产的现行材料价格、磨损程度、技术水平以及资产利用率等相关资料，如有需要，还应通过技术检测手段进行必要的现场鉴定；若采用市场法，应收集参照物的交易价格、交易条件及其他可比参数的相关资料；若采用收益法，则应收集资产历史收益额、风险分析、资产获益期限等资料。

（四）估算各项资产的价值

在收集整理估价资料后，就可以估算资产价值了。对于各单项资产价值的评估，若采用成本法估值，就应在合理确定企业各项资产的重置成本和各相关贬值因素的基础上得出评估初步结论；若采用市场法估值，就应在合理选择参照物的基础上，调整评估对象与参照物的差异，得出初步评估结论；若采用收益法估值，就应在合理预测资产未来收益、收益期和折现率等相关参数的基础上得出初步评估结论。

（五）估算各项负债的价值

各项负债的价值一般是在对其账面价值进行审核的基础上来估算的。

五、汇总评估结果

评估专业人员在对每一单项资产和负债价值得出初步评估结论的基础上，对信息资料、参数的数量、质量和选取的合理性等进行综合分析，对确实不合理的评估结论应进行调整，完成这项工作后，即可进行评估明细表的数据汇总。

六、得出结论并出具报告

运用资产基础法将各单项资产、负债的评估结果进行整合，并经过逐级审核无误后，即可得出最终的企业价值评估结果。

运用资产基础法评估企业价值时应当注意，以持续经营为前提对企业价值进行评估时，资产基础法不能作为唯一使用的评估方法，需要与其他评估方法综合使用，以全面

反映企业各单项资产难以体现的企业的整体效益。如果采用其他评估方法对企业价值进行了评估，应分别对评估结果进行说明，并说明确定最终评估结论的依据和理由。对于由其他中介机构提供的评估数据，应当进行数据的对接，以确保评估起点数据一致，需对接的资产项目一致，土地、房产数量和面积一致等。

得出评估结论，还应对评估结论与账面价值比较，对变动情况及原因进行说明。

在适当及切实可行的情况下，需要考虑由于控股权和少数股权等因素产生的溢价或折价，以及流动性对评估对象价值的影响。

在正式出具企业价值评估报告书前，还需与委托方交换意见，经必要的调整、修改和完善后，即可出具资产评估报告。

七、评估各项资产的假设前提

采用资产基础法评估企业价值，通常需要对各项资产的状态进行假设，即设定资产评估的价值前提。

（一）常用的评估假设

目前比较常见的假设包括最佳使用假设、持续使用假设和清算假设等。

1. 最佳使用假设

最佳使用是指市场参与者实现一项资产的价值最大化时该资产的用途。具体是指如果一项资产存在多种用途，其中必定存在一种用途能使该资产价值最大化。最佳使用就特指能使资产价值最大化的用途。

在使用最佳使用假设时需要考虑资产确定其最佳用途的限定因素，这些限定因素包括法律上允许、技术上可能、经济上可行。

法律上允许是指资产的该种用途不违反法律、法规的规定，不侵害社会公众利益。

技术上可能是指资产的这种使用在目前社会技术状态下是可能的，不存在暂时无法克服的技术障碍。

经济上可行是指对于资产的这种用途，经济上的投入是合理的、可以承受的。

2. 持续使用假设

（1）现状使用假设。现状使用是指资产按照其目前的使用目的、使用状态持续下去，在可预见的未来不会改变。

在评估实务中，现状使用通常是指标的资产按照评估基准日该资产在企业中的使用目的、状态持续下去，这种假设是评估实务中最为常见的假设之一。

（2）原地续用假设。原地续用是指资产还会在原地继续被使用，但是使用的目的、状态等可能发生变化。这种假设经常发生在一家企业要收购另一家企业的部分资产，收购后可能还会继续使用该资产，但是使用目的、状态和方式等会有所变化的情况下。

（3）异地使用假设。异地使用是指标的资产可能还会被使用，不会被报废，但是需要将其从原安装的地点转移到一个新的地点使用。

3. 清算假设

（1）有序变现假设。有序变现是指相关企业不再使用标的资产，需要将该资产转让给其他方，并且这种转让是在资产所有者控制下，在公开市场上有序进行的。

（2）强制变现假设。与有序变现相比，强制变现的不同点在于资产所有者无法实际控制资产的变现过程，通常由法院或者债权人等实际控制，这个变现过程通常有时间限制，因此有时也称之为快速变现。

（二）评估假设的选择

评估各项资产时，通常需要根据评估目的以及相关法律、法规的规定恰当选择评估假设。如进行以财务报告为目的的评估，选择评估假设时需要考虑相关会计准则的规定，以确保所评估的资产价值能够满足相关经济行为的特定要求。

需要注意的是，在企业价值评估中，各项资产是企业整体资产的有机组成部分，必须与其他资产一起发挥作用，共同创造价值。每项资产的利用方式都取决于企业整体运营的需要，有别于其作为独立个体单独存在的情形。比如，同样是最佳用途的假设，一项资产在特定企业的使用方式可能有别于其单独存在时可以使用的方式，即企业价值评估中某项资产的最佳用途可能与其作为单项资产评估对象时的最佳用途不完全一致。此外，各项资产对企业价值的贡献与其作为单项资产评估对象的价值也不完全一样。比如，一台机器设备作为企业生产经营要素的组成部分，已经完成了从资产生产厂家到使用地点的运输，同时也完成了正常的安装调试工作，并与企业其他资产组合在一起开始发挥作用或准备发挥作用。该机器设备的重置成本、盈利能力与其作为一项单独的资产相比可能是不一样的。

八、各项资产的评估方法

企业的资产通常包括流动资产、固定资产和无形资产等。采用资产基础法进行企业价值评估，各项资产的价值应当根据具体情况选用适当的方法进行评估。评估方法的选择和应用可能有别于其作为单项资产评估对象时的情形。在对持续经营前提下的企业价值进行评估时，单项资产或者资产组合作为企业资产的组成部分，其价值通常受其对企业贡献程度的影响。各单项资产评估需采用的方法可以参考相应评估教材，也可以参照各单项资产类型对应的评估准则。需要注意的是，重要的单项资产如果适用于多种评估方法，应采用两种以上适用的方法进行评估，以增强评估结论的可靠性。运用资产基础法评估企业价值时，应关注长期股权投资和资产组的评估。

（一）长期股权投资的评估

长期股权投资是一种特殊的单项资产，其本身也反映了一家企业的价值。采用资产基础法进行企业价值评估，应当对长期股权投资项目进行分析，根据被评估企业对长期股权投资项目的实际控制情况以及对评估对象价值的影响程度等因素，确定是否将其单独评估。这里所说的单独评估，是指履行企业价值评估程序对被投资企业进行整体评估。

1. 需要进行单独评估的情形

在评估实务中，通常对企业长期股权投资项目进行单独评估的情形有：

（1）对于具有控制权的长期股权投资，应对被投资企业执行完整的企业价值评估程序。

（2）对于不具有控制权的长期股权投资，如果该项资产的价值在评估对象价值总量中占比较大，或该项资产的绝对价值量较大，也应该进行单独评估。

2. 可以不进行单独评估的情形

通常情况下，满足以下条件的长期股权投资可以不进行单独评估：

（1）对被投资企业缺乏控制权；

（2）该项投资的相对价值和绝对价值不大。

对于投资时间不长，被投资企业资产账实基本相符，不存在重要的表外资产的，可根据简化的评估程序，如按被投资企业资产负债表上的净资产数额与投资方应占份额确定长期股权投资的评估价值。

（二）资产组的评估

根据表内、外资产和负债项目的具体情况，可以将各项资产和负债采用资产组合、资产负债组合的形式进行评估。

例如，企业生产经营的产品单一，超额收益主要来自企业的专利、专有技术和商标。采用资产基础法评估企业价值时，可将企业的专利、专有技术和商标作为无形资产组合，并采用超额收益法或利润分成法进行评估。

应特别注意，资产基础法中各项资产的价值取决于企业或具有独立获利能力的资产组合的整体价值及其贡献程度，即整体价值是按要素资产的贡献度在各构成要素中进行分配的。

当企业的超额收益是在所有无形资产共同作用下得到的，如果采用利润分成法或超额收益法分别对专利、商标、专有技术进行评估，经常容易犯错误的情况是，各项无形资产分成率总和远大于无形资产对企业价值的贡献，造成资产基础法评估的结果高于企业价值。

又如，企业就某项业务与供应商签订了双方互惠协议，协议执行情况稳定。采用资产基础法评估企业价值时，可以把与该业务有关的优惠收益、相关成本和义务整体作为收益单元进行资产、负债组合评估。

九、利用专家工作及相关报告

评估专业人员执行企业价值评估业务，应当具备企业价值评估的专业知识和实践经验，能够胜任所执行的企业价值评估业务。执行某项特定业务缺乏特定的专业知识和经验时，应当采取弥补措施，包括聘请专家个人协助工作、利用专业报告和引用单项资产报告等。采用资产基础法评估企业价值，往往涉及利用审计报告或引用土地、矿业权等单项资产评估报告。

（一）利用审计报告

采用资产基础法评估，评估专业人员应当尽可能获取被评估企业经审计后的财务报表。评估专业人员利用审计报告作为评估依据时，通常应当判断其作为评估依据的时效性和可靠性，考虑其与资产评估的专业衔接关系，以及关注审计报告披露的、对审计报告结论存在重大影响的事项。

利用审计报告时，应当注意审计意见类型，并分析判断审计后的财务报表能否作为评估依据。按照审计意见类型，审计报告可以区分为标准审计报告和非标准审计报告，其中非标准审计报告包括带强调事项段的无保留意见的审计报告、保留意见的审计报告、否定意见的审计报告和无法表示意见的审计报告。如果企业提供的审计报告是保留意见的审计报告、否定意见的审计报告或无法表示意见的审计报告，评估专业人员贸然将其作为评估依据，将存在较大风险，可能影响评估结论的可靠性。如果企业提供的审计报告是带强调事项段的无保留意见的审计报告，则需对强调事项段披露的重大事项进行必要的了解，并分析判断其对评估结论是否存在重大影响，能否直接利用该审计报告，是否存在需要在评估报告中特别说明或披露的重大事项。按照国有资产评估的相关规定，国有企业评估项目在国有资产监督管理部门办理核准或备案时，应当提供与经济行为相对应的标准审计报告。如为非标准审计报告，对其附加说明段、强调事项段或修正性用语，企业需提供对有关事项的书面说明及承诺。

采用资产基础法评估企业价值，无论财务报表是否经过审计，评估专业人员都应当对所采用的被评估单位于评估基准日的资产及负债账面价值的真实性进行分析和判断，但对相关财务报表是否公允反映评估基准日的财务状况和当期经营成果、现金流量发表专业意见并非资产评估专业人员的责任。

（二）引用单项资产评估报告

1. 引用单项资产评估报告的情形

资产评估机构应当根据法律、行政法规等要求，确定是否引用以及如何引用相关单项资产评估报告。引用单项资产评估报告应当与委托人事先约定。

比如，根据我国关于土地估价报告备案相关管理办法，企业改制涉及的土地评估机构必须具有国土资源行政主管部门颁发的《土地评估机构资质证书》。企业改制时，委托人通常与资产评估机构约定，采用资产基础法评估企业价值涉及土地使用权评估的，由资产评估报告引用土地估价报告结论。

2. 引用单项资产评估报告关注事项

引用单项资产评估报告，不是简单地将单项资产评估价值加入资产评估结果汇总表中，而应当结合企业价值评估的需要，有效防范和规避引用风险。具体而言，引用过程中应当关注以下事项：

（1）报告的获取与保存。评估专业人员应当获取正式出具的单项资产评估报告，全面理解单项资产评估报告以及相关附件，并将所引用单项资产评估报告作为工作底稿。

（2）评估结论的引用。评估专业人员应当关注拟引用单项资产评估报告的性质、评估目的、评估基准日、评估对象、评估依据、参数选取、假设前提、使用限制等是否满足资产评估报告的引用要求。例如，涉及引用土地使用权评估结论的，应当关注资产评估报告中相关土地与房屋的房地匹配情况，避免出现重复汇总某项资产价值的情形。又如，涉及引用矿业权评估结论的，应当关注相关固定资产和土地使用权投资参数与资产评估、土地使用权评估的对接情况。

【例7-2】A公司评估范围内包括房屋建筑物10项，6宗土地使用权。某资产评估机构采用资产基础法评估A公司股东全部权益价值时，对建筑物中的9项厂房，采用成本法进行评估，对建筑物中的1项临街商铺采用市场法进行了评估，对6宗土地使用权拟引用土地估价报告的相关结果。根据土地估价报告，6宗土地使用权评估价值共计5 000

万元，其中临街商铺对应的宗地使用权价值为1 000万元。

资产评估机构在引用土地估价报告结论时，首先要做房地匹配的检查工作。由于采用市场法评估商铺得到的结果通常为房地合一的房地产价值，所以在引用土地估价报告时，不能再重复引用对应土地使用权的结果，而只需将其他5宗土地使用权价值即4 000万元汇总到企业价值评估报告中。

评估专业人员还应当分析拟引用单项资产评估报告载明的评估结论，判断其对应的资产类型与资产评估的资产类型的一致性；分析是否存在相关负债，并予以恰当处理。对于账面无记录的单项资产，应当考虑引用或者确认的资产类型是否符合相关规定；分析是否存在相关负债，并予以恰当处理。

资产评估报告引用了土地估价报告的相关结论，将该宗土地使用权价值确定为土地估价报告披露的宗地评估值。因土地估价报告将宗地性质设定为出让，所以同时将企业在评估基准日后缴纳的土地出让金确认为一项负债。

此外，评估专业人员还应当关注所引用单项资产评估报告披露的特殊事项说明，判断其是否可以引用及其对资产评估结论的影响，同时关注拟引用单项资产评估报告的相关备案审核文件资料，分析其可能对拟引用单项资产评估报告评估结论产生的影响。

十、评估结论的确定

对企业各项资产和负债分别进行评估后，应当按照资产基础法的基本公式分析计算企业价值。在汇总各项资产和负债评估价值的过程中，应当始终坚持将各项资产作为企业价值的组成部分。特别关注不同资产项目之间、资产与负债之间等必要的调整事项，确保股东全部权益价值不重不漏。

【例7-3】评估基准日A公司流动资产账面价值为77 000万元；非流动资产账面价值为18 000万元，其中固定资产账面价值为17 200万元，在建工程账面价值为800万元；流动负债账面价值为66 000万元；非流动负债账面价值为800万元。

经评估，A公司流动资产评估价值为77 400万元；固定资产评估价值为20 200万元，其中房屋建筑物评估价值为8 200万元，机器设备评估价值为12 000万元；流动负债评估价值为66 000万元；非流动负债评估价值为800万元。除此以外，评估专业人员还发现以下情况：

评估基准日A公司在建工程包括1项新厂房建设工程和1项原有生产线的技术改造工程，其中，按照评估基准日实际完工程度评估的在建厂房市场价值为1 100万元，未入账工程欠款500万元；原有生产线技术改造实际投入400万元，评估基准日设备已经改造完毕，未形成新的设备，但整条生产线的市场价值提升为2 000万元。

评估专业人员调查发现A公司注册了“Z牌”商标，该商标资产虽然在A公司账上没有体现，但是评估基准日市场价值为1 000万元。

要求：根据上述已知条件，计算评估基准日A公司股东全部权益的市场价值。

解：计算过程如下：

（1）计算在建工程评估价值。

在不调增负债的情况下，新厂房建设工程评估价值 = 1 100 − 500 = 600（万元）。

原有生产线的技术改造工程400万元评估价值为0。因为固定资产评估价值为现场实际勘察状态下的价值，已经考虑了设备更新改造价值，所以此处不能重复评估。

在建工程评估价值 = 600 + 0 = 600（万元）

（2）计算A公司股东全部权益的市场价值。

商标资产虽然是账外资产，但是对企业价值有贡献，是企业价值的组成部分，应当纳入评估范围，评估值为1 000万元。股东全部权益价值 = 表内外各项资产价值 − 表内外各项负债价值 = 77 400 + 20 200 + 600 + 1 000 − 66 000 − 800 = 32 400（万元）。

十一、评估结论的合理性分析

对于资产基础法评估结论的合理性，主要分析是否较好地识别出表外资产或负债，并用适当的方法得到合理的评估价值。另外，可以结合其他评估方法得出的评估价值，分析、判断资产基础法评估结论的合理性。

（一）对表外资产和负债的检验

资产基础法的一个难点是判断表外资产、负债项目。评估专业人员需要运用相关企业财务和非财务信息，判断表外是否存在企业权益形成的资产或企业义务构成的负债。在采用不同方法评估出企业价值的初步结果后，可以根据资产基础法与其他评估方法的差异分析，再次检验表外资产和负债的识别是否完整和充分。

1. 常见的表外资产项目存在的方式

（1）有获得专利管理机关颁发证书的专利或专利申请；

（2）自创无形资产，该无形资产投入账面没有反映；

（3）企业毛利率明显高于同行业平均水平；

（4）存在某种形式的特许权利（有些特许权利法规可能不允许单独转让，但可以随企业权益一同转让）；

（5）企业持有较知名商标（可能被冠以驰名商标、著名商标等）；

（6）存在著作权；

（7）具有独特的经营模式；

（8）协议约定的企业获益形式，如优惠贷款利率、优厚供应条件等。

2. 常见的表外负债项目存在的方式

（1）法律明确规定的未来义务，如土地恢复、环保要求等；

（2）和其他经济体以协议形式明确约定的义务。

虽然评估专业人员可能分析判断出企业存在表外资产负债项目，但并非表外项目都能用适当的方法单独评估出来。如果定性判断不能用适当的方法单独评估的表外项目价值量占企业整体价值比重较大时，则资产基础法对该企业价值评估就是不适用的。

（二）与其他评估方法初步结果的比较分析

鉴于资产基础法中表外资产和负债项目往往很难穷尽，同时并非所有的表外资产和负债都能单独进行评估，因此，对于持续经营的企业，一般不宜只采用资产基础法一种方法评估其价值。采用两种以上的基本评估方法进行评估时，可以对不同评估方法得到的评估价值进行比较，并分析产生差异的原因，进而检验评估结论的合理性。根据企业价值评估准则的相关规定，对同一评估对象采用多种评估方法时，应当结合评估目的、不同评估方法使用数据的质量和数量，采用定性或者定量分析方式形成评估结论。

如果不能确定某种方法的评估结果最合适，国外评估机构经常按乐观、最可能、悲观三种情形，对折现现金流以不同的折现率进行敏感性分析，并与市场途径的结果、资产途径结果一起进行统计分析。根据评估目的，选择中位数、下四分位数或者上四分位数作为评估区间，或选择单一评估结果。

【注意】评估操作应注意以下几点：

首先，无论是依据多种方法得到的评估结论，还是依据单一方法得到的评估结论，无论采用定性方法，还是采用定量方法，都必须具备充分的依据，并进行独立的判断。

其次，不能将定性方法简单地理解为单纯的分析方法。在很多情形下，定性方法是一种定量基础上的定性确定思路。同样的道理，也不能将定量方法狭义地理解为简单算术平均或加权算术平均。在很多情形下，定量方法是充分判断分析基础上的定量化处理方式，如加权算术平均过程中“权重”的设置，也包含了对重要性程度的分析判断。

任务三　资产基础法评估案例分析

一、评估案例基本情况

A公司拟转让持有的B公司10%的股权，委托资产评估公司对B公司的股东全部权益价值进行评估，为该经济行为提供价值参考依据。评估基准日为是2022年5月31日。

（一）评估对象

评估对象是B公司股东全部权益价值。

（二）评估范围

评估范围为B公司经审计的全部资产及负债，包括流动资产、非流动资产和流动负债。经审计，截至2022年5月31日，B公司的资产总额为2 026 157 691.28元，其中：流动资产为134 964 629.02元，非流动资产为1 891 193 062.26元；负债总额为1 646 681 366.82元，全部为流动负债；所有者权益总额为379 476 324.46元。资产负债表见表7-1。

表7-1　资产负债表　单位：元

2022年5月31日

资产	期末数	负债和所有者权益（或股东权益）	期末数
流动资产：		流动负债：	
货币资金	62 007 770.74	短期借款	

续表

资产	期末数	负债和所有者权益（或股东权益）	期末数
应收账款	1 354 136.25	应付账款	26 036 322.55
应收款项融资		合同负债	1 128 144.66
预付款项	75 000.00	应付职工薪酬	582 004.04
其他应收款	27 312 584.17	应付股利	
存货	34 298 374.99	其他应付款	1 618 435 668.07
合同资产	2 963 142.00	衍生金融负债	
其他流动资产	6 953 620.87	一年内到期的非流动负债	499 227.50
流动资产合计	134 964 629.02	其他流动负债	
非流动资产：		流动负债合计	1 646 681 366.82
其他债权投资		非流动负债：	
长期股权投资	1 890 000 000.00	长期应付款	
固定资产	368 099.77	预计负债	
生产性生物资产	0	非流动负债合计	0
使用权资产	738 030.34	负债合计	1 646 681 366.82
无形资产	86 932.15	所有者权益（或股东权益）：	
商誉	0	实收资本（或股本）	300 000 000.00
长期待摊费用	0	盈余公积	104 626 288.92
递延所得税资产	0	未分配利润	-25 149 964.46
非流动资产合计	1 891 193 062.26	减：库存股	
		所有者权益（或股东权益）合计	379 476 324.46
资产总计	2 026 157 691.28	负债和所有者权益（或股东权益）总计	2 026 157 691.28

（三）评估范围内主要资产

被评估单位基准日资产包括货币资金、应收账款、预付款项、其他应收款、存货、合同资产、其他流动资产、长期股权投资、固定资产、使用权资产和无形资产。其中：

1. 货币资金

货币资金主要包括库存现金及银行存款。

2. 往来账款

往来账款包括应收账款、预付款项、其他应收款，内容主要为应收房屋销售款、关联方的往来款、履约保证金、办公楼押金等。

3. 存货

存货主要为开发的地下车位，分别位于朝阳区X号院、朝阳区Y号院，基准日均已完工。其中：位于朝阳区X号院的1号地下车库尚未对外销售，位于地下一层，数量156个；位于朝阳区Y号院的2号车库，位于地下一层，总数351个，基准日仅剩49个。

4. 固定资产

固定资产包括三辆轿车及325台电子设备。三辆轿车为两辆别克和一辆大众帕萨特，购置时间为2010—2016年，属于被评估单位办公用车，基准日处于正常使用状态。电子设备包括电脑、空调、办公家具等，共计325台，基准日分布在被评估单位各办公室，除下述部分闲置或损坏外，其他设备处于正常使用状态。固定资产评估表见表7-2。

表7-2 固定资产评估表 金额单位：元

序号	设备名称	规格型号	计量单位	购置日期	账面价值		数量	备注
					原值	净值		
1	复印机	东芝 255	台	2011-05-19	18 500.00	925.00	1	闲置
2	便携电脑	联想 W520	台	2011-05-19	20 900.00	1 045.00	1	已损坏
3	便携电脑	VPCSD28ECN	台	2011-12-19	7 199.00	359.95	1	闲置
4	一体机	2350-R5938T	台	2015-06-12	10 798.00	539.90	1	已损坏
5	佳能复印机	iR-2002G	台	2015-09-18	14 388.00	719.40	1	闲置

5. 无形资产

企业申报的无形资产为外购的软件使用权，共计9项。账面原值为175 345.14元，账面净值为86 932.15元。软件分为永久授权、一年期授权两种。无形资产评估表见表7-3。

表7-3 无形资产评估表 金额单位：元

序号	设备名称	规格型号	计量单位	购置日期	账面价值		数量	备注
					原值	净值		
1	用友软件	8.52版	套	2004-12-18	13 800.00	414.00	1	已淘汰
2	广联达V3.0	V3.0	套	2007-08-18	15 200.00	2 850.34	1	已淘汰
3	草图大师	2.30版	套	2020-10-20	24 870.80	16 994.92	3	已过期

续表

序号	设备名称	规格型号	计量单位	购置日期	账面价值		数量	备注
					原值	净值		
4	PS团队版	3.50版	套	2020-10-20	9 079.65	6 204.38	3	已过期
5	格式工厂	V14.0	套	2020-10-20	3 026.55	2 068.19	1	已过期
6	AutoCAD	1.00	套	2020-10-20	33 185.84	23 202.67	1	已过期
7	CAE分析软件	8.7.6版	套	2020-10-20	12 000.00	428.67	1	正在使用
8	模型分析软件	3.00版	套	2020-10-20	43 200.00	20 100.98	1	正在使用
9	工艺设计数据库管理软件	7.0版	套	2020-10-20	20 982.30	14 668.00	1	正在使用

6. 使用权资产

使用权资产为基准日被评估企业租赁的办公场所，基准日处于正常使用状态。

（四）表外资产

企业申报评估的表外资产为 1 号、2 号地下人防工程，人防工程均处于地下二层，按照地下车位对外出租。其中：2 号地下人防工程基准日尚剩余 15 个车位可以出租；1 号地下人防工程车位共计 90 个，基准日尚未对外出租。

二、评估方法

（一）方法适用情况分析

资产基础法适用前提如下：①评估对象能正常使用或者在用；②评估对象能够通过重置途径获得；③评估对象的重置成本以及相关贬值能够合理估算。

评估基准日，被评估单位符合上述适用条件，因此可以采用资产基础法。

（二）资产基础法描述

1. 流动资产

（1）货币资金，包括库存现金和银行存款，通过库存现金盘点、核实银行对账单、银行函证等，以核实后的价值确定评估值。

（2）应收账款、其他应收款，评估人员在对应收款项核实无误的基础上，根据每笔款项可能收回的数额确定评估值。对于有充分理由相信全都能收回的，按全部应收款额计算评估值；对于很可能收不回部分款项的，在难以确定收不回账款的数额时，借助历史资料和现场调查了解的情况，具体分析数额、欠款时间和原因、款项回收情况，以及欠款人资金、信用、经营管理现状等，按照账龄分析法，估计出这部分可能收不回的款项，作为风险损失扣除后计算评估值；对于有确凿依据表明无法收回的，按零值计算；账面上的“坏账准备”科目按零值计算。

（3）预付款项，评估人员查阅相关材料采购合同或供货协议，了解评估基准日至评估现场核实期间已接受的服务和收到的货物情况。对于未发现供货单位有破产、撤销或不能按合同规定按时提供货物或劳务等情况的，按核实后的账面值作为评估值。

（4）存货-开发产品，评估范围内的自有产权车位、人防工程车位属于被评估单位的开发产品，基准日作为存货对外出售或出租，基准日前后有较多的出售案例或市场销售定价，因此可以采用市场法进行评估；基准日评估对象有出租价格信息或可以搜寻到相同类型物业的出租信息，未来收益可以预测，因此本项目可以采用收益法。

市场法计算公式如下：

$$\text{评估值} = \text{含税销售收入} - (\text{增值税} + \text{税金及附加}) - \text{销售费用} - \text{土地增值税} - \text{所得税} - \text{净利润扣减}$$

收益法计算公式如下：

$$P = \sum_{t=1}^{t} \frac{A_i}{(1+r)^t} + K$$

式中：A_i——未来第i年的净收益（元）；r——折现率（%）；t——未来可获收益的年限（年）；K——基准日针对该企业已缴纳的土地增值税。

A_i = 潜在毛租金收入 - 空置和租金损失 - 运营费用

= 不含税毛收入 - 空置和租金损失 + 其他收入 -（管理费用 + 房屋维修费用 + 房屋保险费用 + 房产税 + 城镇土地使用税 + 城市维护建设税 / 教育费附加）

= 租金 × 车位数量 ×（1 - 空置率）-（管理费用 + 房屋维修费用 + 房屋保险费用 + 房产税 + 城镇土地使用税 + 城市维护建设税 / 教育费附加）

r = 无风险报酬率 + 风险报酬率

= 无风险报酬率 + 投资风险补偿率 + 管理负担补偿率 + 缺乏流动性补偿率

（5）合同资产：合同资产是因为销售房屋时无法签订网签合同，导致部分款项未收回的情况形成的，评估中参考应收账款的评估方法，借助历史资料和现场调查了解的情况，具体分析数额、欠款时间和原因、款项回收情况，以及欠款人资金、信用、经营管理现状等，按照账龄分析法，估计出这部分可能收不回的款项，作为风险损失扣除后计算评估值；对于有确凿依据表明无法收回的，按零值计算；账面上的“坏账准备”科目按零值计算。

（6）其他流动资产为预交的土地增值税、增值税、税金及附加等。评估专业人员在对其他流动资产申报值核实无误的基础上，取得纳税申报表。对于预交的土地增值税在存货-开发产品中考虑，其他根据核实后的账面值作为评估值。

2. 长期股权投资

根据长期股权投资明细表收集被投资单位的企业法人营业执照、验资报告、公司章程、评估基准日财务报表等资料，确定长期股权投资的控制权情况。

拥有控制权且被投资单位正常经营的长期股权投资，采用同一评估基准日对被投资单位进行整体评估，以被投资单位整体评估后的净资产乘以持股比例确定长期股权投资的评估价值。

评估价值 = 被投资单位股东全部权益价值 × 持股比例

3. 固定资产

（1）运输车辆。

本次评估范围内的3辆车，经查询，厂家已不再生产、市场已无同等新车销售，评估对象的二手车交易市场比较活跃，易取得参照案例，可以查询到二手车市场价格，故选用市场法进行评估。即：

比准价格 = 可比案例价格 × 交易时间修正系数 × 车辆型号修正系数 × 车辆配置修正系数 × 发动机修正系数 × 生产厂家修正系数 × 购置时间修正系数 × 行驶里程修正系数 × 外观保养修正系数 × 内饰保养修正系数

车辆评估价值 =（案例A比准价格 + 案例B比准价格 + 案例C比准价格）÷ 3

（2）电子设备。

电子设备根据当地市场信息等近期市场价格资料，依据其购置价确定重置全价；对于购置时间较早，现市场上无相关型号的电子设备，参照二手设备市场价格确定其重置全价。

电子设备的综合成新率主要依据设备的经济使用年限确定：

综合成新率 =（1 − 实际已使用年限/经济使用年限）× 100%

电子设备评估值 = 设备重置全价 × 综合成新率

4. 使用权资产

使用权资产为企业经营租赁房屋形成的资产，评估专业人员通过核实合同以及有关凭证和账簿，未见异常，以核实后账面价值确定评估价值。

5. 无形资产

本次评估范围内的无形资产主要为企业外购的软件。

针对不同情况采用不同的评估方法。

对于有效期为一年期的软件，由于仅在一年内使用，超期无法使用，因此软件价值实际是剩余期内的摊余价值，因此以核实后的账面值确定评估值；

对于永久授权使用的软件，如果是在市场上正在销售的标准型软件，按照现行市场销售价进行评估。

评估价值 = 原始购置价格 ×（1 − 贬值率）

对于已经淘汰、过期的产品，按照零值确认。

6. 负债

对企业负债的评估，主要是进行审查核实，评估专业人员对相关的文件、合同、账本及相关凭证进行核实，确认其真实性后，以核实后的账面值或根据其实际应承担的负债确定评估值。

三、评估结论

截至评估基准日2022年5月31日，在持续经营条件下，B公司经审计的总资产账面价值为202 615.7691万元，总负债账面价值为164 668.1367万元，净资产账面价值为37 947.6324万元。经资产基础法评估，B公司总资产评估价值为212 898.8252万元，增值10 283.0561万元，增值率为5.0752%；总负债评估价值为164 668.1367万元，无增减值变化；净资产评估价值为48 230.6885万元，增值10 283.0561万元，增值率为27.0980%。资产基础法评估结果汇总表见表7-4。

表7-4 资产基础法评估结果汇总表

评估基准日：2022年5月31日 金额单位：人民币万元

项目		账面价值	评估价值	增减值	增值率（%）
		A	B	C=B−A	D=C/A×100%
1	流动资产	13 496.4629	15 056.5770	1 560.1141	11.5594
2	非流动资产	189 119.3062	197 842.2482	8 722.9420	4.6124
3	长期股权投资	189 000.0000	197 687.4138	8 687.4138	4.5965
4	固定资产	36.8100	69.6700	32.8600	89.2693
5	使用权资产	73.8030	73.8030		
6	无形资产	8.6932	11.3614	2.6682	30.6922
7	资产总计	202 615.7691	212 898.8252	10 283.0561	5.0752
8	流动负债	164 668.1367	164 668.1367		
9	非流动负债				
10	负债合计	164 668.1367	164 668.1367		
11	净资产（所有者权益）	37 947.6324	48 230.6885	10 283.0561	27.0980

【育德于技】恪守职业道德底线，严防国有资产流失

2023年，某市国投公司因子公司的融资问题需由政府征收提供融资担保的某大厦。2023年10月，国投公司工作人员曾某溶（即上述子公司的法定代表人）受指示负责涉案大厦的评估事务，曾某溶找到福建某资产评估公司莆田分公司负责人林某钦，林某钦安排评估人员戴某泉进行初评后价格为6 000多万元，但曾某溶要求将评估价格调高至8 000万元以上。

2023年10月28日，福建某资产评估公司参与该项评估竞标并中标。中标后，林某钦将该项评估工作交给同公司被告人林某国，林某国多次按照曾某溶、林某钦的要求，通过编造数据将评估价格调高。最终该公司未经数据材料核实、实地勘验等，作出了市场价格为7 882.1万元的评估报告。

2024年1月12日，某市政府依据上述评估报告对大厦进行征收，征收补偿总价为7 825万元，该款已被用于偿还融资、借款本息等。经某市发改委鉴定，上述大厦以2023年10月10日为基准日的市场价格为3 840.4155万元。福建某资产评估公司评估报告存在严重造假，给国有资产带来巨大损失。

福建省莆田市中级人民法院、莆田市荔城区人民法院经审理认为，被告人林某国作

为承担资产评估职责的中介组织的人员，明知实际勘察评估的价格，仍伙同他人编造数据、参考虚假实例等，故意提供虚假证明文件，情节严重，其行为已构成提供虚假证明文件罪。据此，以提供虚假证明文件罪判处被告人林某国有期徒刑二年，并处罚金人民币30 000元。

资产评估的主要功能是提供价值尺度，为资产交易、资产价值计量和社会管理提供专业价值意见。客观真实的资产评估报告是市场交易的重要依据，促进市场资源配置发挥引导作用，关系交易的公平性和相关市场主体的直接利益。本案中，被告人为满足委托人高额评估结果的诉求，在不具备专业资质的情况下，借用其他资产评估机构的资质，违规出具虚增价值的评估报告，致评估标的物被溢价逾100%征收，使国有资产遭受重大损失。

资料来源：宿迁市审计局. 最高人民法院发布五个财务造假典型案例［EB/OL］.［2024-06-28］. https：//sjj.suqian.gov.cn/ssjj/wlpf/202407/edd5fff308eb471fa9b64b9941dfdac4.shtml.

思考：在使用资产基础法评估企业价值时是否也需要明确企业的库存现金余额，如何避免案例问题的发生？

项目小结

资产基础法是指以被评估单位评估基准日的资产负债表为基础，通过评估企业表内及表外可识别的各项资产、负债的价值，并以资产扣减负债后的净额确定评估对象价值的方法。资产基础法的基本思路是以企业的资产负债表作为导向，首先估算企业资产负债表中所示的各项资产及资产负债表尚未列示、但属于企业的账外资产的价值，同时估算企业的各项负债价值，在此基础上，根据企业的全部资产和负债价值来确定企业的价值。

按照资产基础法的基本思路，企业价值评估的具体工作程序包括接受委托、前期准备、资产核实与现场调查、评定估算、汇总评估结果、得出结论并出具报告。在评定估算中，具体到其中各单项资产和负债价值的评估，则可根据不同的情况，分别选用适当的评估方法如成本法、收益法和市场法进行单独评估。评估专业人员执行企业价值评估业务时，如果缺乏特定的专业知识和经验，应当采取弥补措施，包括聘请专家个人协助工作、利用专业报告和引用单项资产报告等。

对企业各项资产和负债分别进行评估后，应当按照资产基础法的基本公式分析计算企业价值。在汇总各项资产和负债评估价值的过程中，应当始终坚持将各项资产作为企业价值的组成部分。特别关注不同资产项目之间、资产与负债之间等必要的调整事项，确保股东全部权益价值不重不漏。

项目综合实训

一、实训目标

通过对企业价值资产基础法评估的实际操作训练，使同学们能够掌握企业价值评估的资产基础法及评估技能，能独立使用资产基础法开展企业价值评估工作。

二、实训项目与要求

1. 实训组织

以学生为中心，分组训练，集中交流，集体总结。教师主要担任辅导者、具体组织者和观察员，向学生布置任务，进行必要指导；解答有关问题；进行进度控制与质量监督。学生按每组6～8人分成若干小组，每组为一个实训团队开展实际操作训练，每个团队分别确定一位负责人，具体组织和管理实训活动。

2. 实训项目

（1）判断案例是否适合使用资产基础法；

（2）明确现场勘察的主要内容；

（3）使用资产基础法评定估算案例中企业的价值；

（4）小组间总结评价。

3. 实训要求

（1）要求根据实际情况制订工作计划，明确现场勘察主要内容，熟练运用资产基础法评估待估企业价值。

（2）在评估中执行规范的资产基础法评估程序。

三、成果与检测

（1）每个团队自由选取企业价值评估案例，搜集评估资料，选择价值比率，开展评定估算。

（2）教师与同学们共同总结资产基础法使用中存在的问题，明确今后教学过程中应当改进的方面。

（3）由各团队负责人组织小组成员进行评价打分。

（4）教师根据各团队对选取的企业价值评估案例汇报的实训情况及各位同学的表现予以评分。

项目八

企业价值评估报告

【知识目标】

1. 了解企业价值评估报告的含义、分类；
2. 熟悉企业价值评估报告的基本结构、基本内容；
3. 掌握编制企业价值评估报告的基本要求；
4. 掌握企业价值评估报告的编制方法。

【能力目标】

1. 学会企业价值评估报告的编制步骤；
2. 懂得企业价值评估报告披露的内容以及信息披露程度；
3. 明白使用企业价值评估报告需要注意的问题。

【素养目标】

1. 树立诚信意识，实事求是出具评估报告；
2. 树立科学的价值观，坚持职业操守，编制科学、公正的企业价值评估报告；
3. 以新的企业价值理念，树立经济强国战略思想。

项目导入

如何撰写企业价值评估报告

北京AB软件股份有限公司董事会决议拟收购某股东持有的上海MN科技发展有限公司90%股权，委托中青资产评估师事务所对上海MN科技发展有限公司股东全部权益在2023年12月31日的市场价值进行评估，以确定其股东全部权益的市场价值，为此次经济行为提供价值参考意见。

中青资产评估师事务所接受该项评估业务委托，根据国家有关资产评估的法律和国家其他有关部门的法规，本着独立、公正、科学和客观的原则，实施了必要的评估程序，采用资产基础法和收益法对上海MN科技发展有限公司股东全部权益价值进行了评估，并得出如下评估结论：上海MN科技发展有限公司股东全部权益在评估基准日2023年12月31日的评估值为×××××万元人民币，大写：×亿×仟×佰×拾万元整。

请思考：中青资产评估师事务所以何种方式将评估结果传递给北京AB软件股份有限公司？企业价值评估报告应包含哪些内容？编写企业价值评估报告时应遵循的基本要求与步骤是什么？在编写过程中应注意哪些事项？作为评估专业人员，你将如何撰写此份评估报告？

启示：评估报告是资产评估机构提交给委托人的工作成果，资产评估专业人员在编制企业价值评估报告时，应根据企业价值的特殊性，合理披露必要信息，恪守独立、客观、公正的原则，勤勉尽责，保持职业谨慎，不得出现对评估结论具有重要影响的实质性疏漏和错误。

任务一　企业价值评估报告概述

任务描述

评估机构及其评估专业人员根据委托履行必要的企业价值评估程序后，应当撰写企业价值评估报告，以书面的形式向委托人报告评估过程和结果。评估报告是企业价值评估的最终结论，对于委托人实现企业价值评估委托目的具有重要的作用。评估机构及其评估专业人员应当根据资产评估法和相关评估准则的要求及企业价值评估业务的特点，正确编制企业价值评估报告。

通过对企业价值评估报告的基本认识，了解企业价值评估报告的作用，掌握企业价值评估报告的编制步骤。

相关知识

一、企业价值评估报告的含义及分类

（一）企业价值评估报告的含义

资产评估报告是指资产评估机构及其资产评估专业人员遵守法律、行政法规和资产评估准则，根据委托在履行必要的评估程序后，由资产评估机构对资产评估对象在评估基准日特定目的下的价值出具的专业报告。企业价值评估报告属于资产评估报告。要正确理解企业价值评估报告的含义，应当注意以下几点：

（1）企业价值评估报告是按照一定格式和内容编写的，对企业价值进行专业判断的书面文件。资产评估机构及其专业人员应当根据企业价值评估业务的具体情况，在完成了企业价值评估的前期工作后，需要按照一定格式和内容编制能够满足委托人和其他评估报告使用人合理需求的企业价值评估报告，以文字形式阐述评估目的、评估对象、评估范围、价值类型、评估基准日、评估依据、评估方法、评估过程、评估结果、特别事项说明等内容，以书面形式提交给委托人。

（2）企业价值评估报告由评估专业人员编制，由评估机构出具。根据相关规定，评估专业人员不得以个人的名义接受评估业务委托，受理的评估业务由评估机构统一管理。出具企业价值评估报告是评估机构的权利与义务，不是评估专业人员个人的行为。评估专业人员在履行了资产评估的基本程序、编制企业价值评估报告后，应当将评估报告交给资产评估机构审核。审核后的评估报告由至少两名承办该项业务的评估专业人员签名，并加盖资产评估机构印章，再出具给委托人。

（3）企业价值评估报告以履行必要的评估程序为前提。企业价值评估报告是评估机构及其评估专业人员在履行了前期评估基本程序的基础上编制完成的，不允许脱离评估程序直接编制评估报告。评估机构在受理了企业价值评估委托后，应当经过明确评估基本事项、签订评估委托合同、编制评估作业计划、现场调查、收集整理评估资料、评定估算等必要的评估步骤后，方可编制企业价值评估报告。

（4）企业价值评估报告应当符合资产评估准则的要求。企业价值评估报告是评估机构及其评估专业人员依据资产评估准则出具的专业意见，中国资产评估协会颁布了《资产评估执业准则——资产评估报告》，对评估报告的编制要求、内容构成等作了原则性的规定，评估专业人员在编制企业价值评估报告时需要遵循这些规定。资产评估机构、资产评估师和其他资产评估专业人员以“资产评估报告”名义出具的书面专业意见应当遵守资产评估准则及相关法律法规的要求。资产评估机构、资产评估师和其他资产评估专业人员不依据资产评估准则编制的其他评估报告和其他专业报告，不得以“资产评估报告”名义出具。

（二）企业价值评估报告的分类

企业价值评估报告的分类见表8-1。

表8-1 企业价值评估报告的分类

分类标准	报告种类
按《资产评估法》规定的法律定位划分	法定评估业务评估报告
	非法定评估业务评估报告
按评估对象划分	企业整体价值评估报告
	股东全部权益价值评估报告
	股东部分权益价值评估报告
按报告基准日划分	现时性评估报告
	预测性评估报告
	追溯性评估报告
按监管主体的要求划分	国有资产业务评估报告
	非国有资产业务评估报告

【提示】本书以国有资产业务评估报告为例进行说明。

二、企业价值评估报告的编制步骤

企业价值评估报告的制作是评估机构与资产评估专业人员完成评估工作的重要一道工序，也是企业价值评估工作中的一个重要环节，编制企业价值评估报告有以下几个步骤：

（一）分类整理工作底稿和归集有关资料

企业价值评估现场工作结束后，资产评估专业人员必须着手对现场工作底稿进行分类整理，同时对诸如被评估企业所面临的宏观和区域经济等外部环境、所在行业现状与发展前景资料、可供参考的数据记录等有关资料进行归集和登记。对于现场未予确定的事项，还须进一步落实和核查。工作底稿和有关资料是编制企业价值评估报告的基础。

（二）汇总企业价值评估明细表的数据

完成现场工作底稿和有关资料的归集后，资产评估专业人员应着手汇总企业价值评估明细表的数据，一般先进行明细表汇总，然后分类汇总，最后是资产负债表的汇总。在汇总过程中应反复核对有关表格的数字的关联性和各表格栏目之间的数字钩稽关系，防止出错。如果采用IT技术，使用评估专业软件汇总则更简便、准确。

（三）分析讨论企业价值初步评估数据

完成评估明细表的汇总工作后，得出企业价值评估的初步数据，评估专业人员应对初步数据进行分析讨论。首先，对被评估企业价值的增减值趋势、范围、原因等进行综合分析，如发现其中有不妥之处，要及时找出原因并进行必要的调整。其次，将采用一种方法得出的评估结果与采用另一种方法得出的结果进行比较分析，对两种结果产生的差异作出合理的解释并得出正确的结论，否则应该进一步检查直至将问题解决。

（四）编写企业价值评估报告

企业价值评估初步数据经过分析和讨论，对有关部分的数据进行调整后，由具体参加企业价值评估的各组负责人草拟出各自负责部分的评估说明，同时提交给全面负责此次评估的项目负责人，由项目负责人草拟企业价值评估报告（初稿），然后将企业价值评估的基本情况和评估报告初稿的结论经评估机构三级审核后与委托人交换意见，听取委托人的反馈意见后，在坚持独立、客观、公正原则的前提下，认真分析委托人提出的问题和建议，若评估报告中确实存在疏忽、遗漏或错误，应该进行修正，修改完毕即可撰写正式的企业价值评估报告。

（五）签发、送交企业价值评估报告

企业价值评估报告经审核无误后，一般项目由负责该项目的资产评估专业人员，国资项目必须由负责该项目的评估师签章（两名或两名以上），并加盖机构公章。

企业价值评估报告签发盖章后即可连同评估说明及评估明细表送交委托人，并要及时、齐全和保密。

三、编制企业价值评估报告的要求

按照《资产评估执业准则——资产评估报告》及《资产评估执业准则——企业价值》的相关条款，在编制企业价值评估报告时应按以下要求进行。

（一）陈述的内容应当清晰、准确，不得有误导性的表述

企业价值评估报告既是一份对被评估企业价值发表专业意见的重要法律文件，又是一份用来明确资产评估机构和评估专业人员工作责任的文字依据。其文字表述既要清晰、准确，又要提供充分的依据说明，还要全面地叙述整个评估的具体过程；表述内容必须明确，不得使用模棱两可的措辞；报告陈述既要简明扼要，又要把有关问题说明清楚，不得使用带有任何诱导、恭维和推荐性的陈述。

（二）应当提供必要信息，使企业价值评估报告使用人能够正确理解或使用评估结论

无论是出具企业整体价值评估报告，还是出具股东全部权益价值报告和股东部分权益价值报告，都应当在评估报告中披露必要信息，使评估报告使用人能够正确理解评估结论。资产评估专业人员应当根据每一家评估企业的具体情况和委托人的合理要求，确定评估报告中所提供信息的范围和程度，使评估报告使用人能够正确理解和使用报告的结论。判定一份评估报告是否提供了必要的信息，就要看评估报告使用人在阅读评估报告后能否对评估结论有正确的理解。这也是判定资产评估专业人员是否尽到了勤勉尽责的义务的标准。

（三）合理确定评估报告的详略程度

委托人和其他评估报告使用人是评估报告的服务对象，因此评估报告内容的详略程度要考虑报告使用人的合理需求。作为理性的评估报告使用人，可能会要求资产评估专业人员在评估报告中不仅提供评估结论，还要提供形成评估结论的详细过程，或者要求在评估报告中对某些方面提供更为详细的说明。

企业价值评估业务的情况多种多样，按评估企业的类别分类，有集团型企业评估和非集团型企业评估；按评估目的分类，有以股权转让为目的的评估、以企业并购为目的

的评估和以企业整体改制为目的的评估等。评估业务不同、评估的方法不同、执行的具体程序不同、搜集的信息不同，资产评估专业人员的工作量也有很大差异，评估报告的内容和形式自然不同。如为一个单一企业而做的评估，和为一个集团型企业实施整体改制而做的评估，报告书内容的繁简会有较大的区别。

因此，企业价值评估报告的详略程度是以评估报告中提供的必要信息为前提的，应当根据《资产评估执业准则——企业价值》的披露要求，以评估对象的复杂程度、委托人的合理要求来确定。

【提示】如果是国资项目的企业价值评估，其详略程度的确定，应符合《企业国有资产评估报告指南》的要求。

（四）评估程序受限对评估报告出具的要求

评估报告是在履行评估程序的基础上完成的。现实工作中，由于企业价值评估的特殊性、客观条件限制等原因，评估程序的履行可能存在障碍，需要资产评估专业人员采取相关的替代程序。因法律法规规定、客观条件限制，无法或者不能完全履行资产评估基本程序，经采取措施弥补程序缺失，且未对评估结论产生重大影响的，可以出具资产评估报告，但应当在资产评估报告中说明资产评估程序受限情况、处理方式及其对评估结论的影响。如果程序受限对评估结论产生重大影响或者无法判断其影响程度，不应出具资产评估报告。执行企业价值评估业务，应当合理使用评估假设和限制条件。

资产评估专业人员应当依法对企业价值评估活动中使用的资料进行核查验证。因法律法规规定、客观条件限制无法实施核查验证的事项，资产评估专业人员应当在工作底稿中予以说明，分析其对评估结论的影响程度，并在资产评估报告中予以披露。如果上述事项对评估结论产生重大影响或者无法判断其影响程度，资产评估机构不得出具资产评估报告。执行企业价值评估业务，资产评估专业人员应当在资产评估报告中披露无法核查验证的事项及其对评估结论的影响。

（五）签字印章要求

根据《资产评估执业准则——资产评估报告》的要求，一般资产评估报告应当由至少两名承办该项业务的资产评估专业人员签名并加盖资产评估机构印章。法定评估业务的资产评估报告应当由至少两名承办该项业务的资产评估师签名并加盖资产评估机构印章。

（六）语言及汇率要求

资产评估报告应当使用中文撰写。需要同时出具中外文资产评估报告的，以中文资产评估报告为准。

资产评估报告一般以人民币为计量币种，使用其他币种计量的，应当注明该币种在评估基准日与人民币的汇率。

（七）评估结论的使用有效期

评估结论反映评估基准日的价值判断，仅在评估基准日成立，所以资产评估报告应当明确评估结论的使用有效期。超过有效期限，评估基准日的评估结论很可能不能反映经济行为发生日的评估结论。

在基准日后的某个时期经济行为发生时，市场环境或企业状况未发生较大变化，评估结论在此期间有效，一旦市场价格标准或企业状况出现较大变动，则评估结论失效。对于现时性企业价值评估业务，通常只有当评估基准日与经济行为实现日相距不超过一年时，才可以使用企业价值评估报告。当然，有时评估基准日至经济行为发生日尽管不到一年，但市场条件或企业状况发生了重大变化，使评估报告的结论不能反映经济行为实现日价值，这时也应该重新评估。

（八）评估报告的复核及反馈

资产评估报告的复核与反馈也是资产评估报告制作的一项具体要求。评估专业人员通过对工作底稿、评估明细表和报告正文的文字、格式及内容的复核和反馈，可以使有关错误、遗漏等问题在出具正式报告之前得到修正。对于评估专业人员来说，企业价值评估工作是一项由多名评估专业人员同时作业的中介业务，每名评估专业人员都有可能因能力、水平、经验、阅历及理论方法的限制而产生工作盲点和工作疏忽，所以，有必要对企业价值评估报告初稿进行认真复核。

一般情况下，委托人和被评估单位对委托评估的企业价值比评估机构和评估专业人员更熟悉，所以在出具正式报告之前应征求委托人意见，收集反馈意见也很有必要。

对企业价值评估报告必须建立多级复核和交叉复核制度，明确复核人的职责，防止流于形式的复核。收集反馈意见主要是收集委托人或被评估企业的主要负责人（法人、股东）等熟悉企业具体情况的人员的反馈意见。对委托人或者企业负责人的反馈信息，评估专业人员应谨慎对待，本着独立、客观、公正的态度处理其反馈意见。

【提示】撰写企业价值评估报告除了需要掌握上述八个方面评估报告的制作要求外，还应注意以下几个事项：

（1）实事求是，切忌出具虚假报告。评估报告必须建立在真实、客观的基础上，不能脱离实际情况，更不能无中生有。报告拟定人应是参与该项企业价值评估业务并全面了解该企业情况的主要评估人员。

（2）坚持一致性做法，切忌出现表里不一。企业价值评估报告采用的格式和编制的内容应遵循资产评估报告准则，涉及企业、金融企业国有资产评估的，还应该分别遵循《企业国有资产评估报告指南》和《金融企业国有资产评估报告指南》的有关规定。评估报告的文字、内容前后要一致，摘要、正文、评估说明、评估明细表的内容与格式、数据要一致。

（3）关注评估对象权利状况。资产评估专业人员在执行企业价值评估业务时，应当关注评估对象的权利状况，慎重区分企业整体价值、股东全部权益价值和股东部分权益价值，并在评估报告中明确说明：企业价值的评估对象是股东全部权益价值或股东部分权益价值，持股人及持股比例，股权性质是控股权或少数股权，流通股或非流通股；所有权属于何人，是否合法拥有，有无被冻结、查封、限制交易等。这些是企业价值评估对象表述中必须完整、清晰披露的具体内容，也是确定评估技术途径和评估结论的一个重要环节。

微课

企业价值评估报告的编制要求

任务二　企业价值评估报告的基本内容和格式

任务描述

2018年中评协修订的《资产评估执业准则——资产评估报告》（中评协〔2018〕35号）和《企业国有资产评估报告指南》（中评协〔2017〕42号），对资产评估报告的基本内容进行了规范。企业价值评估报告由标题及文号、目录、声明、摘要、正文、附件、评估明细表和评估说明构成。通过了解企业价值评估报告的格式、内容，掌握企业价值评估报告的编制方法。

相关知识

一、标题及文号、目录、声明、摘要

（一）标题及文号

标题及文号是资产评估报告封面须载明的主要内容。企业价值评估报告封面也必须载明标题及文号。

（1）资产评估报告封面书写规范要求：资产评估报告封面的左上方标示“本资产评估报告依据中国资产评估准则编制”。在其下方的中部依行书写评估报告的标题、文号、册数（包括装订总册数、装订册序号）、评估机构名称和评估报告日。具体见本项目“任务四 企业价值评估报告案例中企业价值评估报告封面”。

（2）企业价值评估报告的标题格式规范要求：“企业名称+经济行为关键词+评估对象+资产评估报告”，如北京AB软件股份有限公司拟收购某股东持有的上海MN科技发展有限公司90%股权涉及的股东全部权益价值资产评估报告。

（3）文号格式要求：包括资产评估机构特征字、种类字（如：评报、评咨、评函，评估报告书正式报告应用“评报”，评估报告书预报告应用“评预报”）、年份、报告序号，如中青评报字〔2023〕第100号。

微课

企业价值评估报告封面的书写格式

【提示】只有符合资产评估报告定义的企业价值评估报告，才能以“评估报告”标题出具。

（二）目录

目录应按评估报告各个组成部分的前后次序，列出其标题及对应的页码，以便报告使用者检索、阅读。无形资产评估报告的次页需要以目录形式列示评估报告的构成内容。

目录包括每一部分的标题和相应页码，一般只列明评估报告的一、二级标题。

具体见本项目“任务四 企业价值评估报告案例中企业价值评估报告目录”。

（三）企业价值评估报告声明的内容

《资产评估执业准则——资产评估报告》第十二条中对资产评估师必须披露和声明的内容作出了明确的规定，这些声明既是资产评估专业人员在评估过程中必须遵守的法律、法规及工作原则，应当承担的法律责任，也是资产评估专业人员对所进行评估工作某些事项方面的承诺及对报告使用的限制。资产评估报告的声明既对资产评估专业人员起到合理保护的作用，也有利于引导评估报告使用者正确、恰当地使用评估报告，一般置于评估报告目录之后，摘要之前。根据准则的要求，企业价值评估报告声明主要包括下列内容。

1. 评估报告编制依据

评估报告应当声明，本资产评估报告依据财政部发布的资产评估基本准则和中国资产评估协会发布的资产评估执业准则和职业道德准则编制。

2. 使用评估报告的法律责任

评估报告应当明确，委托人或者其他资产评估报告使用人应当按照法律、行政法规规定和资产评估报告载明的使用范围使用资产评估报告；委托人或者其他资产评估报告使用人违反前述规定使用资产评估报告的，资产评估机构及其资产评估专业人员不承担责任。

3. 评估报告使用人的限制

评估报告应当规定，资产评估报告仅供委托人、资产评估委托合同中约定的其他资产评估报告使用人和法律、行政法规规定的资产评估报告使用人使用；除此之外，其他任何机构和个人都不能成为资产评估报告的使用人。

4. 评估报告的合理使用

评估报告应当提示，资产评估报告使用人应当正确理解评估结论，评估结论不等同于评估对象可实现价格，评估结论不应当被认为是对评估对象可实现价格的保证。

5. 评估报告特别事项

评估报告应当提醒，资产评估报告使用人应当关注评估结论成立的假设前提、资产评估报告特别事项说明和使用限制。

6. 遵循的评估工作原则

评估报告应当承诺，资产评估机构及其资产评估专业人员遵守法律、行政法规和资产评估准则，坚持独立、客观、公正的原则，并对所出具的资产评估报告依法承担责任。

7. 其他需要声明的内容

评估机构及评估专业人员可以根据评估委托合同及评估业务的具体情况，确定评估报告声明的其他内容，并予以表述。

【提示】上述所列的7项声明内容是《资产评估执业准则——资产评估报告》所要求的一般性声明内容，资产评估专业人员在执行企业价值评估业务时，还应根据企业价值评估的具体情况，调整或细化声明内容。例如，对于本评估报告中全部或部分价值评估结论所依据的由委托人及其他各方提供的信息资料，本公司对这些信息资料的准确性不作任何保证等声明。

（四）企业价值评估报告摘要

企业价值评估报告摘要是评估机构以较少的篇幅，将评估报告中的关键内容摘录并刊印在评估报告正文之前的部分，其作用是使各有关方了解该企业价值评估报告提供的主要信息，方便企业使用。摘要应当简明扼要地反映企业价值评估的经济行为、评估目的、评估对象和评估范围、价值类型、评估基准日、评估方法、评估结论及使用有效期、对评估结论产生影响的特别事项等关键内容。摘要必须与评估报告揭示的结果一致，不得有误导性内容，并应当采用下述文字提醒使用者阅读全文："以上内容摘自资产评估报告，欲了解本评估项目的全面情况，应认真阅读资产评估报告全文。"（详见本项目任务四企业价值评估报告摘要）

二、企业价值评估报告正文

评估报告的正文是评估报告的主体，需要详尽阐述。根据《资产评估执业准则——资产评估报告》的规定，评估报告的正文应当包括以下基本内容：（1）委托人及其他资产评估报告使用人；（2）评估目的；（3）评估对象和评估范围；（4）价值类型；（5）评估基准日；（6）评估依据；（7）评估方法；（8）评估程序实施过程和情况；（9）评估假设；（10）评估结论；（11）特别事项说明；（12）资产评估报告使用限制说明；（13）资产评估报告日；（14）资产评估专业人员签名和资产评估机构印章。国有资产评估报告正文内容除了上述内容外还包括绪言，在实际业务中编制的企业价值评估报告正文内容前面还有首部。

（一）首部和绪言

1. 首部

首部的内容包括标题和文号。参见本项目任务二"一中的（一）标题及文号"及本项目任务四企业价值评估报告正文。

2. 绪言

报告书的绪言应该写明评估报告委托人全称、受委托评估事项及评估工作整体情况。

绪言一般的表述内容和格式见本项目任务四企业价值评估报告正文。

（二）正文基本内容

1. 委托人及其他资产评估报告使用人

资产评估报告使用人包括委托人、资产评估委托合同中约定的其他资产评估报告使用人和法律、行政法规规定的资产评估报告使用人。

评估报告应当分别介绍委托人及其他资产评估报告使用人概况。委托人是指与评估机构签订评估委托合同、委托评估机构提供企业价值评估服务的当事人。其他资产评估报告使用人是指在资产评估委托合同中约定的其他资产评估报告使用人和法律、行政法规规定的资产评估报告使用人。

基于企业价值评估对象的复杂性及企业价值影响因素的多样性，对被评估企业基本情况的介绍不能仅限于营业执照登记内容，应介绍被评估企业的主要内容有：

（1）企业名称、企业性质与类型、股权构成与分布、主要投资人情形及注册地址、主要经营场所地址、法定代表人、历史情况。企业名称可以是可确指的法人、自然人，如某公司、某人，也可以是不确指的一类群体，如国有资产管理部门、证券市场投资人等。

（2）企业资产、财务、经营和管理现状及企业发展前景。资产状况包括有形资产、无形资产，以及主要负债。

（3）市场和客户状况及企业、股权等以往市场交易情况。

（4）行业、地域的特点与地位以及相关的国家产业政策。

（5）其他需要说明的企业状况。

2. 评估目的

评估报告应当说明本次评估的目的及其对应的经济行为。应明确本次企业价值评估为哪一种“交易”或经济行为提供全部股东权益价值或部分股东权益价值的估价意见。

评估报告载明的评估目的应当唯一，简要、准确说明该经济行为的发生是否经过批准，如已获批准，则应写明已获得的相关经济行为批准文件，含批件名称、批准单位名称、确立日期及文号。一般而言，国有企业与资产相关的经济行为的批准权在其上级主管机关，需要履行报批程序，依公司法设立的有限公司的经济行为的批准权在董事会。

资产评估实践中也存在部分委托人为管理目的而委托评估的情况，此种情况不涉及具体的经济行为。如A纺织品生产股份有限公司拟收购B公司持有的C公司股权，需对上述经济行为所涉及的C公司股东全部权益在评估基准日的市场价值进行评估，为上述经济行为提供参考依据。

3. 评估对象与评估范围

评估报告中应当写明评估对象和具体评估范围，对评估对象进行具体描述，以文字、表格的方式说明评估范围。企业价值评估中，应当说明下列内容：（1）委托评估对象和评估范围与经济行为涉及的评估对象和评估范围是否一致，不一致的应当说明原因，并说明是否经过审计；（2）企业申报的表外资产的类型、数量；（3）引用其他机构出具的报告结论所涉及的资产类型、数量和账面金额（或者评估值）。

当评估对象与评估范围一致时，应当予以说明；当评估对象与评估范围不一致时，需要对评估对象和评估范围分别进行描述，表达清楚，并确切地指出本次评估的对象是被评估企业的整体价值，还是股东全部权益价值或部分权益价值。纳入评估范围的资产及权益状况（资产类型、账面金额及要紧资产权益状况），所占的股权比例为多少，以及股权的性质如何。如为部分股权价值时要说明持股人及股权比例，涉及交易的股权是流通股还是非流通股、控股权还是非控股权。

资产评估专业人员应当根据委托事项和评估目的，与委托人协商明确评估范围和对象。如A纺织品生产股份有限公司拟收购B公司持有C公司股权的评估事项，本次企业价值评估对象是C公司截至2023年12月31日的股东全部权益价值，评估范围是该公司2023年12月31日的整体资产和负债。

4. 价值类型

评估报告应当明确价值类型及其定义。企业价值评估中常见的价值类型有市场价值和投资价值。如果选择市场价值以外的价值类型，还应当说明选择理由。评估专业人员应当根据评估目的、评估对象、市场条件等选择适当的价值类型，注意价值类型与评估目的相匹配。在评估报告中，应当明确本次评估的价值类型，并给出价值类型的定义。

5. 评估基准日

评估报告应当载明评估基准日，并与资产评估委托合同约定的评估基准日保持一致，可以是过去、现在或者未来的时点。这部分应该写明评估基准日的具体日期；写明确定评估基准日的理由或成立的条件；揭示确定评估基准日对评估结果的影响程度；须申明评估中所采用的价格是不是评估基准日的标准，如不是则说明原因；评估基准日的确定应由评估机构根据经济行为的性质由委托人确立，并尽可能与评估目的的实现日接近。

6. 评估依据

评估报告应当说明企业价值评估所采用的法律法规依据、准则依据、权属依据及取价依据等。法律法规依据包括企业价值评估的有关文件及涉及企业价值评估的有关法律、法规等，如《资产评估法》《企业国有资产法》及资产评估管理规范操作的有关法律文件等；准则依据包括本次评估所依据的资产评估基本准则和相关的具体准则、指南、指导意见等；权属依据包括评估企业价值的产权登记证书和其他权属证明文件等，如产权登记证书、基准日股份持有证明、出资证明等；取价依据包括企业提供的财务会计、经营方面的资料和评估机构收集的国家有关部门发布的统计资料、技术标准资料和政策文件，以及评估机构收集的有关询价资料和参数资料等。企业价值评估项目中所采用的特殊依据应在本部分内容中披露。

【提示】国有资产评估报告的评估依据还包括行为依据，主要有委托人申请、股份企业董事会决议等。

7. 评估方法

执行企业价值评估业务，应当根据评估目的、评估对象、价值类型、资料收集等情况，分析收益法、市场法、成本法（资产基础法）三种基本方法的适用性，选择评估方法。对于适合采用不同评估方法进行企业价值评估的，资产评估专业人员应当采用两种以上评估方法进行评估。以持续经营为前提对企业价值进行评估时，成本法一般不应当作为唯一使用的评估方法。

对同一评估对象采用多种评估方法时，应当结合评估目的、不同评估方法使用数据的质量和数量，采用定性或者定量分析方式形成评估结论。

因适用性受限或者操作条件受限等原因而选择一种评估方法的，应当在资产评估报告中披露并说明原因。

【提示】采用收益法或者市场法进行企业价值评估，通常在资产评估报告中重点披露下列内容：

（1）影响企业经营的宏观、区域经济因素。通常包括下列内容：①国家、地区有关企业经营的法律、行政法规和其他相关文件；②国家、地区经济形势及未来发展趋势；③有关财政、货币政策等。

（2）所在行业现状与发展前景。通常包括下列内容：①行业主要政策规定；②行业竞争情况；③行业发展的有利和不利因素；④行业特有的经营模式，行业的周期性、区域性和季节性特征等；⑤企业所在行业与上下游行业之间的关联性，上下游行业发展对本行业发展的有利和不利影响。

（3）企业的业务分析情况。通常包括下列内容：①主要产品或者服务的用途；②经营模式；③经营管理状况；④企业在行业中的地位、竞争优势及劣势；⑤企业的发展战略及经营策略等。

（4）企业主要产品或者服务的经济寿命情况以及预期替代产品或者服务的情况。

（5）企业的资产、财务分析和调整情况。通常包括下列内容：①资产配置和使用的情况；②历史财务资料的分析总结，一般包括历史年度财务分析、与所在行业或者可比企业的财务比较分析等；③对财务报表及评估中使用的资料的重大或者实质性调整。

（6）评估方法的运用过程。通常包括下列内容：①评估方法的选择及其理由；②评估方法的运用和逻辑推理过程；③主要参数的来源、分析、比较和测算过程；④考虑的控制权和流动性影响；⑤对测算结果进行分析，形成最终评估结论的过程。

【例 8-1】A纺织品生产股份有限公司拟收购B公司持有C公司股权的评估事项，对评估方法的选择说明如下。由于没有与被评估企业类似股权交易案例，无法搜集市场法所需材料的相关资料，故此次评估无法采用市场法。通过对评估企业的调查了解，被评估企业经营稳定，未来预期收益可以预测并可以用货币衡量，资产拥有者获得预期收益所承担的风险也可以预测并可以用货币衡量，被评估资产预期获利年限可以预测，故此次评估采用收益法。由于被评估企业持续经营，评估对象具有预期获利能力，被评估企业具备可利用的历史资料，在充分考虑资产的实体性贬值、功能性贬值和经济性贬值的基础上，在采用收益法进行评估的同时，也采用资产基础法进行评估。

8. 评估程序的实施过程和情况

评估报告应当说明资产评估程序的实施过程和情况。这部分应反映评估机构自接受企业价值评估委托起至提交评估报告的工作过程，包括接受委托、资产清查、评定估算、评估汇总、提交报告等过程。

（1）接受委托中应明确反映接受委托、确定评估目的、评估对象和范围、选定评估基准日、拟订评估计划的过程；

（2）资产清查中应反映指导被评估企业清查资产、收集准备评估资料、检查核实资产与验证资料的过程；

（3）评定估算中应针对评估方法反映评估过程的特点反映现场勘查、选择评估方法、收集市场信息和估算的过程；

（4）评估汇总中应反映评估结果汇总、评估结论分析、撰写报告和内部审核等过程。

9. 评估假设

评估报告应当披露所使用的评估假设及其对评估结论的影响。评估结果是在一定的假设前提下得出来的，评估专业人员执行企业价值评估业务，应当科学合理地使用评估假设。

企业价值评估假设主要包括公开市场假设、持续使用假设和清算假设。

10. 评估结论

评估报告应当以文字和数字形式表述评估结论，并明确评估结论的使用有效期。评估结论通常是确定的数值，经与委托人沟通，评估结论可以是区间值或者其他形式的专业意见。这部分是评估报告正文的重要部分，应包括评估结果汇总表和评估机构对评估结果发表的结论。评估结果除文字表述外，评估报告中还须按统一规定的格式列表揭示评估结果。

（1）采用资产基础法进行企业价值评估，应当以文字形式说明资产、负债、所有者权益（净资产）的账面价值、评估价值及其增减幅度，并同时采用评估结果汇总表反映评估结论；

（2）采用两种以上方法进行企业价值评估，除单独说明评估价值和增减变动幅度外，还应当说明两种以上评估方法的结果的差异及其原因和最终确定评估结论的理由。

【提示】国有资产评估报告的评估结论应当是确定的数值。

11. 特别事项说明

特别事项是指评估专业人员在评估过程中发现的，可能影响评估结果的事项。这部分主要包括：

（1）权属等主要资料不全面或者存在瑕疵的情形。

（2）委托人未提供的其他关键资料情形。

（3）未决事项、法律纠纷等不确定因素。

（4）重要的利用专家工作及相关报告情况。

（5）重大期后事项。

（6）评估程序受限的有关情况、评估机构采取的弥补措施及对评估结论影响的情况。

（7）其他需要说明的事项。这些事项主要表现为在已确定评估结果的前提下，评估人员揭示在评估过程中已发现可能影响评估结论，但非评估人员执业水平和能力所能评定估算的有关事项。

资产评估报告应当重点提示资产评估报告使用人对特别事项予以关注。

【提示】担保、租赁及或有负债（或有资产）等事项都有可能对企业价值以及参考企业价值确定交易价格产生影响，但该等事项在经济行为实现时、实现后的状况无法预知，也难以估计其对企业价值的影响程度，因此应当在评估报告中说明事项本身的性质、金额及与评估对象的关系，并提示评估报告使用人注意该等事项可能对评估报告的使用产生影响。

12. 评估报告使用限制说明

评估报告使用限制是对评估报告的用途、使用者、有效期等所作的限定，评估报告的使用限制说明通常包括下列事项：

（1）使用范围。

（2）委托人或者其他资产评估报告使用人未按照法律、行政法规的规定和资产评估报告载明的使用范围使用资产评估报告的，资产评估机构及其资产评估专业人员不承担责任。

（3）除委托人、资产评估委托合同中约定的其他资产评估报告使用人和法律、行政法规规定的资产评估报告使用人之外，其他任何机构和个人都不能成为资产评估报告的使用人。

（4）资产评估报告使用人应当正确理解和使用评估结论。评估结论不等同于评估对象可实现价格，评估结论不应当被认为是对评估对象可实现价格的保证。

13. 评估报告日

评估报告载明的资产评估报告日通常为评估结论形成的日期，可以不同于资产评估报告的签署日。评估报告日需要在评估报告中明确，以公历年、月、日的形式表现。评估报告日不同于评估基准日。

14. 签字盖章

出具评估报告时应有资产评估专业人员的签名和加盖资产评估机构印章。评估报告应当由至少两名承办该项业务的资产评估专业人员签名，法定评估业务的评估报告应当由至少两名承办该业务的资产评估师签名。

企业价值评估报告正文案例详见本项目任务四企业价值评估报告正文内容和格式。

三、企业价值评估报告附件

评估报告附件是附在企业价值评估报告后面的文件与资料。评估报告使用者可以根据评估报告中披露的附件的名称以及附件内容判断评估报告的合法性，并在相应的评估工作底稿以及相关法律、行政法规和部门规章中找到相应的评估依据。附件内容应当与评估目的、评估方法、评估结果相关联，在评估过程中形成的一些无关的操作资料不应当作为评估报告的附件。评估报告附件至少应包括如下基本内容：

（一）评估对象所涉及的主要权属证明资料

在评估报告的正文中，评估专业人员已经阐述评估的权属依据，评估报告中所涉及的权属证明材料名称、原件或复印件需要装订在附件中。权属证明资料包括的内容极为广泛，一般有股权证、营业执照、产权登记证、房产证、车辆行驶证、重要设备的发票、相关权利人关于权属情况的说明及承诺等。

（二）委托人和其他相关当事人的承诺函

在企业价值评估中，评估机构及其评估专业人员、委托人、相关当事人均要对自己的行为负法律责任，承诺其行为合法、真实、有效。评估机构及其评估专业人员的承诺已经在评估报告中的“评估报告声明”阐述，委托人和相关当事人的承诺函则要列在附件中。委托人和相关当事人应当承诺，企业价值评估所对应的经济行为符合国家规定，出具的股权证明文件合法有效，提供的财务数据和文件资料真实完整，不存在重复和遗漏，在评估操作过程中不干预评估专业人员独立、客观、公正地执业。委托人和相关当事人的承诺函由委托人和相关当事人签字、盖章。

（三）资产评估机构及签名资产评估专业人员的备案文件或者资格证明文件

评估机构承接评估业务必须具备相应的专业资格，在规定的范围和等级内从事评估业务。资产评估专业人员从事法定评估业务，应当通过考试取得资产评估师资格及其他相应的资格。在企业价值评估报告中，应当将评估机构法人营业执照副本、评估机构资格证书复印件，以及签字资产评估师资格证书复印件作为附件装订。

（四）企业价值评估汇总表或者明细表

为使评估报告使用者能够更详细地了解委托人委估企业价值的构成及具体情况，评估专业人员应当以附件的形式提供企业价值评估汇总表或者明细表。

企业价值评估明细表是反映被评估的企业价值评估前及评估后明细情况的表格。它是企业价值评估报告的组成部分，也是企业价值评估结果得到认可，评估目的的经济行为实现后作为调整账目的主要依据之一。

（五）资产账面价值与评估结论存在较大差异的说明

这部分应说明评估结果与调整后账面价值比较变动情况，包括绝对变动额和相对变动率；分析评估结果与调整后账面价值比较变动原因。在评估结论成立的条件中写明评估结论系根据正文中描述的评估原则、依据、前提、方法、程序得出的；写明评估结论仅为本评估目的服务；写明评估结论系对评估基准日企业公允价值的反映；写明评估结论只有在上述原则、依据、前提存在的条件下成立；写明是否考虑了国家宏观经济政策发生重大变化以及遇有自然力和其他不可抗力的影响；写明是否考虑了特殊交易方式对评估结论的影响；写明评估结论是本评估机构出具的，受本机构评估人员的执业水平和能力的影响。

企业价值评估报告除了上述列举的评估报告附件外还应包括：与评估目的相对应的经济行为文件；委托人和被评估单位法人营业执照；重要作价依据；资产评估委托合同及其他重要文件等。

知识拓展

评估报告附件的基本要求

评估报告附件应置于企业价值评估报告的正文之后，以目录的形式列出附件的名称，并将具体的文件、证明材料、函件、清单、证书等材料的原件或复印件装订其后。相关附件应当清晰、完整，内容应当与评估报告摘要、正文一致。如果附件为复印件，应当保证其真实性，内容与原件一致。

四、国有企业企业价值评估明细表的内容及格式要求

国有企业企业价值评估明细表可以根据《企业国有资产评估报告指南》的基本要求和企业会计核算所设置的会计科目，结合评估方法特点进行编制。

不同评估方法对国有企业企业价值评估明细表的要求有所不同：

1. 资产基础法下评估明细表格式和内容的基本要求

采用资产基础法进行企业价值评估，评估明细表包括按会计科目设置的资产、负债评估明细表和各级汇总表。

下面主要说明资产、负债会计科目的评估明细表格式和内容的基本要求。

（1）表头应当含有资产或负债类型（会计科目）名称、被评估单位、评估基准日、表号、金额单位、页码。

（2）表中应当含有资产负债的名称（明细）、经营业务或者事项内容、技术参数、发生（购、建、创）日期、账面价值、评估价值、评估增减值幅度等基本内容。

（3）表尾应当标明被评估单位填表人员、填表日期和评估专业人员。

(4) 评估明细表按会计明细科目、一级科目逐级汇总，并编制资产负债表（方式）的评估汇总表及以人民币万元为金额单位的评估结果汇总表。

(5) 会计计提的减值准备在相应会计科目（资产负债类型）合计项下和相关科目汇总表中列示。

(6) 评估结果汇总表应当按以下顺序和项目内容列示：流动资产、非流动资产、资产总计、流动负债、非流动负债、负债总计、净资产等类别和项目。

2.收益法下评估明细表格式和内容的基本要求

采用收益法进行企业价值评估，可以根据收益法评估参数和盈利预测项目的构成等具体情况设计评估明细表的格式和内容。

下面主要说明采用收益法中的现金流量折现法进行企业价值评估，评估明细表通常包括的内容：

(1) 资产负债、利润调整表（如果有调整时）；

(2) 现金流量测算表；

(3) 营业收入预测表；

(4) 营业成本预测表；

(5) 税金及附加预测表；

(6) 销售费用预测表；

(7) 管理费用预测表；

(8) 财务费用预测表；

(9) 营运资金预测表；

(10) 折旧摊销预测表；

(11) 资本性支出预测表；

(12) 折现率计算表；

(13) 溢余资产和非经营性资产分析表。

收益法评估明细表表头应当含有评估参数或者预测项目名称、被评估单位、评估基准日、表号、金额单位等。

被评估单位为两家以上的，评估明细表应当按被评估单位分别归集，自成体系。

3.市场法下评估明细表格式和内容的基本要求

采用市场法进行企业价值评估，可以根据评估技术说明的详略程度决定是否单独编制符合市场法特点的评估明细表。

五、国有企业企业价值评估报告中评估说明的编写

评估说明由以下三项内容构成：评估说明使用范围声明，企业关于进行企业价值评估有关事项的说明（由委托人和被评估单位编写），资产评估说明（由资产评估机构和资产评估师编写）。

（一）对企业价值评估说明使用范围的声明

关于企业价值评估说明使用范围的声明，应当写明评估说明使用单位或部门的范围及限制条款。如企业价值评估说明供国有资产监督管理机构（含所出资企业）、相关监

管机构和部门使用。除法律、行政法规规定外，材料的全部或者部分内容不得提供给其他任何单位和个人，不得见诸公开媒体。

（二）企业关于进行企业价值评估有关事项的说明

委托人和被评估单位可以共同编写或者分别编写企业关于进行企业价值评估有关事项的说明，委托单位负责人和被评估单位负责人应当对所编写的说明签名，加盖相应单位公章并签署日期。

企业关于进行企业价值评估有关事项的说明通常包括：委托人、被评估单位各自概况；关于经济行为的说明；关于评估对象与评估范围的说明；关于评估基准日的说明；可能影响评估工作的重大事项说明；资产负债清查情况、未来经营和收益状况预测说明；资料清单。

1. 委托人、被评估单位概况

委托人、被评估单位概况见表8-2。

表8-2 委托人、被评估单位概况

委托人概况	（1）企业名称及简称、住所、注册资本、法定代表人； （2）企业性质、企业历史沿革（包括隶属关系的演变）； （3）经营业务范围及主要经营业绩
被评估单位概况	（1）企业名称及简称、住所、注册资本、法定代表人； （2）企业性质、企业历史沿革（包括隶属关系的演变）； （3）经营业务范围及主要经营业绩； （4）近三年来企业的资产、财务、负债状况和经营业绩，已经审计的应当说明注册会计师发表的意见，以往不良资产处置情况； （5）主要产品品种、生产能力，近年实际生产量、销售量，主要市场及其市场占有率，本企业产品在同类产品市场的地位，主要原材料、能源供应情况，环境污染及治理情况； （6）形成企业主要生产能力的状况，正在或者计划进行的投资项目简况，企业的主要资产状况； （7）执行的主要会计政策，生产经营是否存在国家政策、法规的限制或者优惠，生产经营的优势分析和各种因素风险
委托人与被评估单位的关系	（1）委托人与被评估单位的关系一般包括产权关系、行政隶属关系、交易关系等； （2）存在两家以上被评估单位的，应当分别予以介绍； （3）委托人与被评估单位为同一企业，按被评估单位要求的内容与格式编写； （4）存在交叉持股的，还应当列示交叉持股图并简述交叉持股关系以及是否属于同一控制的情形； （5）存在关联方交易的，应当说明关联方、交易方式等基本情况

2. 关于经济行为的说明

（1）说明本次资产评估满足何种需要、所对应的经济行为类型及其经济行为获得批准的相关情况，或者其他经济行为依据。

（2）获得有关部门批准的，应当载明批件名称、批准日期及文号。

3.关于评估对象与评估范围的说明

（1）说明委托评估对象，评估范围内资产和负债的类型、账面金额以及审计情况。

（2）对于经营租入资产、特许使用的资产，以及没有会计记录的无形资产，应当特别说明是否纳入评估范围及其理由。

（3）如果在评估目的实现前有不同的产权持有单位，应当列表载明各产权持有单位待评估资产的类型、账面金额等。

（4）账面资产是否根据以往资产评估结论进行了调账。

（5）本次评估前是否存在不良资产核销或者资产剥离行为等。

4.关于评估基准日的说明

（1）说明所确定的评估基准日，评估基准日表述为：××××年××月××日，如2022年12月30日。

（2）说明确定评估基准日的理由，如果评估基准日受特定经济行为文件的约束，应当载明该文件的名称、批准日期及文号。

5.可能影响评估工作的重大事项的说明

一般包括下列内容：

（1）曾经进行过清产核资或者资产评估的情况，调账情况。

（2）影响生产经营活动和财务状况的重大合同、重大诉讼事项。

（3）抵（质）押及或有负债、或有资产的性质、金额及其对应资产负债情况。

（4）账面未记录的资产负债的类型及其估计金额。

6.资产负债清查情况、未来经营和收益状况预测的说明

（1）资产负债清查情况说明。一般包括下列内容：

① 列入清查范围的资产负债的种类、账面金额，产权状况，实物资产分布地点及特点。

② 清查工作的组织，如时间计划、实施方案。

③ 清查所采取的措施，待处理、待报废固定资产，高、精、尖设备和特殊建筑物以及毁损、变质存货检测或者鉴定的情况。

④ 清查中发现的盘盈、盘亏、毁损、变质、报废存货的数量和金额的确定情况、呆坏账损失及无须偿付负债的判断及原因分析。

（2）未来经营和收益状况预测说明。一般包括下列内容：

① 所在行业相关经济要素及发展前景、生产经营历史情况、面临的竞争情况及优劣势分析。

② 内部管理制度、人力资源、核心技术、研发状况、无形资产、管理层构成等经营管理状况。

③ 近年企业资产、负债、权益、盈利、利润分配、现金流量等资产财务状况。

④ 未来主营收入、成本、费用等的预测过程和结果。

⑤ 如果企业存在关联方交易，应当说明关联方交易的性质及定价原则等。

7. 资料清单

一般包括下列内容：

（1）资产评估申报表（由资产评估机构出具样式）；

（2）相关经济行为的批文；

（3）审计报告；

（4）资产权属证明文件、产权证明文件；

（5）重大合同、协议等；

（6）生产经营统计资料；

（7）其他资料。

（三）企业价值评估说明

根据《企业国有资产评估报告指南》中的《资产评估说明》编写指引，资产评估机构和资产评估师编写的企业价值评估说明主要包括的内容及要求如下：

1. 评估对象与评估范围说明

以企业价值为评估对象时，应从以下几个方面说明评估范围：

（1）如包含下属独立核算企业，应介绍公司产权、管理架构图，按母公司会计核算口径简要介绍各级次报表单位，涉及多家单位时应以列表方式介绍。

（2）评估范围如为单一企业、无下属单位，其说明应体现先分类再具体的原则。

（3）评估范围包括多级下属单位时，应分别介绍各单位情况。

（4）应说明企业账面记录或者未记录的无形资产情况，对于企业实际存在的、账面未记录的专利或非专利技术等无形资产，应介绍其基准日基本情况及形成过程。

2. 资产核实情况总体说明

资产核实情况总体说明通常包括人员组织、实施时间、核实过程、影响事项及处理方法、核实结论。

3. 评估技术说明

评估技术说明应当考虑不同经济行为和不同评估方法的特点，介绍评定估算的思路及过程。

（1）采用资产基础法评估企业价值，应当根据评估业务的具体情况以及资产负债类型编写评估技术说明。

各项资产负债评估技术说明应当包含资产负债的内容和金额、核实方法、评估值确定的方法和结论等基本内容。

（2）采用收益法或者市场法评估企业价值，评估技术说明通常包括以下内容：①影响企业经营的宏观、区域经济因素；②所在行业现状与发展前景；③企业的业务情况；④企业的资产、财务分析和调整情况；⑤评估方法的运用过程。

（3）采用收益法进行企业价值评估，应当根据行业特点、企业经营方式和所确定的预期收益口径以及评估的其他具体情况等编写评估技术说明。企业的资产、财务分析和调整情况以及评估方法运用过程说明通常包括以下内容：①收益法的应用前提及选择理由和依据；②收益预测的假设条件；③企业经营、资产、财务分析；④收益模型选择理由及基本参数说明；⑤收益期限及预测期的说明；⑥收益预测的说明；⑦折现率的确定说明；⑧预测期后价值确定说明；⑨其他资产和负债评估说明；⑩评估价值。

（4）采用市场法进行企业价值评估，应当根据行业特点、被评估单位实际情况以及上市公司比较法或者交易案例比较法的特点等编写评估技术说明。企业的资产、财务分析和调整情况以及评估方法运用过程说明通常包括以下内容：①具体方法、应用前提及选择理由；②企业经营、资产、财务分析；③分析选取确定可比企业或者交易案例的说明；④价值比率的选择及因素修正说明；⑤评估对象价值比率的测算说明；⑥评估价值。

4. 评估结论及分析

（1）评估结论，采用两种或两种以上方法进行企业价值评估，应当说明不同评估方法结果的差异及其原因和最终确定评估结论的理由。

（2）评估价值与账面价值比较变动情况及说明：①说明评估价值与账面价值比较变动情况，包括绝对变动额和相对变动率；②分析评估价值与账面价值比较变动原因。

知识拓展

国有资产评估报告和非国有资产评估报告的区别

（3）折价或者溢价情况（如有）。企业价值评估，在适当及切实可行的情况下需要考虑由于控股权和少数股权等因素产生的折价或者溢价，以及流动性对评估价值的影响，包括但不限于：①说明是否考虑了折价或者溢价；②说明折价或者溢价测算的方法，对其合理性作出判断。

【提示】在编写评估说明时应坚持以下两个要求：（1）评估说明应当做到内容完整、表述清晰，并充分考虑不同经济行为和不同评估方法的特点；（2）评估说明中所揭示的内容，应同评估报告所阐述的内容一致。

任务三　企业价值评估档案

任务描述

企业价值评估档案是资产评估机构开展企业价值评估业务形成的需要归档保存的重要资料。本任务主要介绍企业价值评估档案概念及工作底稿的概念、作用、基本内容、编制方法，以及归档的管理要求，通过学习，掌握企业价值评估工作底稿的编制和归档管理。

相关知识

一、企业价值评估档案的基本概念

企业价值评估档案，是指资产评估机构开展企业价值评估业务形成的，反映企业价值评估程序实施情况、支持评估结论的工作底稿、企业价值评估报告及其他相关资料。

企业价值评估档案的具体内容包括：向委托人出具的企业价值评估报告（包括附件）、工作底稿的内容、评估机构及其专业人员认为有必要保存的其他评估资料。

纳入企业价值评估档案的企业价值评估报告应当包括初步企业价值评估报告和正式企业价值评估报告。

资产评估机构在提交企业价值评估报告后，应当按照法律、行政法规和《资产评估执业准则——资产评估档案》的规定建立健全资产评估档案管理制度并妥善管理资产评估档案。

二、企业价值评估工作底稿的概念、分类及作用

（一）企业价值评估工作底稿的概念

企业价值评估工作底稿是指资产评估专业人员在企业价值评估过程中，即在计划评估工作、执行评估程序和报告评估意见的过程中形成的工作记录，它以书面的形式完整反映企业价值评估工作的全过程。资产评估机构和资产评估专业人员应当将企业价值评估程序的组织实施情况记录于工作底稿，并将主要资产评估程序执行情况在企业价值评估报告中予以披露。

工作底稿是评估档案的重要组成部分，是以书面记录的形式完整反映评估工作的全过程。

（二）企业价值评估工作底稿的分类

1. 按照工作底稿的载体分类

按照工作底稿的载体分类，企业价值评估工作底稿可以分为纸质文档、电子文档和其他介质形式的文档。

资产评估委托合同、企业价值评估报告应当形成纸质文档；评估明细表、评估说明可以是纸质文档、电子文档或者其他介质形式的文档。

同时以纸质和其他介质形式保存的文档，其内容应当相互匹配，不一致的以纸质文档为准。

资产评估机构及其资产评估专业人员应当根据企业价值评估业务具体情况和工作底稿介质的理化特性谨慎选择工作底稿的介质形式，并在评估项目归档目录中按照评估准则要求注明文档的介质形式。

2. 按照工作底稿的内容分类

按照工作底稿的内容分类，企业价值评估工作底稿可以分为管理类工作底稿和操作类工作底稿。

（三）企业价值评估工作底稿的作用

1. 企业价值评估工作底稿是形成评估报告的直接依据

企业价值评估工作底稿记录了被评估企业价值的状态，以及评估方法、作价依据和作价计算过程等，因而是形成评估报告最直接的依据。

2. 企业价值评估工作底稿是评估和考核企业价值评估人员专业能力和工作业绩的依据

评估专业人员在进行企业价值评估作业时，是否实施了必要的评估操作程序、所选用的评估方法是否恰当、依据的作价标准是否正确、执业判断和计算结果是否准确等，都会通过工作底稿反映出来。通过检查评估工作底稿，可以较为客观地评价资产评估专业人员的专业能力，考核资产评估专业人员的工作业绩。

3. 企业价值评估工作底稿是界定资产评估专业人员责任的依据

规避评估风险和澄清评估责任是评估机构和资产评估专业人员在执业过程中需要特别关注的重要问题。完整的工作底稿是澄清资产评估专业人员是否按行业标准进行评估操作以及有关方面是否提供了真实准确的评估资料的证据。

4. 企业价值评估工作底稿是控制评估质量和监控评估工作的手段

按照一定的规范格式和内容编写评估工作底稿，是约束资产评估专业人员的执业行为和控制质量的重要手段。

三、企业价值评估工作底稿的基本内容

《资产评估执业准则——资产评估档案》第九条规定，工作底稿通常分为管理类工作底稿和操作类工作底稿。

（一）管理类工作底稿

管理类工作底稿是指资产评估专业人员在执行企业价值评估业务过程中，为受理、计划、控制、管理企业价值评估业务所形成的工作记录及相关资料。根据资产评估档案准则的规定，企业价值评估管理类工作底稿通常包括以下内容：

1. 企业价值评估业务基本事项的记录

承接企业价值评估项目，首先应尽可能了解委托人、相关当事人的有关事项。企业价值评估业务工作底稿应反映的有关事项主要有：

（1）评估项目的洽谈人，委托人名称、联系人，相关当事人（主要是被评估企业）名称、地址、法定代表人、企业性质、注册资金、经营期限、经营范围、联系人等基本情况；

（2）其他相关当事人与委托人的关系；

（3）评估报告使用人与委托人、被评估单位等其他相关当事方的关系；

（4）相关经济行为的背景情况及评估目的；

（5）评估对象和评估范围；

（6）评估范围内的资产状况，包括评估对象基本情况及资产分布情况，资产的数量及各类资产、负债账面价值，资产质量现状，实物资产存放地，账外资产、或有资产、或有负债、特殊资产情况，资产历次评估、调账情况，相关当事人所处行业、法律环境、会计政策、股权状况等相关情况；

（7）价值类型；

（8）评估基准日；

（9）评估假设、限制条件；

（10）评估报告提交期限和方式；

（11）评估服务费总额、支付时间和方式。

资产评估专业人员在项目承接洽谈阶段，应尽可能了解以上内容，以更好控制评估风险。

2.企业价值评估委托合同

企业价值评估委托合同工作底稿应当反映评估委托合同签订以及评估目的、评估对象和范围、评估基准日、价值类型、评估服务费、评估报告类型、评估报告提交期限和方式等发生变更的过程。

3.企业价值评估计划

评估计划工作底稿主要有以下主要内容：

（1）对实施资产评估业务的主要过程及时间进度、人员安排等；

（2）在评估过程中根据情况变化作出的调整记录；

（3）评估机构对评估计划的审核、批准情况。

4.资产评估项目风险评价

评估项目风险评价的工作底稿应反映以下内容：

（1）项目洽谈人通过对委托人和其他相关当事人的要求、评估目的、资产状况等基本情况的了解，对评估项目是否存在风险作出的判断；

（2）风险可控情况，化解风险、防范风险的主要措施；

（3）评估机构按规定流程通过对评估项目基本情况的了解、评估项目风险调查分析，对是否承接项目作出的决定或签署的意见。

5.聘请专家的主要情况

评估项目聘用专家有关情况的工作底稿应反映聘请专家个人解决的问题，拟聘请专家个人的简况、专业或专长。

6.企业价值评估过程中重大问题处理记录

企业价值评估过程中重大问题处理记录的工作底稿，应当反映评估项目实施中，资产评估专业人员遇到重大问题逐级请示，资产评估专业人员根据批示意见处理的记录。

7.企业价值评估报告审核情况

企业价值评估报告审核工作底稿，应当反映评估机构内部各级审核情况，明确列示审核意见。评估报告审核是评估机构保证评估质量、降低评估风险的重要手段，是评估机构必经的内部控制程序。

8.企业价值评估人员在评估中形成的其他管理类工作底稿

企业价值评估专业人员在评估中形成的其他管理类工作底稿，应当在归档时一并保存。其他管理类工作底稿包括：与委托人、相关当事人和其他中介机构往来的资料，委托人提供的反馈意见、管理部门提出的评审意见，以及资产评估专业人员对相关意见的处理信息，专家讨论会记录，企业价值评估人员认为需要保存的其他相关资料。

企业价值管理类工作底稿一般由项目负责人编制，应贯穿企业价值项目评估的全过程。

（二）操作类工作底稿

操作类工作底稿是指在履行现场调查、收集评估资料和评定估算程序时所形成的工作记录及相关资料。操作类工作底稿的内容因评估目的、评估对象和评估方法等的不同而有所差异。

1. 操作类工作底稿的内容

操作类工作底稿按评估内容分类，通常包括以下几方面：

（1）现场调查记录与相关资料。①委托人或者其他相关当事人提供的资料，如企业价值评估明细表，评估对象的权属证明资料，与评估业务相关的历史、预测、财务、审计等资料，以及相关说明、证明和承诺等；②现场勘查记录、书面询问记录、函证记录等；③其他相关资料，如委托人提供的企业价值评估申报资料。

（2）收集的评估资料。收集的评估资料包括：①市场调查及数据分析资料；②询价记录；③其他专家及专业人士的鉴定报告；④其他相关资料等。

（3）评定估算过程记录。评定估算过程记录包括：①重要参数的选取和形成过程记录；②价值分析、计算、判断过程记录；③评估结论形成过程记录；④与委托人或者其他相关当事人的沟通记录；⑤其他相关资料。

在评定估算阶段所做的工作，均需编制相应的工作底稿，以支持评估结论。

2. 不同评估方法下操作类工作底稿的侧重点

按照企业价值评估方法划分，操作类工作底稿一般可分为收益法工作底稿、成本法工作底稿和市场法工作底稿。

（1）收益法工作底稿

资产评估专业人员采用收益法评估企业价值时，应与委托人充分沟通，获得委托人关于被评估企业资产配置和使用情况的说明，包括对非经营性资产、负债和溢余资产状况的说明。资产评估专业人员进行现场调查后，应汇集资产的账面价值、调查值形成工作底稿。

资产评估专业人员应在与委托人和其他相关当事人协商并获得有关信息的基础上，采用适当的方法，对被评估企业前几年的财务报表中影响评估过程和评估结论的相关事项进行必要的分析调整，以合理反映企业的财务状况和盈利能力。工作底稿应完整地反映对企业资产、负债、盈利状况进行调整的原因，调整的内容、过程和结果，企业财务报表数据调整前后的变化。

资产评估专业人员应在工作底稿中反映以下内容：①对企业财务指标进行分析的过程；②对企业未来经营状况和收益状况进行分析、判断和调整的过程；③根据企业经营状况和发展前景，预测期内的资产、负债、损益、现金流量的预测结果，企业所在行业现状及发展前景，合理确定收益预测期，以及预测期后的收益情况及相关终值的计算，收益现值的计算过程；④综合考虑评估基准日的利率水平、市场投资回报率、加权平均资本成本等资本市场相关信息和企业、所在行业的特定风险等因素，合理确定资本化率或折现率的过程。

在采用收益法对企业整体价值进行分析和评估时，企业如有非经营性资产、负债和溢余资产，应当编制相应的非经营性资产、负债和溢余资产的现场调查、评定估算工作底稿。

（2）成本法工作底稿

资产评估专业人员运用资产基础法对企业进行整体价值评估时，应在工作底稿中反映被评估企业拥有的有形资产、无形资产以及应当承担的负债，记录根据其具体情况分别选用市场法、收益法、成本法的现场调查、评定估算过程。

（3）市场法工作底稿

资产评估专业人员在采用市场法评估企业整体价值时，应在工作底稿中反映收集的参考企业、市场交易案例的资料，反映所选择的参考企业、市场交易案例与被评估企业具有可比性的资料。

资产评估专业人员应将对被评估企业与参考企业、市场交易案例之间的相似性和差异性进行比较、分析、调整的过程，以及对所选价值乘数计算的过程编制成相应的工作底稿。

在评估股东部分权益价值时，应在工作底稿中反映资产评估专业人员对流动性和控制权对评估对象价值影响的处理情况。

一般而言，操作类工作底稿大都产生在企业价值清查和评定阶段。

【提示】资产评估专业人员收集委托人或者其他相关当事人提供的资产评估明细表及其他重要资料作为工作底稿，应当由提供人对相关资料进行确认，确认方式包括签字、盖章或者法律允许的其他方式。企业价值评估项目所涉及的经济行为需要批准的，应当将批准文件归档。

四、企业价值评估工作底稿编制的原则和要求

（一）企业价值评估工作底稿编制的原则

工作底稿应当反映评估程序实施情况，支持评估结论。因此，在编制企业价值评估工作底稿时应遵循以下几项原则：

1. 真实性原则

企业价值评估工作底稿的内容必须真实，应真实地反映和记录企业价值评估全过程，在评估过程的每一阶段，工作底稿都必须以每一项工作的真实情况为依据，如实记录和反映，内容真实可靠。

2. 完整性原则

企业价值评估工作底稿的内容应覆盖企业价值评估工作的全过程，资产评估专业人员在执行评估业务过程中，在每个具体的工作过程中都应当形成工作底稿，工作底稿是用来反映评估过程有关资料、数据内容的记录，其目的是支持评估结论。所以，与支撑企业价值评估报告有关的所有资料均应当收纳为工作底稿。

3. 一致性原则

企业价值评估工作底稿必须是支持评估结论的。所以，企业价值评估工作底稿中所涉及的每一事项和专业判断均应与评估报告中提出的评估意见一致。

（二）企业价值评估工作底稿编制的要求

根据企业价值评估工作底稿编制原则，具体在编制工作底稿时应遵循以下要求：

1.遵守法律、行政法规和资产评估准则方面的要求

企业价值评估工作底稿的编制应当遵守法律、行政法规和资产评估准则等要求：一方面，应当遵守工作底稿编制和管理涉及的法律、行政法规，如《档案法》《资产评估法》等；另一方面，应当遵守相关资产评估准则对编制和管理工作底稿的规范要求，如《资产评估基本准则》《资产评估执业准则——资产评估程序》《资产评估执业准则——资产评估档案》等。

2.企业价值评估工作底稿编制的内容要求

根据《资产评估基本准则》，工作底稿应当真实完整、重点突出、记录清晰，能够如实反映企业价值评估程序实施情况、支持评估结论。

（1）真实完整

工作底稿反映的内容和情况应当是实际存在和实际发生的，强调评估委托事项、评估对象、评估程序实施过程的真实性。

工作底稿所反映的评估内容是完整的。不仅要求工作底稿内容真实，而且要求全面反映评估程序实施过程，不能遗漏。如评估对象的现场调查和评定估算等都应有真实完整的记录。

真实完整的要求，突出了事件的真实性。它不是杜撰的，评估委托事项、被评估资产和评估行为都是真实可信的，它要求工作底稿所反映的评估内容是完整的，每一项评估程序的执行，对每一个评估对象的现场调查、评估估算，都有一个完整的记录。

（2）重点突出、繁简得当

企业价值评估工作底稿应重点反映对评估结论有重大影响的内容。工作底稿应当真实完整，并不排斥非重点企业价值的现场调查、评定估算可以简略。《资产评估执业准则——资产评估程序》第十二条指出，资产评估专业人员可以根据重要性原则采用逐项或抽样的方式进行现场调查。

重点突出是要求对工作底稿中支持评估结论的底稿材料突出，凡对评估结论有重大影响的文件资料和现场调查、评定估算过程，都应当收集归档。企业价值评估工作底稿应根据记录内容的不同繁简得当，即对重要内容详细记录，对一般内容简单记录。

（3）记录清晰

一是记录内容要清晰，使审核人员、工作底稿使用者通过查阅对评估过程的描述，对评估过程有清晰的认识。二是记录字迹要清晰。现场调查的工作底稿大都在现场撰写。有些资产评估专业人员现场调查后，记录下的字自己都认不清，这样的工作底稿如何让别人复核，如何作为支撑评估结论的依据。所以，记录清晰是工作底稿的基本要求。

（4）工作底稿必须如实反映和记录评估全过程，支持评估结论

在评估程序实施的各个阶段，如订立评估业务委托合同，编制资产评估计划，进行评估现场调查，收集整理评估资料，评定估算形成结论，编制出具评估报告等各阶段，都应当将工作过程如实记录和反映在工作底稿中。

工作底稿是用来反映评估过程有关资料、数据内容的记录，是为最终完成评估业务服务的，其目的是支持评估结论。与评估报告有关或支持评估结论的所有资料均应当形

成相应的工作底稿。

3. 企业价值评估工作底稿编制的形式要求

（1）要素齐全。构成评估工作底稿的基本内容应全部包括在内。

（2）格式规范。工作底稿所采用的格式应规范，但不意味着格式统一。每一项企业价值所适用的评估工作底稿格式都可以根据企业价值自身的特点进行设计和规范。

（3）标识一致。使用的评估符号含义应前后一致，并明确反映在评估工作底稿中。

4. 评估工作底稿编制的具体要求

（1）委托人和其他相关当事人提供的档案应由提供方确认。资产评估专业人员收集委托人和相关当事人提供的重要资料作为工作底稿，应当由提供方对相关资料进行确认，确认方式包括但不限于签字、盖章、法律允许的其他方式等。对所提供资料确认实际上是责任划分问题，提供资料的一方，应当对资料的真实性、完整性、合法性负责。

（2）编制目录和索引号。细化的工作底稿种类繁多，不编制索引号和页码将很难查找，利用交叉索引和备注说明等形式能完整地反映工作底稿间的钩稽关系并避免重复。资产评估专业人员应当根据评估业务特点和工作底稿类别，编制工作底稿目录，建立必要的索引号，以反映工作底稿间的钩稽关系。

（3）应当反映内部审核过程。工作底稿一般是评估项目组的成员在评估时编制的，由于种种原因，编制人可能产生差错、遗漏等问题，因此，在工作底稿的编制过程中，需要经过必要的审核程序，包括对文字、数字、计算过程等内容的审核。

五、企业价值评估档案的归集和管理

企业价值评估业务完成后，资产评估专业人员应将工作底稿与评估报告等归集形成评估档案后及时向档案管理人员移交，并由所在资产评估机构按照国家有关法律、法规及评估准则的规定妥善管理。

（一）工作底稿归档

在工作底稿归档的具体工作中，评估机构应做到以下几个方面：

1. 评估档案归集

为了保证档案管理的规范性，资产评估机构应明确档案管理人员对评估业务档案进行管理。每项业务完成后，资产评估专业人员都应及时安排完善档案归集工作，编制目录并装订成册，经检查合格后，移交档案管理人员。

2. 确定档案的内容及形式

档案的形式除了纸质文件，还有电子文档或其他介质形式。对于纸质文件，应分类并装订成册。

3. 电子文档的管理

由于电子文档或其他介质形式的业务档案存在可被修改以及经过长时间保存或技术进步等导致数据难以读取等问题，因此在具体操作中，评估机构、资产评估专业人员及档案管理人员应按要求加强对电子文档的管理。

（二）评估档案保存

1. 评估档案的归集期限

资产评估专业人员通常应当在企业价值评估报告日后90日内将工作底稿与企业价值评估报告等归集形成评估档案，并在归档目录中注明文档介质形式，重大或者特殊项目的归档时限为评估结论使用有效期届满后30日内，并由所在资产评估机构按照国家有关法律、行政法规和相关资产评估准则的规定妥善管理。

档案管理人员应登记造册，整齐存放，妥善保管，并定期（如每年年底）对档案进行核对，确保业务档案的安全、完整。对于电子文档或者其他介质的评估档案，资产评估机构应当在法定保存期限内妥善保存。

2. 评估档案的保管期限

根据《中华人民共和国资产评估法》的规定，一般评估业务的评估档案保存期限不少于15年，法定评估业务的评估档案保存期限不少于30年。评估档案的保存期限，自资产评估报告日起算。

《资产评估执业准则——资产评估档案》规定：资产评估机构应当在法定保存期内妥善保存资产评估档案，保证资产评估档案安全和持续使用。资产评估档案自资产评估报告日起保存期限不少于十五年；属于法定资产评估业务的，不少于三十年。资产评估档案应当由资产评估机构集中统一管理，不得由原制作人单独分散保存。

资产评估机构要有明确的档案建设和管理意识，企业价值评估工作底稿档案规范化管理的基本要求有：专人专管；按项目立卷，统一编号；资料完整；及时归档；真实可靠；安全保密。

（三）评估档案的保密与查阅

企业价值评估项目完成并归档后，资产评估机构不得对在法定保存期内的评估档案非法删改或者销毁。对违反规定并造成损失的人员，由档案行政管理部门、有关主管部门依法处理。

1. 企业价值评估工作底稿的保密制度

评估机构应建立评估档案保密制度，并认真履行保密责任。档案管理人员要加强保密观念，明确保密档案的范围和保密要求，严格执行公司内部的各项保密规定和纪律。

企业价值评估档案涉及客户的商业秘密和技术秘密，评估机构和资产评估专业人员有责任为客户保密。按照资产评估师职业道德规范的要求，企业价值评估机构、资产评估专业人员应当为其保密。因此，企业价值评估档案的管理应当严格执行保密制度。除下列情形外，资产评估档案不得对外提供：①财政部门依法调阅的；②资产评估协会依法依规调阅的；③其他依法依规查阅的。

对企业价值评估工作底稿实行档案管理制度，是企业价值评估工作的重要组成部分，它直接关系到企业价值评估委托人的商业秘密。建立档案管理制度，有助于保护其经济利益不受非法侵害。所以，各业务人员在评估项目结束后，必须将评估业务工作过程中形成的文件材料和工作底稿，按归档要求进行整理后及时向档案管理人员移交，任何人不得拒绝归档和据为己有。

任务四 企业价值评估报告案例

任务描述

资产评估专业人员应当根据企业价值评估业务的具体情况，提供能够满足委托人和其他评估报告使用人合理需求的评估报告，本任务主要介绍了企业价值评估报告封面、目录、声明、摘要、正文等格式的规范书写，掌握企业价值评估报告的编写格式、内容、编写依据和要求。

案例介绍

以项目八的“项目导入”案例说明企业价值评估报告编制的基本内容与格式（简化版）。

一、企业价值评估报告封面

本报告依据中国资产评估准则编制

北京AB软件股份有限公司拟收购
某股东持有的上海MN科技发展有限公司90%股权
涉及的股东全部权益价值
资产评估报告

（中国资产评估协会全国统一编码）

中青评报字〔2024〕第100号（共1册，第1册）
中青资产评估师事务所
2024年3月31日

二、目录

目 录

三、企业价值评估报告声明

1. 本资产评估报告依据财政部发布的资产评估基本准则和中国资产评估协会发布的资产评估执业准则和职业道德准则编制。

2. 委托人或者其他资产评估报告使用人应当按照法律、行政法规规定和资产评估报告载明的使用范围使用资产评估报告；委托人或者其他资产评估报告使用人违反前述规定使用资产评估报告的，资产评估机构及其资产评估专业人员不承担责任。

3. 本评估报告仅供委托人、资产评估委托合同中约定的其他资产评估报告使用人和法律、行政法规规定的资产评估报告使用人使用；除此之外，其他任何机构和个人不能成为资产评估报告的使用人。

4. 资产评估报告使用人应当正确理解评估结论，评估结论不等同于评估对象可实现价格，评估结论不应当被认为是对评估对象可实现价格的保证。

5. 本资产评估机构和资产评估专业人员提示资产评估报告使用人应当关注评估结论成立的假设前提、资产评估报告特别事项说明和使用限制。

6. 本资产评估机构及其资产评估专业人员遵守法律、行政法规和资产评估准则，坚持独立、客观、公正的原则，并对所出具的资产评估报告依法承担责任。

四、企业价值评估报告摘要

北京AB软件股份有限公司拟收购某股东持有的上海MN科技发展有限公司90%股权涉及的股东全部权益价值资产评估报告

中青评报字〔2024〕第100号

摘要

北京AB软件股份有限公司董事会决议拟收购某股东持有的上海MN科技发展有限公司90%股权，委托中青资产评估师事务所对上海MN科技发展有限公司股东全部权益在2023年12月31日的市场价值进行评估，以确定其股东全部权益的市场价值，为此次经济行为提供价值参考意见。本次评估对象为股权收购涉及的股东全部权益，评估范围包括流动资产、非流动资产（包括固定资产、无形资产、递延所得税资产）及负债等。资产评估申报表列示的账面净资产为×××××元。

中青资产评估师事务所接受该项评估业务委托，根据国家有关资产评估的法律和国家其他有关部门的法规与规定，本着独立、公正、科学和客观的原则，实施了必要的评估程序，采用资产基础法和收益现值法对上海MN科技发展有限公司股东全部权益进行了评估，在对被评估单位综合分析后最终选取收益现值法的评估结论，并得出如下评估结论：上海MN科技发展有限公司股东全部权益在评估基准日2023年12月31日的评估值为×××××万元人民币。大写：×亿×仟×佰×拾万元整。

评估结论使用期为评估基准日起一年，即有效期截至2024年12月30日。

特别提示：本报告只能用于报告中明确约定的评估目的。以上内容摘自资产评估报告，欲了解本评估项目的全面情况，应认真阅读资产评估报告全文。

本摘要与资产评估报告正文具有同等法律效力。

五、企业价值评估报告正文

北京AB软件股份有限公司拟收购某股东持有的上海MN科技发展有限公司90%股权涉及的股东全部权益价值资产评估报告

中青评报字〔2024〕第100号

北京AB软件股份有限公司：

中青资产评估师事务所接受贵公司的委托，根据有关法律、法规和资产评估准则、资产评估原则，采用资产基础法和收益法评估方法，按照必要的评估程序，对北京AB软件股份有限公司拟实施发行股票购买资产行为涉及的上海MN科技发展有限公司股东全部权益在 2023年 12月 31 日的市场价值进行了评估。现将资产评估情况报告如下。

一、委托人、被评估企业及其他资产评估报告使用人

（一）委托人

委托人：北京AB软件股份有限公司（股票代码：600×××）

注册地址、注册资本、公司类型、经营范围等简介略。

委托人北京AB软件股份有限公司是被评估单位上海MN科技发展有限公司的收购方。

（二）被评估企业概况

单位名称：上海MN科技发展有限公司

注册地址，注册资本，经济性质，法定代表人，经营范围，截止基准日公司股东和股东变更情况，企业简介，企业历史发展沿革，长期股权投资情况、组织结构、企业经营业务和主要核心技术产品、主要竞争对手及优劣势、影响行业发展的有利因素、影响行业发展的不利因素、主要客户及供应商、企业历史财务数据以及财务核算体系等内容略。

（三）其他资产评估报告使用人

本报告仅供本次经济行为涉及的交易方、国有资产评估经济行为的相关监管部门机构，及国家法律、法规规定的报告使用者使用，不得被其他任何第三方使用或依赖。

二、评估目的

根据北京AB软件股份有限公司董事会决议，北京AB软件股份有限公司拟收购某股东持有的上海MN科技发展有限公司90%股权，本次评估目的即为上述经济行为所涉及的上海MN科技发展有限公司于基准日的股东全部权益价值提供参考。该经济行为已经通过了北京AB软件股份有限公司总经理办公会决议。

三、评估对象和评估范围

1. 本次评估对象为北京AB软件股份有限公司收购某股东持有的上海MN科技发展有限公司90%股权涉及的股东全部权益，评估范围包括流动资产、非流动资产（包括固定资产、无形资产、递延所得税资产）及负债等。资产评估申报表列示的账面净资产为×××××元、总资产为×××××元、负债总额为×××××元。

2. 根据评估申报资料，企业拥有房产共七处，分别为位于上海市×××××开发区15号楼2105、2106、2205、2305、2306、2405的房屋（建筑物面积共计×××平方米）、上海市××路×××××号1602室的房屋（建筑面积×××平方米）。企业现办公场所为租赁的上海浦东软件园股份有限公司（位于上海市×办公楼×室）。

3. 根据评估申报资料，企业拥有设备9台（辆），系轿车及办公用电脑等设备。

4. 根据评估申报资料，企业无形资产主要为软件，为创至法律引用辅导软件V5.0。

5. 存货主要为完工商品。

6. 委托评估对象和评估范围与经济行为涉及的评估对象和评估范围一致，且已经过S会计师事务所有限公司审计，审计报告为无保留意见。

四、价值类型

本次评估选取的价值类型为市场价值。

市场价值是指自愿买方和自愿卖方在各自理性行事且未受任何强迫的情况下，评估对象在评估基准日进行正常公平交易的价值估计数额。

需要说明的是，同一资产在不同市场的价值可能存在差异。本次评估一般基于国内可观察或分析的市场条件和市场环境状况。

本次评估选择该价值类型，主要是基于本次评估目的、市场条件、评估假设及评估对象自身条件等因素。

本报告所称“评估价值”，是指所约定的评估范围与对象在本报告约定的价值类型、评估假设和前提条件下，按照本报告所述程序和方法，仅为本报告约定评估目的服务而提出的评估意见。

五、评估基准日

1. 本项目资产评估基准日是2023年12月31日。

2. 资产评估基准日在考虑经济行为的实现、会计核算期等因素后与委托人协商后确定。

3. 评估基准日的确定对评估结果的影响符合常规情况，无特别影响因素。本次评估的取价标准为评估基准日有效的价格标准。

六、评估依据

（一）法规依据（略）

（二）准则依据（略）

（三）权属依据（略）

（四）取价依据（略）

（五）行为依据（略）

七、评估方法

（一）评估方法概述

企业价值评估的基本方法有三种，即资产基础法、收益法和市场法。

1. 资产基础法，也称成本法，是指以被评估企业评估基准日的资产负债表为基础，合理评估企业表内及表外各项资产、负债价值，以确定评估对象价值的评估方法。

2. 收益法是指将预期收益资本化或者折现，以确定评估对象价值的评估方法。

3. 市场法是指将评估对象与可比上市公司或者可比交易案例进行比较，以确定评估对象价值的评估方法。

（二）评估方法选取理由及说明

资产评估师及资产评估专业人员在执行企业价值评估业务时，应当根据评估目的、评估对象、价值类型、资料收集情况等相关条件，分析收益法、市场法和资产基础法三种资产评估基本方法的适用性，恰当选择一种或多种资产评估基本方法。

1.根据评估目的、评估对象、价值类型、资料收集情况等相关条件，以及三种评估基本方法的适用条件分析。

本次评估目的为股权交易，价值类型为市场价值，根据资料收集情况，适用资产基础法和收益法评估。

一是因为资产基础法是从投入的角度估算企业价值的一种基本方法。

二是被评估企业未来收益期和收益额可以预测并可以用货币衡量；获得预期收益所承担的风险也可以量化，故也适用收益法评估。

三是由于被评估企业的主营业务为软件开发、运维及系统集成服务，资产规模较小，和目前同行业的上市公司缺乏可比性，故不适用市场法评估。

2.资产基础法介绍。

企业价值评估中的资产基础法即成本法，是以评估基准日市场状况下重置各项生产要素为假设前提，根据委托评估的分项资产的具体情况，选用适宜的方法分别评定估算各分项资产的价值并累加求和，再扣减相关负债评估值，得出股东全部权益的评估价值。具体测算略。

3.收益法介绍。

收益法的基本思路是通过估算资产在未来的预期收益，采用适宜的折现率折算成现时价值，以确定评估对象价值的评估方法，即以未来若干年度内的企业自由现金流量作为依据，采用适当折现率折现后加总计算得出经营性资产价值，然后加上溢余资产、非经营性资产价值，减去有息债务得出股东全部权益价值。

收益法模型、公式，各种收益、折现率、收益期限等参数选取和测算过程等略。

八、评估程序实施过程和情况

我们根据国家资产评估的有关原则和规定，对评估范围内的资产和负债进行了清查核实，对被评估单位的经营管理状况等进行了必要的尽职调查。具体步骤略。

九、评估假设

本评估报告建立在以下假设的条件下：

（一）基本假设

公开市场假设、持续使用假设、持续经营假设（略）。

（二）一般假设（略）

（三）特殊假设

1. 被评估单位提供的业务合同以及公司的营业执照、章程，签署的协议，审计报告、财务资料等所有证据资料是真实的、有效的。

2. 评估对象目前及未来的经营管理班子尽职，不会出现影响公司发展和收益实现的重大违规事项，并继续保持现有的经营管理模式持续经营。

3. 企业以前年度及当年签订的合同有效，并能得到执行。

4. 企业是从事软件开发与维护及系统集成的高新技术产业，未来年度预测的研发支出达到销售收入的 6%以上，因此假设未来年度仍可以获得上海市×××区高新技术企业所得税优惠。

5. 本次评估的未来预测是基于现有的市场情况对未来的一个合理的预测，不考虑今后市场会发生目前不可预测的重大变化和波动，如政治动乱、经济危机、恶性通货膨胀等。

6. 本次评估中所依据的各种收入及相关价格和成本等均是评估机构依据被评估单位提供的历史数据为基础，在尽职调查后所作的一种专业判断，评估机构判断的合理性等将会对评估结果产生一定的影响。

本报告评估结果的计算是以评估对象在评估基准日的状况和评估报告对评估对象的假设和限制条件为依据进行的。根据资产评估的要求，认定这些假设在评估基准日成立，当未来经济环境发生较大变化时，将不承担由于假设条件改变而推导出不同评估结论的责任。

十、评估结论

根据有关法律、法规和资产评估准则，遵循独立、客观、公正的原则，采用资产基础法和收益法，按照必要的评估程序，对被评估单位在评估基准日 2023 年 12 月 31 日的市场价值进行了评估，得出如下评估结论：

1. 资产基础法评估结论

按照资产基础法评估，被评估单位在基准日市场状况下股东全部权益价值评估值为×××××万元。其中：总资产的账面价值为×××××万元，评估价值为×××××万元，评估增值×××××万元，增值率为×%。负债的账面价值为×××××万元，评估价值为×××××万元，无评估增减值。净资产的账面价值为×××××万元，评估价值为×××××万元，评估增值×××××万元，增值率为×%。

资产基础法评估结果汇总表

评估基准日：2023年12月31日　　　　金额单位：人民币万元

项目		账面价值	评估价值	增减值	增值率（%）
		A	B	C=B−A	D=C÷A×100%
流动资产	1				
非流动资产	2				
其中：长期股权投资	3				
投资性房地产	4				

续表

项　　目		账面价值	评估价值	增减值	增值率（%）
		A	B	C=B-A	D=C÷A×100%
固定资产	5				
在建工程	6				
无形资产	8				
其中：土地使用权	9				
其他非流动资产	10				
资产总计	11				
流动负债	12				
非流动负债	13				
负债总计	14				
净资产	15				

2. 收益法评估结论

按照收益法评估，被评估单位在上述假设条件下股东全部权益价值评估值为×××××万元，比审计后账面净资产增值×××××万元，增值率为×%。

3. 结论及分析

上海MN科技发展有限公司是软件行业企业，具有“轻资产”的特点，其固定资产投入相对较小，账面价值不高，而企业的主要价值除了固定资产、存货等有形资源之外，还应包含企业所享受的各项优惠政策、业务网络、服务能力、人才团队、品牌优势、软件著作权等重要的无形资源的贡献。资产基础法仅对各单项有形资产和可辨认的无形资产进行了评估，但不能完全体现各个单项资产组合对整个公司的贡献，也不能完全衡量各单项资产间的互相匹配和有机组合因素可能产生的整合效应。然而，公司整体收益能力是企业所有环境因素和内部条件共同作用的结果。由于收益法价值内涵包括企业不可辨认的无形资产，所以评估结果比资产基础法高。

鉴于本次评估目的，收益法评估结论能够客观、合理地反映评估对象的内在价值，故以收益法的结果作为最终评估结论。

经评估，被评估单位股东全部权益价值为人民币×××××万元，大写：×亿×仟×佰×拾万元整。

4. 其他

目前，国内大多数企业产权交易案例一般均未考虑其溢价或折价，鉴于市场交易资料的局限性，未考虑流动性及由于控股权或少数股权等因素产生的溢价或折价。

十一、特别事项说明

有些特别事项可能对评估结论产生影响，评估报告使用者应当予以关注：

1. 本报告中一般未考虑评估增减值所引起的税负问题，委托人在使用本报告时，应当仔细考虑税负问题并按照国家有关规定处理。

2. 本报告不对管理部门决议、营业执照、权证、会计凭证及其他中介机构出具的文件等证据资料本身的合法性、完整性、真实性负责。

3. 评估基准日后，若资产数量及作价标准发生变化，对评估结论造成影响时，不能直接使用本评估结论。

4. 评估人员没有发现其他可能影响评估结论，且非评估人员执业水平和能力所能评定估算的重大特殊事项。但是，报告使用者应当不完全依赖本报告，而应对资产的权属状况、价值影响因素及相关内容作出自己的独立判断，并在经济行为中适当考虑。

5. 若该单位存在影响资产评估值的瑕疵事项、或有事项或其他事项，在委托时和评估现场中未作特殊说明，而评估人员根据专业经验一般不能获悉及无法收集资料的情况下，评估机构及评估人员不承担相关责任。

6. 上述特殊事项如对评估结果产生影响而评估报告未调整的情况下，评估结论将不成立且报告无效，不能直接使用本评估结论。

十二、评估报告使用限制的说明

（一）评估报告使用范围

1. 本报告只能由评估报告载明的评估报告使用者使用，并为本报告所列明的评估目的和用途而服务，以及按规定报送有关政府管理部门审查。除非事前征得评估机构书面明确同意，对于任何其他用途、或被出示或掌握本报告的任何其他人，评估机构不承认或承担责任。

2. 未征得出具评估报告的评估机构书面同意，评估报告的内容不得被摘抄、引用或披露于公开媒体，法律、法规规定以及相关当事人另有约定的除外。

3. 本报告含有的若干附件、评估明细表及评估机构提供的专供政府或行业管理部门审核的其他正式材料，与本报告具有同等法律效力，及同样的约束力。

（二）评估结论使用有效期

本评估结论的有效期按现行规定为壹年，从评估基准日 2023年12月 31 日起计算至 2024年12月30日有效。

超过评估结论有效期不得使用本评估报告。

十三、评估报告日

本评估报告日为2024年3月31日。

资产评估师：（签字） 资产评估师：（签字）

中青资产评估师事务所（盖章）

2024年3月31日

公司地址，联系电话，网址略。

六、报告附件

1. 北京AB软件股份有限公司总经理办公会决议
2. 北京AB软件股份有限公司营业执照
3. 上海MN科技发展有限公司营业执照
4. 上海MN科技发展有限公司评估基准日审计报告
5. 上海MN科技发展有限公司房屋所有权证
6. 上海MN科技发展有限公司车辆行驶证
7. 评估委托人和相关当事人承诺函
8. 评估委托合同
9. 中青资产评估师事务所营业执照
10. 中青资产评估师事务所从事证券业务资产评估许可证
11. 中青资产评估师事务所资产评估资格证书
12. 资产评估机构及资产评估师承诺函

【育德于技】浅谈对虚假评估报告与重大遗漏评估报告的评判

我国《资产评估法》的颁布实施，一方面确立了我国资产评估行业、资产评估机构及其评估专业人员的法律地位，另一方面明确了评估机构及其评估专业人员应当承担的法律责任。《资产评估法》专门规定了签署、出具虚假评估报告和重大遗漏评估报告（以下简称二类报告）的评估专业人员和评估机构分别应承担的法律责任：对于评估专业人员，行政主管部门根据情节严重程度，可处以警告、没收违法所得、责令停止从业6个月至10年的行政处罚；构成犯罪的，依法追究刑事责任，终身不得从事评估业务。对于评估机构，行政主管部门根据情节严重程度，可处以警告、没收违法所得并处罚款、责令停止执业6个月至1年、吊销营业执照的行政处罚。

对二类报告的认定，与对评估专业人员、资产评估机构法律责任的追究，关系到每名评估专业人员的声誉和前途，关系到每家资产评估机构的发展和命运，某种程度上，也影响到整个评估行业的社会形象和发展前景。所以，对二类报告的认定，已然成为评估界亟须解决的一个重大问题。

如何对二类报告进行判定，《资产评估行业财政监督管理办法》（财政部令第97号）提出了解决路径，即财政部门无论是在组织开展对资产评估行业评估业务进行监督检查时，还是对评估行业的投诉、举报事项进行调查处理时，“认定虚假资产评估报告和重大遗漏资产评估报告，应当以资产评估准则为依据，组织相关专家进行专业技术论证，也可以委托资产评估协会组织专家提供专业技术支持”。可见，财政部门并没有给出二类报告的评判标准，而是将二类报告的评定权力交给了相关专家，即由专家对被检查或被调查的资产评估报告进行专业技术论证后，得出对二类报告的鉴定意见。

资料来源：张天喆，张洪发. 浅谈对虚假评估报告与重大遗漏评估报告的评判［J］. 中国资产评估，2022（7）：68-72.

思考：如果你是专家，如何评判二类报告？

项目小结

企业价值评估报告是在完成评估工作后向委托人提交的说明企业价值评估过程及结果的书面报告。本项目主要介绍企业价值评估报告的基本内容、制作步骤及制作要点和如何使用。

企业价值评估报告的基本内容包括：标题及文号、声明、摘要、正文、附件；制作步骤包括：整理工作底稿和归集有关资料、评估明细表的数字汇总、评估初步数据的分析和讨论、编写评估报告；评估报告的使用者包括：委托人对资产评估报告的使用、资产评估管理机构对资产评估报告的使用、其他有关部门对资产评估报告的使用。

项目综合实训

一、实训目标

企业价值评估报告是资产评估机构与资产评估专业人员完成对企业价值的作价，就被评估企业在特定条件下价值所发表的专家意见。通过对企业价值评估报告制作技巧的训练，使学生明确企业价值评估报告的作用及使用范围，熟悉企业价值评估报告的基本内容，掌握企业价值评估报告的制作步骤及制作要点，熟练运用资产评估报告的制作技术，独立、规范地完成企业价值评估报告的撰写。

二、实训项目与要求

1. 实训组织

以学生为中心，分组训练，集中交流，集体总结。教师主要担任辅导者、具体组织者和观察员，向学生布置任务，进行必要指导；解答有关问题；进行进度控制与质量监督。学生按每组6~8人分成若干小组，每组为一个实训团队开展实际操作训练，每个团队分别确定一位负责人，具体组织和管理实训活动。

2. 实训项目

（1）掌握企业价值评估报告的编制程序及封面格式；

（2）企业价值评估报告摘要和正文的编写；

（3）企业价值评估报告说明及明细表的编写；

（4）资产评估报告制作的技术要点。

3. 实训要求

（1）依照《资产评估执业准则——企业价值》《资产评估执业准则——资产评估报告》《资产评估执业准则——资产评估档案》规定的要求、内容、程序完成企业价值评估报告的编写。

（2）发扬工匠精神，能够规范、正确地完成每类企业价值评估报告。

三、成果与检测

（1）每个团队分别撰写企业价值评估报告，在班级进行交流。

（2）教师与同学们共同总结企业价值评估报告实训中存在的问题，明确今后教学过程中应当改进的方面。

（3）由各团队负责人组织小组成员进行评价打分。

（4）教师根据各团队的企业价值评估报告编写的实训情况及各位同学的表现予以评分。

参考文献

[1] 曹中．企业价值评估［M］．北京：中国财政经济出版社，2010.

[2] 余明轩.企业价值评估［M］．北京：高等教育出版社，2016.

[3] 中国资产评估协会.资产评估实务（二）［M］．北京：中国财政经济出版社，2022.

[4] 中国资产评估协会.资产评估理论发展与创新实践［M］．北京：中国财政经济出版社，2014.

[5] 中国资产评估协会．资产评估执业准则——企业价值（中评协〔2018〕38号）［S］．2018-10-29.

[6] 中国资产评估协会．资产评估执业准则——资产评估报告（中评协〔2018〕35号）［S］．2018-10-29.

[7] 中国资产评估协会．资产评估执业准则——资产评估程序（中评协〔2018〕36号）［S］．2018-10-29.

[8] 中国资产评估协会．资产评估执业准则——资产评估档案（中评协〔2018〕37号）［S］．2018-10-29.

[9] 中国资产评估协会．资产评估执业准则——资产评估方法（中评协〔2019〕35号）［S］．2019-12-04.

[10] 中国资产评估协会．企业国有资产评估报告指南（中评协〔2017〕41号）［S］．2017-09-08.

数字化教学资源索引

为了便于学生自主学习，我们针对重点难点制作了29个数字化教学资源，并以二维码的形式添加在本教材中，用手机扫描二维码即可直接观看，括号内标注了二维码的具体页码。